中央文化产业发展专项资金重大项目

无声世界：中国聋人史略

高宇翔 著

郑州大学出版社

郑州

图书在版编目(CIP)数据

无声世界:中国聋人史略/高宇翔著.—郑州:郑州大学出版社,2018.11
ISBN 978-7-5645-5885-7

Ⅰ.①无… Ⅱ.①高… Ⅲ.①聋哑人-历史-中国 Ⅳ.①D669.69

中国版本图书馆 CIP 数据核字(2018)第 238461 号

郑州大学出版社出版发行
郑州市大学路 40 号　　　　　　　　　　邮政编码:450052
出版人:张功员　　　　　　　　　　　　发行电话:0371-66966070
全国新华书店经销
河南文华印务有限公司印制
开本:787 mm×1 092 mm　1/16
印张:16.25
字数:374 千字
版次:2018 年 11 月第 1 版　　　　　　　印次:2018 年 11 月第 1 次印刷

书号:ISBN 978-7-5645-5885-7　　　　　　定价:68.00 元

本书如有印装质量问题,由本社负责调换

谨以此书
献给中国聋人

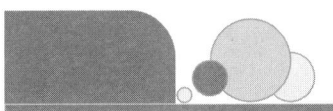

作者简介

  高宇翔 1989 年生,男,乌鲁木齐市聋人学校一级教师、乌鲁木齐市聋人协会秘书长,于北京师范大学先后获得教育学学士学位、历史学双学士学位及教育硕士学位,新疆师范大学教育博士研究生。
  研究兴趣为手语和聋人教育、特殊教育史,在国内省级以上期刊公开发表学术论文近 50 篇。

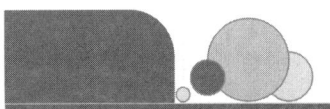

内容提要

聋人历史是聋人文化的"根"。美国、英国、日本等国的聋人历史研究相当深入,而我国在这一领域才刚刚起步。作者历经九年时间,从国内外多个古籍、期刊数据库以及与聋人历史相关的当代图书中收集了大量文献资料,并通过国内外几家旧书、收藏品网站自费购得了一批与中国聋人有关的图书、实物,写成的这本著作,对于丰富中国聋人历史研究具有重要的理论价值,其中的部分史料为首次公开。图文并茂,兼具学术性和通俗性。各章篇幅短小,适合聋人阅读,对于健听读者、聋人读者了解聋人文化具有较强的可读性,是聋人及从事聋人相关工作者们的必读书籍。

自序

我从小就喜欢收集东西,在小学、初中阶段从"比巴卜"泡泡糖里的连环画,干脆面里的小虎队旋风卡、水浒人物卡,到"大大"泡泡糖里的宠物小精灵图鉴,每个品种都力求集齐,为了实现这个目标,我花费了大量的零花钱。初中之后,学业逐渐紧张,但我仍然改不掉贪玩的毛病,学习成绩每况愈下。在初三时的一堂历史课上,老师讲到古代钱币,并且告诉我们乌鲁木齐的一处市场里有卖类似的古钱币,我的收藏癖好一下被勾了起来,赶紧用课余时间去一探究竟,就这样,一个新世界向我打开了大门。

从那以后,我开始了古钱币收藏,假币与真币的比对提升了我的辨识力,真币之中复杂的版别更锻炼了我的洞察力,我把惯常用于吃喝玩乐的零花钱都投入在钱币收藏上,无心插柳柳成荫,学习成绩不知不觉地突飞猛进。

高考时,我第一志愿报考的是四川大学考古系。当时还有一个提前批次,我和妈妈在招生手册里看到"特殊教育"这个词,上网搜了一下,大概知道是教智障者、聋人和盲人的,于是不由自主地和手语联系了起来。妈妈说:这个专业挺好,去了要多学点手语,以后如果能去电视台做手语翻译也不错。我就填报了北京师范大学提前批的"学前教育与特殊教育"免费师范生志愿,没想到踩着分数线被录取了。

进校报到第二天,院领导让我们在学前教育和特殊教育这两个专业中自选一个。当时大多数同学都不了解特殊教育,也不愿意从事特殊教育工作,于是报名学前教育的人数超编了。两个专业的人数必须是相当的,怎么办呢? 院领导想了个办法,按照各省高考成绩,总分高的同学先选,这样一来,踩在分数线上的我当然丧失了主动权,被安排在了特殊教育专业。

大学四年,我对特殊教育专业是很认同的,导师刘艳红副教授在学术上也给予我很多的指导,培养了我的学术研究能力。学习特殊教育的同时,我对历史学仍割舍不下,于是参加了历史学专业的双学士学位学习,在毕业时拿到了教育学、历史学双学士。

我对聋人历史的兴趣从2007年新入学时就逐渐形成了。当时,聋教育专家顾定倩教授在给我们上课时专门带来几本20世纪八九十年代出版的聋教育理论书籍,他说,因为有关聋教育的书很少,所以只要有新书就会买上收集起来。也正是这句话给了我启发,鼓励我开始收集特殊教育书籍,大四毕业时,我邮寄回家的书有两大箱。

2010年,我提前完成了特殊教育和历史学两篇毕业论文,在大量的闲暇时间中,我利用北京师范大学的一些数据库,收集了一批聋人历史资料,也标志着我正式开始了聋人历史研究。不过,在临近毕业之际,我最想从事的是盲人教育工作,盲校离我家近,我的毕业论文也是与盲教育相关的,但是阴差阳错,又不愿意去普通学校的我,最后还是选择在乌鲁木齐市聋人学校工作。

从事聋人教育以后,我一直对聋人研究颇感兴趣,2011年起,利用之前积累的史料,陆续撰写了一些有关聋人历史方面的论文。后来,我通过网络又陆续收集到了各个版本的中国手语书,萌生了撰写一本有关中国聋人手语历史书籍的想法。到2017年,我有关聋人历史的文章已有近十万字,主要涉及中国手语的发展历程,由于字数尚不足以出版一本著作,我开始投入大量时间专心写书,写作的内容也由手语史扩展到聋人教育史、聋人职业史等方方面面。

我个人认为,聋人史只有"史""料"结合,即历史文献与历史实物相结合,才能让人信服,于是,在2016—2017年期间,我尽可能地收购了大量中国聋人相关的实物资料,也为此投入了大量的经济成本。虽然我的收入不多,我的研究也没有任何经费支持,但我对这些花费无怨无悔,我相信它们物有所值(图0-1)。

图0-1 购买一份从英国寄来的中国聋人史料时使用的信函

我是一个性格内向的人,现在又做这样一个"偏门"的专业,心中也时常忐忑、疑惑,不知道自己做的事情有没有用。时光匆匆,人的一生很难十全十美,因为对手语和历史的双重兴趣,我在研究聋人历史方面付出了大量的时间和精力,也耽误了原本可以做更多其他事情的机会。每个人都有自己的命运,而我的就是这样一条少有人走的路。我从小爱收藏,后来学特教、读历史,现在从事聋人教育工作,这一切在冥冥之中似乎有所指引而并非完全是我个人的选择。也许研究聋人历史就是我的"天命"。

2017年底,我撰写的《中国聋人史稿》接近20万字,在向成书冲刺的最后阶段,聋人历史研究者林白羽对我倾囊相助,将他多年收集的聋人历史资料电子版全部赠送给我,供我参考;聋人历史研究者陈少毅也为我提供了大量的参考资料,并对本书的撰写提供了一些有价值的建议;聋人博士杨军辉女士对我的部分文章提出了宝贵意见,帮助我修改和完善了相关内容。从他们身上,我看到中国聋人群体对于一部中国聋人历史书的期待,在本书即将完成之际,我想在此向他们表示感谢!同时,也要感谢书稿的第一位读者——乌鲁木齐聋人学校的校长周海燕女士,她崇高的聋教育理想和严谨的实践风格使我受益匪浅。

由于目前掌握的资料还很不充分,有关聋人文化的很多内容还没有介绍进来,本书只作为一部"史稿",向聋人及史学家抛砖引玉,相信在未来聋人历史研究一定会更加完善。

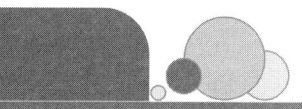

目录

第一部分　聋人与社会

第一章　聋人身份的界说 …………………………………………… 1
第二章　耳聋的原因及防治 ………………………………………… 12
第三章　聋人的性别与婚姻 ………………………………………… 29
第四章　聋人社会组织 ……………………………………………… 37
第五章　当代聋人的媒体形象——以《人民日报》为例 ………… 42
第六章　聋人无障碍 ………………………………………………… 53

第二部分　聋人与教育

第七章　聋教育的早期尝试 ………………………………………… 63
第八章　聋人基础教育 ……………………………………………… 89
第九章　聋人高等教育 ……………………………………………… 107
第十章　聋人职业教育的发展 ……………………………………… 119

第三部分　聋人职业与文化艺术

第十一章　聋人职业 ………………………………………………… 127
第十二章　聋人文化艺术 …………………………………………… 149

第四部分　聋人手语的历史发展

第十三章　古代聋人手势语 ………………………………………… 180
第十四章　近代以来聋人手语的发展 ……………………………… 192
第十五章　通用手语工具书的发展历程 …………………………… 213
第十六章　通用手语构词方式的演变规律 ………………………… 226
第十七章　地方手语构词方式的基本规律 ………………………… 234

中国聋人史学术研究的主要历程 …………………………………… 243
主要参考书目 ………………………………………………………… 245

第一部分 聋人与社会

第一章 聋人身份的界说

传说时代

讨论聋人历史问题,首先要明确谁是聋人以及什么是"聋"。关于这个问题,我们的祖先早在传说时代就已经开始了最初的思考。

传说时代又称传疑时代,一般是指在文字记载出现之前,依靠人们世世代代的口耳相传所描述的远古历史时代,这些内容到后来才被文字记录下来,成为文献中的古史传说和神话故事。中国聋人的历史也有传说时代,其中记述了人们对于聋人身份的了解和想象,并且融入有关中华民族起源和繁衍的传说和神话之中,使聋人文化具有了丰满性和完整性。

在中国聋人的神话传说之中,最为人们熟知的当数"天聋地哑"了。很多城市都有"文昌阁",里面供奉着中国民间和道教尊奉的掌管士人功名禄位、富贵贫贱之神"文昌帝君"(也叫梓潼帝君),他的塑像或者画像身边站着两位陪侍神童,名为"天聋""地哑":一个掌管文人禄运簿册,一个手持文昌大印,作为文昌帝君登记文人禄运之簿册的看守者。

《历代神仙通鉴》卷十一中有这样的记载:"(梓潼帝君)道号六阳,每出驾白骡,随儿童,曰天聋、地哑。真君为文章之司命,贵贱所系,故用聋、哑于侧,使其知者不能言,言者不能知,天机弗泄也。"意思是说帝君作为文章司命,掌管读书人一生的前途命运,考题之天机不可泄露,所以让"能说却不知道"的天聋与"知道却不能说"的地哑担任陪侍,避免泄露考题。上述传说也反映了我们的先祖对于聋人职业的最初观念,即:聋人不能听又常常说不出,适合在官府、军队从事涉秘的传信、陪侍等工作(这在后来的很多文献中都得到了验证)。

几千年来,天聋、地哑的造像始终立在各地文昌阁中供人们顶礼膜拜,由此可见,聋人在中华民族的原始神话传说中占据着特殊的地位,在几千年前那个蛮荒的传说时代,中国聋人已经成为智慧的化身,他们不仅没有受到人们的歧视和排斥,反而被赋予了一些神秘的、崇拜的意味(图1–1)。

图 1-1 文昌阁中的文昌帝君及天聋、地哑造像

除了文昌帝君身边的侍童身份外,在许多神话故事里,天聋、地哑还是中华民族原始信仰中的最大神圣——天父、地母,是人类赖以生存、生活、繁衍的根本。人们相信,天父与地母结为配偶,使得阴阳相配、化生天地万物,创造出中华民族的诸位始祖。正如《地母真经》(图 1-2)所述:

> 夫君本是玄童子,他聋我哑配成双。
> 神与气合化天地,气与神合产贤人。
> 真气为母母是气,真神为子子是神。
> 阴阳会合真造化,造化天地产贤君。
> 虽然不会人言语,三九二八时时行。
> 子母不离怀胎孕,身怀有孕十年整。
> 十年胎足卦爻定,胎满产出六贤君。
> 天皇地皇人皇氏,伏羲轩辕与神农。

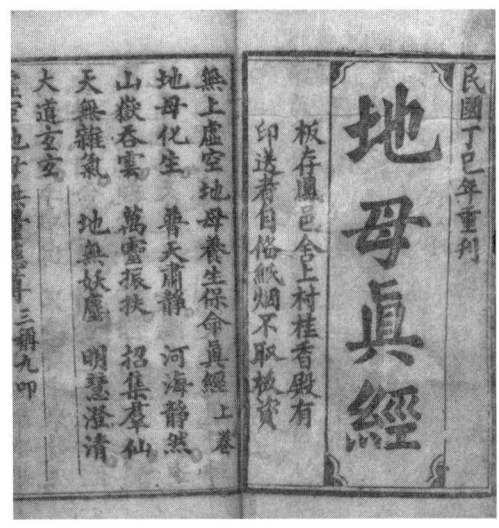

图 1-2 《地母真经》书影

天父、地母"不会人言语"的说法其实也不无道理,因为人类的祖先的确经历了一段尚不具备语言能力的进化历程,人们通过口耳相传将之融入神话传说之中,并将其与聋人身份联系起来。

张帆、芦苇在《无声的绽放——走近聋人文化》一书中向我们讲述了另一个"聋人诞生的传说",这个故事是否真实、源流在哪,目前还没有在其他资料中得到验证,不过既然据说是"在我国聋人群体中广泛流传着"的一个古老的传说,其真实与否无关紧要,姑且作为聋人历史茶余饭后的谈资吧。在征得芦苇老师同意之后,我将这个故事的梗概介绍如下:

在很久很久以前,偏远的山区里坐落着一个古村落,村里有100多位朴实、善良的居民,他们在山脚下种植了一大片玉米,过着日出而作、日落而息的平静生活。然而有一年夏天遭逢大旱,田里的玉米已经奄奄一息了,村民们万分焦急。村长带着全体村民向老巫婆求助,老巫婆答应会尽全力帮助村子渡过难关,她盘腿而坐、双眼紧闭、掐指卜算,口里不住地念叨着什么。几分钟后,老巫婆猛地睁开眼,徐徐吐了口气,说道:"东海龙王负责呼风唤雨,调遣神州大地各个地方的雨水,今年它把我们这个不起眼的小地方遗漏了。你们现在回去杀猪宰牛,准备好丰盛的供品,然后全村人一起登上山顶祭拜龙王,龙王一定会被你们感动,给你们安排一场好雨!"

第二天清晨,所有村民不分男女老幼,满怀期待,背着准备好的食物,在山脚下集合后出发了。到达山顶后,大家就按老巫婆说的进行祭拜祈祷,过了几个小时,龙王果然出现了,一个小孩子惊喜地喊道:"龙王来了,龙王终于来了!"只见一条长长的白色巨龙从天边徐徐游来,龙王似乎没有听见村民的欢呼,兀自在天空翻腾。不一会儿,云卷山河、狂风阵阵、电闪雷鸣,龙王张开嘴,喷出清水,顿时天空降下大雨。

雨水滋润了大地,也滋润了村民的心田。村民们个个狂欢不已,大声欢呼:"感谢龙王! 感谢龙王!"可是龙王还是自顾自地在天空游来游去,似乎完全没有理会村民的感谢。老村长和村民们把各式供品朝向龙王摆放,继续大声喊道:"龙王啊,下来吧! 龙王,下来!"可奇怪的是,龙王仍然充耳不闻,在天空中悠闲地游了一圈又一圈后,渐渐消失在天际(图1-3)。

图1-3 北京故宫九龙壁上的龙形象

看着龙王渐渐离去,村民们也渐渐安静下来。不过,村民之中有一个人因为听不见人们的叫喊声,还只顾着自己又蹦又跳,手舞足蹈,陶醉于龙王降雨的恩赐之中。村长猛地醒悟过来:原来龙王跟这个人一样,也是听不见啊。他指着这个人脱口而出:"他也是'龙',以后就叫他'聋'人吧!"村民们一致赞同,异口同声地称那个人为"聋"人。

从此,"聋"的称谓就这样传开了,大家都认同:聋人就是"龙"的化身,龙是"聋"的守护者,要像保护龙王一样,爱护与照顾聋人。

从"龙"到"聋"

在人类口语能力尚不发达的原始社会,耳聋给个人生活造成的影响似乎并没有其他身体残障那么明显可见,社会对于聋人的认识可能还不深入。随着社会文明的进步、文字的产生以及对耳聋现象的关注,聋人作为独立的"人"而走进人们的视野。

几千年来,汉字"聋"始终保持着上"龙"下"耳"的结构,对"聋"字的字源分析为我们理解中国聋人的早期社会形象提供了一条可行的路径。"聋"与"耳""龙"有着直接的关系,深受中国聋人认同(台湾的聋人协会的会徽就是由上"聋"手势、下"耳"汉字组成的仿汉字"聋"图案),也广受世界聋人的认可(图1-4)。聋人博士杨军辉在张宁生主编的《聋人文化概论》中指出:"聋"字表达了一种生存状态和生活方式,耳聋不是病,不需要吃药或治疗。

图1-4 台湾聋人协会会徽①

"耳,主听也。"②耳朵是人类最重要的感觉器官之一,人类凭借耳朵感知周围世界、收集环境中的信息,以此提高对环境的适应能力,正是因为耳朵对人类生存和发展的这种无可替代的意义,祖先们以"耳"为部首创造了许多汉字,如"聲""聪""聽""聃""聾"等。龙呢,众所周知是古代中国人崇拜的神秘动物,是中华民族的图腾,在造字之初,"龙"还没有成为统治者的御用形象,"聋"与帝王权力无关,在民间使用不必担心有僭越、非礼之嫌。原始社会的居民对龙赋予了神奇的想象,创造出许多关于龙的神话形象,如盘古、烛龙、伏羲、女娲等,并逐渐把龙看作沟通天地、影响自然、预示吉凶的神秘力量,许多礼器

---

① 图片引自 http://www.nad.org.tw/.
② [汉]许慎.说文解字:卷十二上.

上出现了龙的形象①。随着地区之间的交流与融合,中华民族开始对龙的形象产生认同,认为它的身体由虎、鹰、鹿等九种动物各自最强壮、拥有神秘力量的部分组合而成,即"角似鹿、头似驼、眼似兔、项似蛇、腹似蜃、鳞似鱼、爪似鹰、掌似虎、耳似牛"②。

龙"耳似牛"的说法,最早可以追溯到古人对开天辟地的神话人物"盘古"形象的猜想:"其形龙首牛耳"③。关于"牛耳",现存的文献资料中记载:春秋战国时期,诸侯会盟时有一个惯例,即主持会盟的人"必割牛耳,取其血歃之以盟"④,表示对盟约诚信不渝。"牛耳"因而成为领袖与权威的象征,至今仍在使用的"执牛耳"这个词就意指主持会盟者、领导者、权威者。由此可见,古人赋予龙"耳似牛"的神奇形象,是为了彰显龙在自然环境、人类社会中的领导力。

不过古人相信,从外形上看牛虽然有耳,但是牛耳无窍、"室塞无孔"⑤,它"聋蔽不晓声,本以鼻听"⑥,所以流传有"对牛弹琴,一窍不通"的歇后语。龙的耳朵在外形上与牛耳相似,所以它也没有听力,根据《山海经》记载,它"听以角,不以耳"。这样,古人针对龙的耳朵外形存在却没有实际听觉功能的客观现象,创造了"聋"字。

中国古代的诸多思想家基于观察和思考,对"聋"的神秘现象进行了描述,他们认为:耳"不听五声之和""不能别清浊之声""形完而听不闻者"为聋⑦⑧⑨,这种描述与"聋"字的原始含义是基本一致的。后来,还有人根据同音字的原理对"聋"的含义进行了阐述,认为:"聋,笼也,如在蒙笼之内,听不察也。"⑩

世界上最古老的字典之一、公元 121 年成书的《说文解字》记载了古人对耳聋的分类。从中我们看到:先天耳聋被称为"聋"或"聤","听而不聪、闻而不达"的轻微耳聋为"耳宰",无耳郭或重度聋称"聤",外伤导致断耳称"聝",这表明当时中国人对先天耳聋和后天耳聋已经有了初步的认识,对于耳聋的程度以及后天耳聋发生的原因已经有了一定程度的区分。到唐、宋以后,伤残被分为残疾、笃疾和废疾三等,其中"一目盲、两耳聋、手无二指"在法律上都属于较重的残疾类⑪,对双耳听力残疾情况的关注在一定程度上与当今"聋"的界定殊途同归,是对"聋"较为唯物的、科学的、进步的认识(图 1-5)。

在一些古籍中,"聋"也被写作"疒龙",表示一种由疾病造成的听力损伤现象。"哑"往往和"聋"表述的对象一致,因为古人相信"凡病哑者,耳必聋"⑫。初版于清光

---

① 王田明.中国龙的图像研究.北京:中国艺术研究院博士论文,2008.
② [明]李时珍.本草纲目.清文渊阁四库全书本:卷四十三.
③ [南北朝]任昉.述异记:卷上.
④ [清]段玉裁.说文解字注.清嘉庆二十年经韵楼刻本:卷七上.
⑤ [宋]张世南.游宦纪闻.清不知足斋丛书本:卷第三.
⑥ [宋]张世南.游宦纪闻.清不知足斋丛书本:卷第三.
⑦ [春秋战国]韩非.韩非子.四部丛刊景清景宋抄校本:卷六,解老第二十.
⑧ [南北朝]刘昼.刘子.明正统道藏本:卷一,崇学第五.
⑨ [战国]左丘明.左传:僖公二十四年.
⑩ [汉]刘熙.释名:卷第八.
⑪ 郭旭东、杨高凡.宋代残疾人法初探.史学月刊,2003(8):30-34.
⑫ [清]宣鼎.夜雨秋灯录.

绪二十七年(1901)的《澄衷蒙学堂字课图说》等一批近代文献在“聋”的定义中虽然融入了相对科学的医疗解释,但仍沿袭了“医学模式”对“聋”的界定(图1-6)。直到1987年第一次全国残疾人抽样调查时纯粹的“医学模式”开始被“社会模式”取代,不仅关注“由于各种原因导致双耳听力丧失或听觉障碍,听不到或听不真周围环境的声音”现象,并且强调在社会适应方面“难以同一般人进行正常的语言交往活动”的,可界定为“聋”或“重听”。

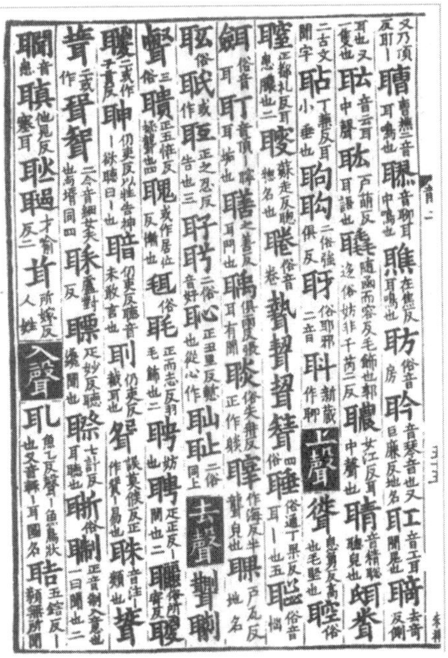

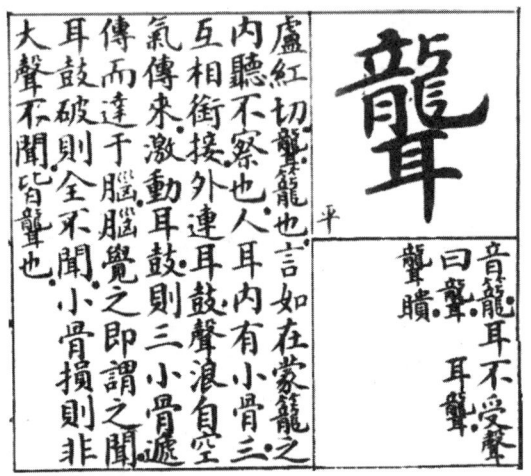

图1-5 《说文解字》中与“耳”有关的汉字

聾 平

音龍。耳不受聲曰聾。耳聾。聾聵。

盧紅切。聾,龍也。言如在蒙籠之內,聽不察也。人耳內有小骨三,互相銜接,外連耳鼓。聲浪自空氣傳來,激動耳鼓,則三小骨遞傳而達于腦,腦覺之即謂之聞。耳鼓破則全不聞,小骨損則非大聲不聞,皆聾也。

图1-6 《澄衷蒙学堂字课图说》对“聋”的界定

最早的聋人肖像

清道光二十七年(1847年),一位来中国传教的美国纽约聋人学校教师Brown在其日记中记载:“(我)在天朝的整个经历中,连一名聋哑人都没见过……在中国人中,视力残疾是很常见的。”的确,在中国古代史的资料中,盲人形象屡见不鲜,甚至在清乾隆朝中,宫廷大画家金廷标专为盲人画了一幅《瞎子说唱图》,至今仍收藏于北京故宫博物院。

中国第一所聋人学校创办之前,在中外文献中极少见到聋人的肖像。我偶然从出版于清道光二十四年(1844年)的启蒙读物《时兴异样杂字》中发现了一张目前所知历史最为久远的“聋子”肖像画。杂字书是一种启蒙的识字读本,把各种常用字词编辑成册,以便于记诵,《时兴异样杂字》通过一些生活用品、人物等类别的图片教孩子认识事物,其中有一部分专门介绍各种残疾人,基本上反映了当时人们对于聋人形象的普遍认识(图1-

7)。

从图中我们看到两位男性,右侧的一位背向站立,左侧的一位右手搭在右侧人物的背上,左手贴于右侧人物的耳侧,做说话状。由此推断,右侧人物为聋人,通过左侧人物在其耳侧说话的动作,表现出聋人的听力不好。与书中"瘸子"挂拐的形象、"瞎子"手持盲杖的形象、"驼子"背部隆起的形象相比,聋人并未采用目前我们熟悉的"打手语"的形象,我与杨军辉博士交流后她认为,其中突出了听人"与聋人对话交流的特征是面对面、眼对眼,有视线接触",说明"古人早就知道与聋人或听障者这种视觉交流方式不同于听人耳语"。

对于聋人"打手语"的形象,我在后面的内容中会有专门介绍:最近几十年的报刊中,凡是涉及聋人形象的照片,基本上都是在打手语的,打手语是现代社会聋人的一个突出的形象特征。为了验证上述这个观点,2017 年底我在百度上搜索了一下有关"聋人"的图片,果不其然,绝大多数是在打手语的。

图 1-7 1844 年《时兴异样杂字》中的"聋子"肖像

由此可知,在古代中国社会,由于先天聋人、幼年耳聋者社会地位尚低,能出人头地的很少,所以人们接触的聋人以中老年重听者为多,他们不怎么使用手语,或者至少没有怎么在公共场合使用手语,所以才没有给人们留下"聋人≈打手语"这样一种印象。

图片中还有两个值得注意的点:第一,在书中的所有人物肖像中,唯独聋人形象中出现了两个人,这告诉我们,"聋"是相对于"听"而言的,"聋"的特征只有在人际交往的过程中才反映得最明显;第二,在书中的所有人物肖像中,唯独聋人形象没有露出正脸,这从侧面暗示我们,古代中国社会对聋人群体持有一定的"陌生感"。这个聋人的肖像画,在后来的《居家杂字》《新绘图形杂字》等很多类似的杂字启蒙书籍中都有再版、翻印,在社会上流传甚广,但人物肖像逐渐翻印得模糊不清了。

进入到民国时期,各类杂字书仍旧流行,在很多配有插图的杂字书中聋人形象也经常可见,并且往往绘图精美、惟妙惟肖。不过,这一时期与清代杂字书中的聋人形象出现了明显的区别。

在民国二十五年(1936 年)上海铸记书局印行的《中西绘图益幼杂字》一书中,"人物类"词目部分呈现了"瞎子""驼子""聋子""哑子""痴子""疯子""瘫子"等十六种残疾人的称呼,其中"聋子""瞎子""驼子""哑子"配有人物插图。"聋子"为青年男性,两手食指分别指向两侧耳朵,身穿短布衫,与"驼子"的衣着相似,俨然劳苦大众的形象。"哑子"也是青年男性,口部张开,右手置于胸前,左手食指指向口部,或许是因为"哑"并不影响个体接受教育,其人身穿长衫,似乎有些文化,社会地位明显高于"聋子"。四个人物中,"瞎子"身着长袍马褂,年龄最长、地位最高、生活条件似乎最好(图 1-8)。

图1-8 《中西绘图益幼杂字》中的人物形象

另一本是在民国三十一年(1942年)由上海广益书局发行的《改良绘图幼学杂字》,人物部分同样呈现了"瞎子""驼子""哑子""聋子"四类残疾人的称呼和肖像,其中:"哑子"嘴角下弯,面露悲伤、无奈的表情,右手置于胸前,伸出食指指向自己的口部,好像在说"说话不能";"聋子"右手置于头侧,伸出食指指向自己的耳朵,与现行手语中的"聋"打法有一定的相似性(图1-9)。

图1-9 《改良绘图幼学杂字》中的人物形象

《士农工商买卖杂字》《绘图共和新幼学杂字》等资料中均有类似的聋人形象,据此可以推测:第一,民国时期人们已经能够较好地区分"聋"与"哑","聋子"与"哑子"各有各的特点,而不是将"聋哑"混为一谈;第二,这一时期人们对聋人的形象趋于熟悉,而不再是过去那种背对读者的中老年耳背者的形象;第三,"聋子""哑子"形象中突出了手势语和面部表情,说明这一时期社会对于手语已经有了初步的认识;第四,聋人已经日益融入主流社会生活。

聋人人口统计

对中国聋人人口的统计,是在19世纪由西方传教士开始的。掌握中国聋人人口的基本情况,是他们来华开展聋人工作的基础,因此从1840年前后传教士们就开始了对中国聋人人口的估算。

一位来中国传教的美国纽约聋人学校教师布朗(Brown)在1847年的日记中记载:"(我)在天朝的整个经历中,连一名聋哑人都没见过……在中国人中,视力残疾是很常见的。"类似在中国没有见过聋人的说法,得到了许多在华居住多年的传教士的证实①,难道当时中国的盲人多、聋人少吗? 我想并不是这样的,一方面因为盲人比较容易在人群中被识别出来,而从相貌上看,聋人与健听人并无差别,其听力情况很难被人辨别;另一方面有些盲人在街头乞讨、卖艺、算命,使盲人群体更多地参与了社会互动,更多地"曝光"在传教士的视野之下。

1887 年,教皇的比利时代表 D. De Haerne 将数位传教士对中国聋人人口情况的观察进行了汇总,他记载道:"我承认(自己)只遇到过很少的聋哑人";香港的天主教神父雷蒙迪(Raimondi)"在中国 26 年观察发现,这里的聋人一定非常少";神父西卡(Sicca)"仅发现了很少的聋人",并认为"聋人教育事业是无法发展的";神父德拉(Della)"来到中国 36 年,只见过两个聋人",相信"聋人的数量非常少";神父谢弗勒伊(Chevreuil)在中国 16 年,其开设的孤儿院"收容 2000 名孩子,其中只有八九名聋人"②。

上述对中国聋人人口情况的误判,使一定历史时期内中国聋人工作的开展受到了限制。虽然如此,D. De Haerne 发现,中国各地都建有土地庙,而中国人在祭祀土地神的"社日"中使用的"社酒"(俗称治聋酒)相传具有治疗耳聋的作用,由此推测"耳聋并不罕见",由于中国的父母认为孩子耳聋是"一种羞耻",会尽可能避免让别人知道家里有聋孩子,虽然的确有"很多聋孩子被遗弃",但聋孩子"被杀害"的情况不多③,这是因为耳聋在孩子刚出生两三年时还并不明显,此后对于"处置"一个孩子来说已经太晚了④。此外,D. De Haerne 认为汉字是象形符号,聋孩子在学校或者其他地方通过模仿学会了汉字,即使他们不会说,也能通过汉字和手势与人交往,使他们进入了主流社会而难以被人们辨认出来。另一位传教士则提出,在中国发现的聋人很少,可能是因为"中国人的平均寿命比较短"⑤,很多人在没有罹患老年耳聋之前就已经离世了。

D. De Haerne 根据神父谢弗勒伊提供的"2000 名孤儿中有八九名聋人"的数据估算,"中国的聋人比例和其他国家是一样的,平均 250 人(儿童)中有 1 名聋人"(即千分之四),由于"中国人口是美国的十倍",中国的聋人人口也应当"至少是美国的十倍"⑥。这一数据是从孤儿院获取的,聋人在中国总人口中的比例应当低于千分之四。后来,烟台的梅耐德女士"曾派遣一位传教士去人群中宣讲,并调查他们当中是否有聋孩子,在访问了大约 60 个村庄后,他说有大量聋人。我们将美国聋人的比例(略低于千分之一)放置

---

① Charlotte B. Stoker. On the Necessity of a State Provision for the Education of the Deaf and Dumb of Ireland. Alexander Thom,1863(4).

② D. De Haerne Efforts in Behalf of the Education of the Deaf in China. American Annals of the Deaf,1887(10):242-246.

③ D. De Haerne Efforts in Behalf of the Education of the Deaf in China. American Annals of the Deaf,1887(10):242-246.

④ Annetta T. Mills. The Condition of Deaf-Mutes in China. American Annals of the Deaf,1910(3):190-191.

⑤ Calvin King Sley. Round the world:A Series of letters. New York:Hitchcock & walden,1870:194.

⑥ The Editor, Deaf-Mutism in China. American Annals of the Deaf and Dumb, 1876(10):256-260.

于中国总人口(约4亿3千万)中,估计帝国有将近40万聋哑人,几乎相当于全世界其他国家的聋人人口之和"①。

梅耐德女士对中国聋人略低于总人口千分之一的估算得到当时中外社会的普遍认同,在一张罕见的1907年中国"传教士百年大会"纪念明信片上,标注中国聋人人口为40万(当时全国总人口约4.3亿)。1936年,上海中华聋哑协会提供全国聋人人口的数据为45万②(当时全国总人口约4.6亿)(图1-10)。

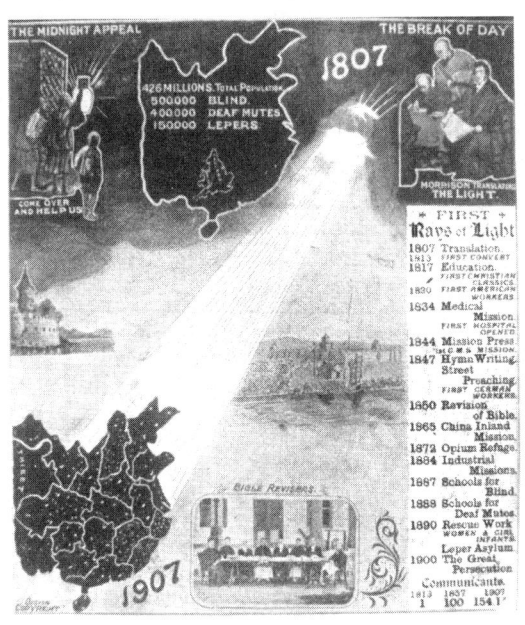

图1-10　1907年传教士百年大会纪念明信片(局部)

其中记录了当时中国聋人人口"400000"以及第一所聋人学校的创建时间"1888"

1960年,全国聋人人口被粗略估计为300万,约占总人口的0.5%。③ 后来,中国在1987年和2006年做过两次全国性的残疾人抽样调查,从《中国1987年残疾人抽样调查资料》和《第二次全国残疾人抽样调查数据分析报告》中我们可以了解这一时期中国聋人的一些基本统计数据。

1987年第一次全国残疾人抽样调查将"听力残疾"界定为"由于各种原因导致双耳听力丧失或听觉障碍,听不到或听不真周围环境的声音,从而难以同一般人进行正常的语言交往活动"(表1-1)。调查结果估计,当年全国约有1770万聋与重听者,占全国总

---

① Annetta T. Mills. The Condition of Deaf-Mutes in China. American Annals of the Deaf, 1910(3): 190-191.

② 域翁.闲话"全国同病人调查录".瘖铎.1939(10):2.

③ 内务部.关于盲人聋哑人工作的报告,1960.

人口的1.7%(这一比例与100年前的1‰相比大幅度提高),其中男性占50.6%、女性占49.4%,0~14岁的占0.5%、15~59岁的占37.1%、60岁以上的占62.4%。

表1-1 听力损失程度分级(1987)

类别	级别	听力损失程度
聋	一级聋	>91 dB
聋	二级聋	90~71 dB
重听	一级重听	70~56 dB
重听	二级重听	55~41 dB

2006年抽样调查时,"听力残疾"的标准做出了一定的修改,被界定为"由于各种原因导致双耳不同程度的永久性听力障碍,听不到或听不清周围环境声和言语声,以致影响日常生活和社会参与",与此同时,听力残疾按照严重程度被分为四级(表1-2)。与1987年相比,全国听力残疾人人口增长至2004万,但占全国总人口的比例进一步下降至1.5%,其中男性占比(55.0%)高于女性(45.0%),0~14岁的比例(0.7%)基本不变、15~59岁的占比(28.1%)有所下降、60岁以上的占比(77.5%)相应升高。

表1-2 听力残疾严重程度分级(2006)

分级	听力损失程度 (较好耳的平均听力损失)	特点
一级	≥91 dB	听觉系统的结构和功能极重度损伤,在无助听设备的帮助下,不能领先听觉进行言语交流,在理解和交流等活动上极度受限,在参与社会生活方面存在极严重障碍
二级	81~90 dB	听觉系统的结构和功能重度损伤,在无助听设备的帮助下,在理解和交流等活动上重度受限,在参与社会生活方面存在严重障碍
三级	61~80 dB	听觉系统的结构和功能中重度损伤,在无助听设备的帮助下,在理解和交流等活动上中度受限,在参与社会生活方面存在中度障碍
四级	41~60 dB	听觉系统的结构和功能中度损伤,在无助听设备的帮助下,在理解和交流等活动上轻度受限,在参与社会生活方面存在轻度障碍

国家统计局2018年提供的最新数据显示,2016年全国的总人口为138271万[1],据此估算,当年聋人人口应在2350万上下,几乎相当于澳大利亚全国人口的总和(2412万)。

---

[1] http://www.stats.gov.cn/tjsj/zxfb/201702/t20170228_1467424.html.

第二章　耳聋的原因及防治

耳聋原因的早期解释

在科学技术尚不发达的条件下,为了解释耳聋的原因,我们的祖先或者采取哲学思辨方式,或者以传统医学视角分析推理,或求助于迷信思想。

先秦时期的道家创始人老子(公元前571—公元前471)在《道德经》一书中,从哲学角度阐释了后天耳聋的原因,他认为:万物发展应当遵循天命,人如果悖逆天命而沉湎于纷繁的音韵调式之中,就极有可能导致心志紊乱、丧失听力,即"五音令人耳聋"。一些学者继承和发展了老子的观点,提出了"私听使耳聋""耳之聋,由声惑其听"等类似的观点①-②。

中国传统医学理论则认为"聋者,耳病也"③,这一观点主要解释了后天耳聋的发生原因,即饮食不当、五行失调、邪气阻滞等。例如:"邪气与正气相搏,久即邪气停滞成聋"④,"水气多瘖、风气多聋"⑤,"气塞而耳聋"⑥,"聋……五味饮食冒犯禁忌而得之"⑦,"小儿患耳聋是风入头脑所为也"⑧,"精不流则气郁,郁……处耳则为挶(一种耳病)为聋"⑨。

近亲结婚是导致遗传性耳聋的重要原因之一。当今有研究证实,"表兄妹间的近亲结婚,他们子代患先天聋哑的概率要比非近亲结婚高6倍多"⑩。其实,古代中国社会早已经意识到了近亲结婚可能造成耳聋的风险,能有意识地通过避免近亲结婚而预防先天耳聋,《左传》就提出"男女同姓,其生不藩"的说法,立法上也严禁近亲结婚,如《唐律疏议》中有"同姓为婚者,各徒三年"的规定⑪。由此可以推测,古代中国社会中近亲结婚导致的遗传问题并非耳聋的主要原因(在一份1876年国外传教士对中国聋人的调查中,这个推测得到了证实)⑫。

---

① [秦]吕不韦.吕氏春秋.四部丛刊景明刊本:第十二卷,季冬纪第十二.
② [宋]姚铉.唐文粹.四部丛刊景元翻宋小字本:卷七十八,视听笺.
③ [晋]郭象 注.[唐]成玄英 疏.南华真经注疏:卷一.
④ [宋]刘昉.幼幼新书.明万历陈履端刻本:卷三十三眼目耳鼻凡二十四门.
⑤ [宋]李昉等.太平御览:卷第十五天部十五.
⑥ [宋]鲍云龙.天原发微:卷之五.
⑦ [汉]华佗.中藏经.清抄本:卷上,风中有五生死论第十七.
⑧ [隋]巢元方.诸病源候总论:卷四十八.
⑨ [秦]吕不韦.吕氏春秋.四部丛刊景明刊本:第十二卷,季冬纪第三.
⑩ 高锦声、叶玲玲.优生指南.河南科技出版社,1990.
⑪ 刘长秋.生命法学理论梳理与重构.中国政法大学出版社,2015.
⑫ The Editor, Deaf-Mutism in China. *American Annals of the Deaf and Dumb*, 1876(10):256-260.

当然还有一些因为外伤而导致耳聋的现象,例如:"(刑事案件使受害者)致成聋聩,终为残废"①;战争也往往是耳聋的罪魁祸首之一,从"取"字的造字源流可知,其左边是"耳",右边是表示"手"的"又"字,古代战争的胜利者常把打败一方的俘虏或战死者的耳朵割下来记功,这样就造成了对方的耳郭损伤,严重者可能出现听力残疾(图2-1)。

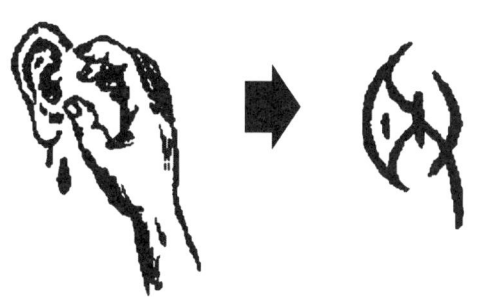

图2-1 "取"的字源②

肖非等在《共享阳光——共和国特殊教育报告》一书中指出,中国古代对"聋"现象的解释接近现代科学,比古代欧洲把聋看成是"恶魔""惩罚"等迷信的、宿命的论述要进步得多。其实从许多古籍中发现,古代中国人在解释先天耳聋的原因时,也常常感到颇为困惑,同样迷信于风水造化、善恶果报,也正是因此,古代中国的先天聋人或幼年耳聋者的人生道路通常要比后天耳聋者艰难、曲折得多。类似的观点包括:"宅居大凶,生子聋盲"③,"贫贱困极、残牟夭死、痴狂聋僻……先世殃咎所逮也"④,"胎聋哑,天聋地哑日受胎"⑤,"御女者,当避丙丁日及弦望晦朔、大风大雨大雾、大寒大暑、雷电霹雳、天地晦□、日月薄蚀、虹蜺地动,犯之,男损神、女得病,子必颠狂、顽愚、瘖痖、聋聩、挛跛、盲眇、多病、短寿、不孝、不仁"⑥。

到了近现代社会,生理学科学驳斥了有关耳聋的迷信与猜测,清末学者从相对科学的角度阐释了听觉器官的结构和耳聋发生原因:"听宫为司听之神所居,其形如珠、皮膜包裹真水,若真水破而耳立聋;有为大声所震而聋者,皮膜破也"⑦。人们也逐渐认识到,遗传与疾病是致聋的重要原因,言语残疾者"并非喉舌不能说话,只是因为从小就耳朵聋,听不见大人的言语,无可师法"⑧,接受教育训练后聋人可以开口说话。

---

① [元]官修.元典章:刑部卷二典章四十.
② 李乐毅.汉字演变五百例.北京:北京语言学院出版社,1992:271
③ [金]佚名.地理新书.金刻本:卷五,筮地吉凶.
④ [南北朝]佚名.玄都律文.明正统道藏本:章表律.
⑤ [宋]刘昉.幼幼新书.明万历陈履端刻本:卷三,病源形色凡十门,胎中受病第五.
⑥ [宋]刘昉.幼幼新书.明万历陈履端刻本:卷一.
⑦ [清]唐宗海.血证论.清光绪唐氏刻本:卷六,失血兼见诸证,耳病.
⑧ 吴燕生.聋教育常识.见顾定倩、朴永馨、刘艳虹.中国特殊教育史资料选(中卷).北京:北京师范大学出版社,2010:831.

说起近现代时期耳聋的元凶,"威力"最大的当属后天传染性疾病了。一份对当时960位青年聋人的调查发现:"三岁至十多岁生病而致于聋哑者独多,病的名字跳不了脑膜炎、伤寒之类,先天而又血统(遗传)致哑者,似乎聊聊"①。由此可见,当时人们对近亲结婚仍是相当注意的,但限于医疗技术水平,传染性疾病往往得不到快速、妥善的医治,使很多人的听神经系统受到损伤,进入了无声世界。

当然,老年性、噪声性、创伤性耳聋也是比较常见的。民国时期一篇题为《协商会议中的几个聋代表》的文章颇为有趣,其中介绍了战时噪声致聋的特殊现象:"八年以来,大后方耳聋患者日见众多,盖前此数年,制空权尚未为我方所获得,重庆、昆明各地,时遭敌机轰炸,尤其是年老之文人,常因行动滞缓、奔避落后,而致耳膜震碎成聋";郭沫若、傅斯年、绍从恩等名人都有类似的经历,以至于在民国一次政治协商会议上,三十八名代表中就有五名聋人,"可说是千载难逢的奇会"②。一位笔名为"低能儿"的作者则介绍了他因外伤意外耳聋的特殊故事:"我是半路出家的聋子……被理发师不存恶意而挖伤耳膜的。挖耳,这是一件非常细小的事体呀,终于给予我失去了终身幸福的打击……"③。(图2-2)

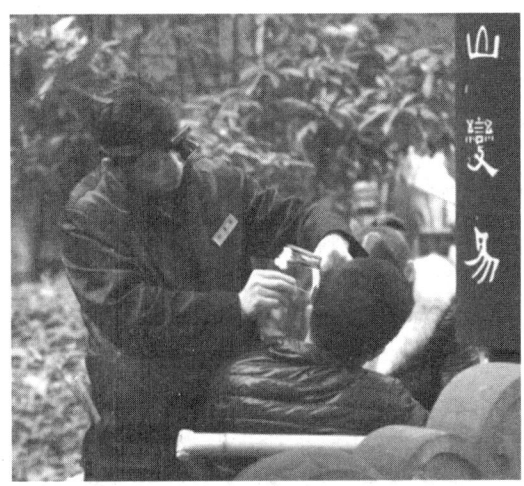

图2-2 四川成都街头的民俗活动:挖耳朵

药物中毒性耳聋肆虐一时

药物中毒性耳聋是指人体在治病或日常接触的过程中,某些药物或化学制剂进入内耳,干扰内耳的正常生化过程,影响其中的微循环,或直接伤害其神经终器,最后破坏听

---

① 域翁.闲话"全国同病人调查录".瘖铎.1939(10):2.
② 蜀客.协商会议中的几个聋代表.七日谈.1946(6):1.
③ 低能儿.我是一个聋子.现代周刊(槟榔屿).1947(46):11.

毛细胞,进而使听神经退化,导致听力下降、眩晕甚至全聋①。这一现象在近现代中国就开始出现了。

长期以来,疟疾对人类健康危害极大,"比任何别的疾病在远东诸国的乡间死伤更多的人"②,它是以按蚊为主要媒介传播的全球性急性寄生虫传染病,相关资料显示,1949年以前中国每年至少有3000万以上疟疾病人,病死率约为1%。17世纪,西方开始使用金鸡纳树皮磨成的粉来治疗疟疾,1693年法国传教士将这种方法传入中国,治好了康熙皇帝的疟疾。1826年,法国药师佩雷蒂尔和卡文顿从金鸡纳树皮中提炼出奎宁,从此直至今日,奎宁都是抗疟疾的一种特效药。

民国时期奎宁开始在中国应用,它也适用于其他多种疾病的治疗,挽救了很多患者的生命,促进了中国人平均寿命的提高,不过俗话说"是药三分毒",奎宁也是有副作用的。医疗工作者发现,"世人但知奎宁治疗疟疾为特效药剂,不知奎宁有强烈之副作用,普通服用量稍过,或已连服多日,往往即显耳鸣、头晕、意念紊乱等"③,"奎宁内服大量,每发耳鸣,有服小量,亦发耳鸣"④,严重者甚至导致永久性耳聋。当时奎宁作为一种"进口药",价格并不便宜,大城市的中产人家大约勉强消费得起,所以使用奎宁、因奎宁致聋的人还并不多见。

奎宁的应用拉开了药物致聋的序幕,即使人们已经知晓其可能带来的风险,但在生死攸关之际不得不冒险服用。治病反而致聋,这是现代社会产生的一个"弊病",并不能说奎宁以及其他药物致聋是药物发明人的错,是医生护士的错或是患者本人的错,紧急情况下用则生、不用则死,这是一个不得不做的选择,是医疗技术发展的必经之路,是人类社会发展必须付出的代价。

到20世纪70年代以后,药物中毒性耳聋曾在中华大地上肆虐一时。目前已经发现的可能导致耳聋的药物超过了100种,包括氨基糖苷类抗生素、治疟疾药、止痛剂、利尿剂、麻醉剂、抗惊厥药、抗炎药物、抗癌药物、抗结核药物、心血管药物等。其中"最负盛名"的要数链霉素、卡那霉素和庆大霉素了。

链霉素1943年由美国的瓦克斯曼教授从链霉素菌种分离出来,在结核病的治疗方面曾起过重要的作用,对流行性结核杆菌、大肠杆菌、痢疾杆菌、绿脓杆菌和鼠疫杆菌等均敏感。肺结核在中国旧称"痨病",由于过去的医疗水平有限,肺结核的防治都很困难,在相当长的历史时期里曾是中国乃至全世界因病致死最多的病种,因此民间素有"十痨九死"的说法,人们谈痨色变,对肺结核极为恐惧。在20世纪60年代以后,链霉素开始越来越多地应用在中国的临床实践中,结核杆菌肆虐中华大地、无情夺取中国人生命的时代宣告终结。

1958年,一种对抗肺炎、败血症、尿路感染等疾病的抗生素——卡那霉素研制出来。

---

① 王建国. 耳鸣耳聋. 北京:中国医药科技出版社,2016:17;薛广波. 现代疾病预防学. 北京:人民军医出版社,1996:1271.
② [英]海恩士、周学普. 东方的疟疾和奎宁. 改进,1939(1):38-40.
③ 陈颂和. 从奎宁之有害副作用说到"阿的平". 拜耳医疗新报,1941(5):169-170.
④ 唐斐礼. 诊余随笔. 广济医刊,1929(3):72-73.

从"CNKI中国知网"数据库中收录的论文情况来看,其20世纪60年代引进中国后主要应用在畜牧业和农业生产中,大约20世纪70年代后开始应用于人体。

1969年中华人民共和国成立二十周年大庆时研制成功的庆大霉素,则是中国独立自主研制的抗生素之一,是新中国成立以来的伟大科技成果,名称中的"庆大"意指庆祝党的"九大"以及庆祝工人阶级的伟大,适用于治疗新生儿脓毒血症、败血症、呼吸道感染、腹膜炎、胆道感染等,同样是在20世纪70年代后开始广泛应用(图2-3、图2-4)。

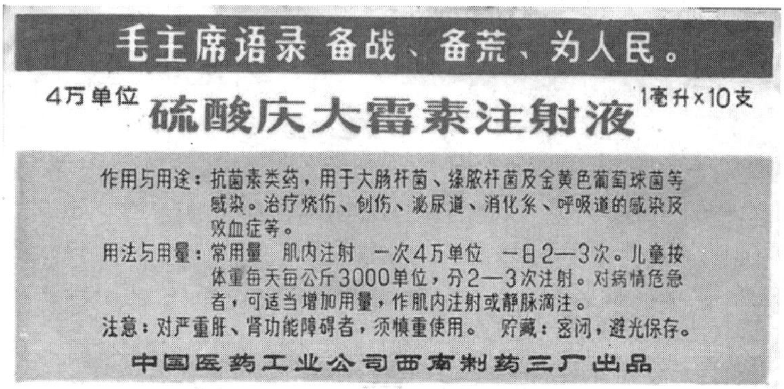

图2-3 早期的庆大霉素注射液标签

图2-4 我国科研人员正在研制庆大霉素

这些抗生素的应用产生了广泛而积极的影响。一方面,相关资料显示,1950年以前中国人的平均寿命不超过40岁,是世界上国民寿命最低的国家之一。到2015年,中国人口平均预期寿命超过76岁。然而另一方面,就是在链霉素、卡那霉素、庆大霉素等有致聋风险的抗生素广泛应用的几十年时间中,在面临生与死的抉择的时刻,许许多多的中国孩子别无选择地接受了一针注射,病好了,却留下了伴随终身的听力残疾,背负起人类社会发展带来的沉重代价,这也正是特殊教育界流传甚广的一句"残疾是人类发展过程中不可避免要付出的一种社会代价"的内涵所在。

第一部分　聋人与社会

萧轼之编著的《耳鼻咽喉科学》(第2版)中提供了下面的统计数据,从表2-1中可以看到,1965年以前全国多项调查的数据显示,因药物中毒致聋者仅占2.3%,高热、脑膜炎、麻疹等急性传染病是当时后天耳聋的主要原因。

表2-1　多位研究者对后天耳聋原因的调查

调查者	后天性聋哑人总数	脑膜炎		麻疹		高热		中耳炎		其他传染病		中毒		外伤	
		人数	比例/%	人数	比例/%	人数	比例/%	人数	比例/%	人数	比例/%	人数	比例/%	人数	比例/%
刘瑞华等	410	144	25.7	57	10.2	115	20.5	11	2	37		2	0.4	6	1.1
吴学愚等	88	31	27.2	10	9.7	18	15.7	2	1.7	24		1	0.97		
张庆松	78	9	11.5	16	20.5	16	20.5	6	7.8	7				3	3.9
张品清等	213	73	34.3	42	19.7	16	7.5	10	4.9	59		3	1.4	6	2.8
王世勋等	221	25	11.3	27	12.2	110	50	2	2.7	14		15	6.7	14	6.3
魏能润等	302	46	15.3	58	19.3	146	48.4	2	0.6	37		2		6	
作者等	238	93	38.1	22	9.2	74	31.1			21	8.8	14	5.9	9	3.8
总计	1550	421	27	232	14.9	495	31.9	37	2.4	199	12.8	37	2.3	44	2.8

由于抗生素和其他的药物的滥用,以及某些医务人员素质偏低,不清楚哪些药物有耳毒作用、不了解用药的剂量、用药后不注意观察、不向家属或病人交代有关注意事项、不按规定及时停药等,药物中毒性耳聋的发病率从20世纪70年代起呈现出上升的趋势,刘慕虞等人提供了一组看起来骇人听闻的数据:"20世纪60年代,药物性耳聋的发病率在聋哑人中为14.8%,70年代为20%~25%,80年代为66.1%,90年代据上海某医院的调查,则高达71.0%"[①]。

儿童是药物中毒性耳聋的主要受害者。1986年上海市1168名聋人学生中948名(81.2%)是因用药不当造成的;北京某聋校1979—1991年在校的233名学生中,因药物致聋的有48.9%;1984—1988年在北京市耳鼻咽喉研究所就诊的感音神经性聋儿569例,其中药物性耳聋391例(68.7%);1997年广东省残疾人康复中心、省残疾人康复服务指导中心和省儿童福利会在广州、东莞、佛山、惠州、湛江和肇庆等市聋校抽样调查701名聋童,结果显示药物致聋占58%[②];某县级人民医院对其1999—2008年间收治的104名聋童分析发现,因药物致聋的有69例(66.3%)。

诸如此类的调查数据不可胜举,庆幸的是在20世纪80年代后,人们逐渐意识到一些抗生素对听力的影响,药物致聋的问题正在慢慢得到控制。从两次全国抽样调查数据来看,1987年全国"药物中毒"致聋者有3.9%、2006年时也不到5.0%,或许是因为中国的

---

① 刘慕虞,袁友文,孙正良,李正贤.耳聋诊断治疗学.福州:福建科学技术出版社,2005:443.
② 广东省志(1979—2000).北京:方志出版社,2014:505.

人口老龄化以及老年性耳聋人数的庞大占比,药物致聋所占比例在官方数据中显得不那么显眼,随着药物疗效的改良,肆虐一时的药物致聋问题终将会被淹没在历史的浪潮之中,但是,为了人类的健康与幸福,一部分人献出了他们的听力,在无声世界中负重前行,这是历史不应该忘记的(图2-5)。

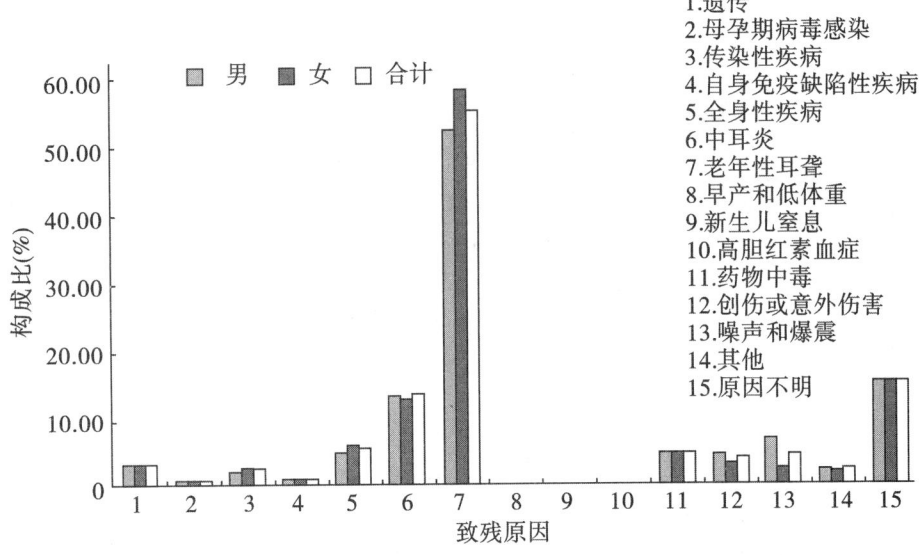

图2-5 2006年全国残疾人抽样调查发现的耳聋主要原因①

耳聋防治途径的探索

上面已经谈到,受到历史条件的制约,古人对于耳聋原因的一种解释认为,耳聋是由因果报应和其他神秘因素造成的,例如:"胎中聋哑,犯天聋地哑日受胎"②,"贫贱困极残牟夭死癫狂聋僻……先世殃咎所逮也"③。在这种情况下,有人认为求助宗教能够得到很好的治疗效果。唐代《贞元新定释教目录》是这样介绍的:"有人癞病及癫狂、聋盲、手脚躄跛,及种种疾病悉来就此塔。烧香燃灯香泥涂地,修治扫洒并叩顶忏悔,百病皆愈。"

另有一种观点认为,"风邪停积,即令耳聋""气塞而耳聋",所以治疗耳聋应当遵循传统中医药思想,注重气血调理、驱邪通脉,只要医生的医术高明,就能够较为有效地防治耳聋。西汉儒家思想家韩婴在其《韩诗外传·卷三》中写道:"传曰:太平之时,无喑、聋、跛、眇、尪蹇、侏儒、折短,父不哭子,兄不哭弟,道无襁负之遗育,然各以序终者,贤医之用也。"

---

① 程凯,郑晓瑛等.第二次全国残疾人抽样调查数据分析报告.北京:华夏出版社,2008:57
② [宋]刘昉.幼幼新书.明万历陈履端刻本:卷三,病源形色凡十门.
③ [南北朝]佚名.玄都律文.明正统道藏本:章表律.

东晋炼丹家、医学家葛洪在其医书《肘后备急方》中记载:"取鼠胆,内耳内,不过三,愈。有人云:侧外沥一胆尽,须臾胆汁从下边出,初出益聋,半日顷,乃差。治三十年老聋。又方,巴豆十四枚,捣,鹅脂半两,火熔,内巴豆,和取如小豆,绵裹内耳中,差,日一易。姚云:差(治愈)三十年聋。"他在另一部著作《抱朴子》中介绍:"既聋者,以玄龟薰之,或以棘头、羊粪、桂毛、雀桂成裹塞之;或以狼毒冶葛,或以附子葱涕,合内耳中,或以蒸鲤鱼脑灌之,皆愈也。"

1610年,基于上百部中国医学典籍编成的韩国医学巨著《东医宝鉴》针对多种类型的耳聋提供了不同的治疗方案(图2-6)。

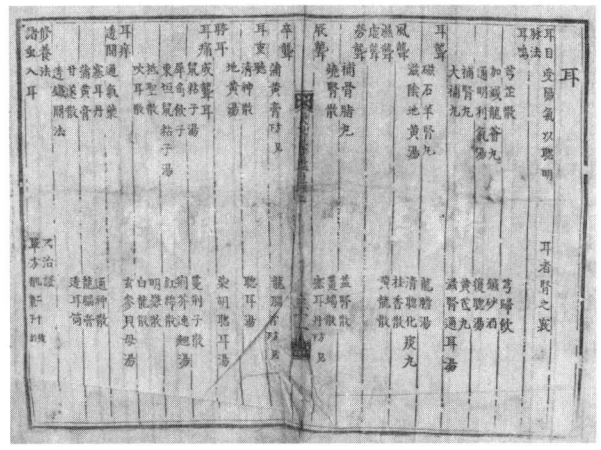

图2-6 《东医宝鉴》目录一页

在一部未署名的中医手稿中,还记录有数位不同年龄段耳聋人士的症状及对应的药方,可以作为中国早期开展耳聋医学研究的一个物证(图2-7)。

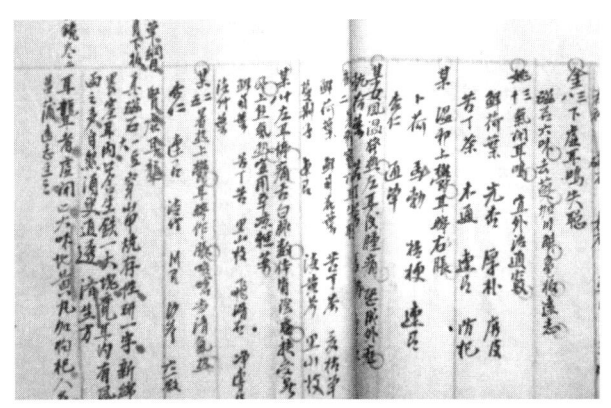

图2-7 治疗耳聋的药方手稿

"振聋发聩"一直以来都是中国人的梦想。清末民国时期,中国传统治疗耳聋的医学方法仍在沿用,与此同时,还有一些奇特的治疗经验被总结出来。例如有一种"气学治聋"的方法,用吹饱气的橡皮足球插上气管"对准鼻孔,气急从鼻进……如此两次,声音清晰入耳"①,抑或"每日早晚将鼻管捏住,口目紧闭,狠命胀气数次,其气渐由双耳通出,日久即能闻声如初"②。现在看来,这种气学的疗法大概只适用于极少数因耵聍或其他异物堵塞耳道导致的传导性耳聋吧(图2-8)。

图2-8　用力胀气由双耳通出治聋

几乎在同一时期,西方国家治疗耳聋的大量科学技术信息传入中国,为国人打开了新思路,这些信息主要涉及:

(1)震动感音法。将扁圆形的传声器"紧贴手掌中或其他身体感觉灵敏处,外界声波震动器上薄膜,乃传入听神经",从而实现"聋者可变为不聋,与普通人同等地位矣"③。

(2)无线电助听器。与今天使用的助听器极为相似,"有受音器、显微音器,中连细管传导声浪"④。

(3)电击振聋法。正如"振聋"这个词一样形象,这种方法使用一个电机器,"置于聋人耳旁,有电力逐入脑筋,故聋哑人亦能听闻"⑤。

(4)骨导助听法。使用一种叫作"马伊古龙"的"骨传导震动器",使声音"传及于骨而达于脑",这种方法适用于80%的聋人⑥(图2-9、图2-10)。

(5)内耳开窗法。"用精巧的外科手术,在内耳的骨质迷囊上开了一个小型的卵圆

---

① 应介康.球囊治聋的传闻.国闻周报.1930(22):9.
② 佚名.治聋法.游戏科学.1920(4):51.
③ 佚名.治聋新法.利济学堂报.1897(12):11.
④ 天翼.发声之助听器.进步.1912(7):94.
⑤ 佚名.新法振聋.通问报:耶稣教家庭新闻.1907(24):7.
⑥ 佚名.聋者的福音.康健杂志(上海1933).1933(5):69.

窗,使外界的各种声音又可以进入耳内"①。

图2-9 骨传导震动器的使用状态

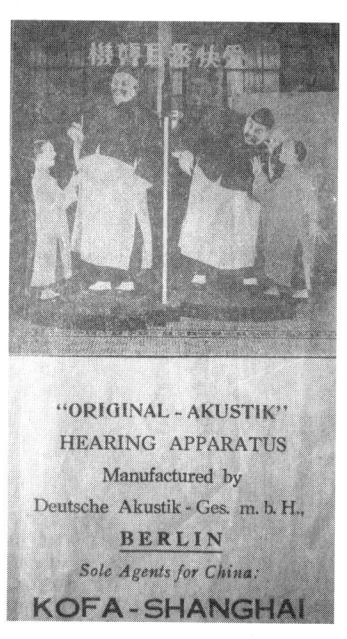

图2-10 民国时期上海科发大药房代理德国爱快悉耳聋机广告册(局部)

(6)放射线治聋法。利用元素镭放射的 β 和 γ 射线,打通耳朵中的空气通路,抑制耳内的淋巴瘤生长,但对内耳或神经方面的聋并无用处②。

当时我国聋人教育方兴未艾,虽然采用的多是口语教学,但这些信息大多当作一种奇闻异事停留在文字介绍的层面,极少被应用在医疗、康复实践中。

资料链接:黄实蓉治疗耳聋的经历

聋女孩黄实蓉③民国初年生于厦门鼓浪屿一个富裕家庭,本来是一个生活无忧无虑的健听孩子,天有不测风云,她七岁时不幸罹患脑膜炎差点丢了性命,卧床两个多月终于痊愈,但是"病后成了个聋子"。

黄实蓉的耳聋让家人倍感痛心,为了她往后的生活,父亲带她"到全中国最发达最著名的大都市上海来觅名医求治"。在一家医院,"一个医生让我坐在一把和拔牙坐的极相似的椅子上,引动了机器,椅子就团团地旋转起来。在我眼前出现了一个新奇的玩意儿——四周的东西,不论物或人,都跟着我飞也似的团团转,我只有好奇地拍手叫好"。

这段描述是民国时期聋人接受听力检查的罕见记载,从中可以看出,当时医学上对于传导性耳聋和感音神经性耳聋的诊断有一定的区分,黄实蓉在上海接受的听觉功能检

---

① L. M. Miller,刘祖洞.聋者复听.学生杂志,1945(8):62—66.
② 唐文.镭锭:聋孩子的新福音.西点,1947(17):66—67.
③ 下文均引自:黄实蓉.聋女自述.家,1946(3):38—39.

查技术是相当先进的,类似于今天仍在使用的"电动前庭功能转椅",它用转动方式观察旋转对人体的影响,检查内耳敏感性。

测试后,母亲询问黄实蓉感觉如何、是否头痛,她回答"没有",反而吵着想要继续转。这种结果意味着她内耳前庭功能出现了紊乱,那么她的耳聋极有可能是因感音神经出现了问题,所以医生说,"头不会痛,就是没有希望了"。后来,家人又带黄实蓉到小吕宋岛(菲律宾首都马尼拉)求助了许多医生,"可是医生对我的残症,都感到束手无策"。

民国时期许多聋人对于耳聋治疗的态度是积极的。即使黄实蓉在求医路上受到了这般许许多多的打击,她和家人们对治好耳聋仍然抱有希望,打算"将来出国求医"。不过,几年后父亲去世,使她"唯一的希望无形之中打消得一干二净",只好企盼"外国治疗聋子的方法,能早点传到中国来"。

治疗耳聋的特殊方式

1949年—1970年,中国面临着特殊的国内外环境,人们迫切地需要冲破西方世界的封锁,寻求一条具有中国特色的独立发展道路。这一时期,"聋哑病"曾与梅毒、精神病并列为三大顽疾,在治疗耳聋的领域里过去介绍的那些西方技术不再受人追捧,于是,一些医疗工作者通过本土化的广泛实践和探索,总结出一条在"毛泽东思想"指导下的针灸治疗耳聋新路子。

这一方法是解放军三〇一六部队卫生科(以战士赵普羽为代表人物)首先总结出来的,并系统地阐述在1969年发行的《靠毛泽东思想打开聋哑"禁区"》这本小册子里。在谈到针灸治疗耳聋的出发点时,他们提出:"聋哑阶级兄弟姐妹有耳听不到毛主席的声音,有嘴不能宣传毛泽东思想,这不是人间最大的痛苦吗?"聋人群体在当时被划分为一个特殊的"阶层"并得到主流社会的认同,"为聋哑阶级兄妹解除痛苦,这是劳动人民的强烈愿望,是党赋予我们卫生工作者的战斗任务。一定要高举毛泽东思想伟大红旗,打开聋哑禁区,把聋哑阶级兄妹从痛苦的深渊中解放出来"。(图2-11)

图2-11 赵普羽和被治愈的聋人在一起
(刊登在一张电影宣传单上)

在最初阶段,吉林省辽源聋哑学校被选为实验校。卫生队调查发现,全校168名聋生除了少数为先天耳聋外,大多数学生是后天因病致聋的。经过半个多月的扎针治疗,在接受治疗的157名学生中,70人有了明显听力,其中32人能高呼"毛主席万岁"。

这一成功经验被《人民日报》《解放军报》等媒体进行了广泛宣传,"全国各地的许多聋哑患者源源不断来到部队……成立了临时聋哑医院,开展接待、治疗工作……全国二十九个省、市、自治区先后有九千余名患者来部队治疗"。经过治疗,"86%以上的患者听到了毛主席的伟大声音,使许多人喊出了毛主席万岁,唱出了《东方红》,愉快地奔赴抓革命促生产的战斗岗位"。

"千年的铁树开了花,万年的枯藤结了瓜;如今聋哑人能说话,全靠毛主席他老人家"。针灸治疗耳聋的感人事迹,被拍摄成为《靠毛泽东思想打开聋哑"禁区"》纪录片、《青春》故事片,被编写成《铁树开花》革命故事图书,被创作成《千年铁树开了花》《聋哑女儿说了话》等歌曲,三〇一六部队专门制作了纪念像章,其编写的《在打开聋哑"禁区"的道路上》被译为英文、法文、朝鲜文等多国语言在国际上传播,成为当时政治宣传的一个重要内容(图2-12～图2-15)。

图2-12 有关耳聋防治的几部著作

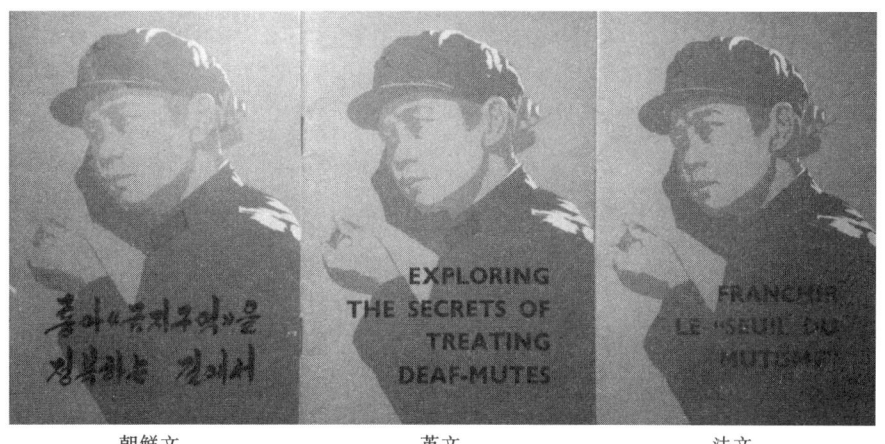

朝鲜文　　　　　英文　　　　　法文

图2-13 《在打开聋哑"禁区"的道路上》

图2-14 由中国人民解放军医务工作者治愈的聋哑儿童纵情高歌《东方红》

图2-15 《千年铁树开了花》《聋哑女儿说了话》唱片

我收集有一套1973年中国人民解放军八二一二部队后勤部卫生科给一位聋人的回复耳聋治疗方法的信札,从这份资料上我们可以发现,由于当时向部队写信咨询相关内容的聋人过多,为了便利起见,信中的部分内容使用了统一的油印稿(图2-16)。

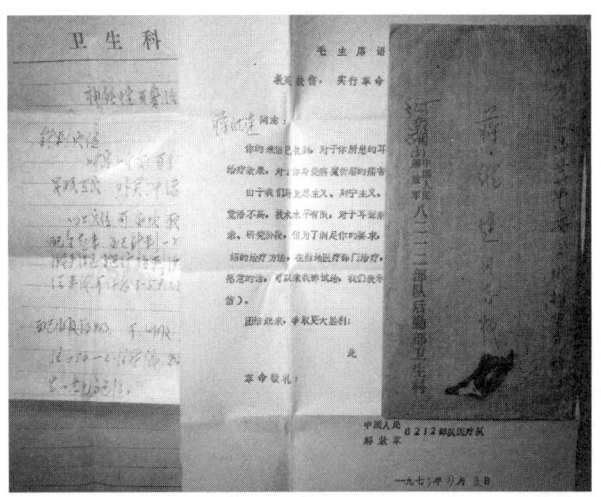

图2-16 给聋人的回信

1981年,北京市耳鼻咽喉科研究所的邓元诚等通过对1955—1973年接受过针灸治疗的1000余名聋人调查发现,听力未发生变化的占91.4%、听力下降的占5.2%、听力改善的仅占3.4%,随后发表了有关"针刺治疗聋哑无效"的结论①,很多聋人也反映,针灸治疗的效果往往是有限的,反而增添了许多身心痛苦。但是进入21世纪以后,针灸治疗耳聋的方法仍然时常使用,2012年时还有著述《针灸穴位治疗常见病一本通:神经性耳鸣耳聋》在中国医药科技出版社出版。

针灸治聋逐渐淡出人们的视野之际,大约从20世纪80年代中后期开始,国内又掀起了一场颇具"中国特色"的"气功耳聋复聪法"热潮。

这里所说的"气功耳聋复聪法"是对当时多种气功治聋方法的统称,该理论认为,"气功疗法是我国具有几千年历史的传统医术",此法"不但对常见疾病能收到良好的治疗效果,而且对许多疑难病症,特别是对治疗耳聋有特殊疗效"。作为一种祖国传统医学的方法,"气功耳聋复聪法"迅速得到各地聋人及其家人的追捧。在这一领域,有代表性的人物要数邵康立和蔡传宗二位了。

邵康立20世纪90年代前后曾任山西省运城市真元耳聋病研究所所长、运城市政协委员,"为了解除1000多万耳聋人的痛苦",他结合自己担任解放军某部队耳聋专科主任的工作经验,以及武术、气功修炼水平,"潜心研究、博采众长、吸取各科疗法的优点,临床上以祖国传统医学理论为基础",总结出一套运用真元复聪专修功、耳聋耳鸣自疗气功、念力八绝、内景气化耳聋秘术十二法等,结合其研制的中药"复聪丸"和"导平治疗仪"综合治疗,同时让聋人配合语言康复训练的完整的诊疗方法。邵康立对309名聋人的治疗发现,大部分感音神经性耳聋者的听力有不同程度提高,少数人可以治愈②。他将"气功耳聋复聪法"的理论与方法编纂成《气功与耳聋复聪》《耳聋百问答疑》等书,得到中央电视台、《人民日报》《解放军报》《光明日报》等多家知名媒体的宣传,并获1993年"东方健康博览会"科技进步金奖(图2-17)。

图2-17 耳聋耳鸣自疗气功的部分动作

蔡传宗曾任南京特殊教育师范学校聋教育专业高级讲师,长期致力于"气功耳聋复聪法"的研究,1990年编成一本《聋儿与低视力儿童的气功自我康复》在南京特殊教育师范学校内部发行,其中介绍的"耳聪功"是一套系列功法,主要包括传统养气功法"六字

---

① 邓元诚.揭穿耳聋治疗中的伪科学和骗钱术.中国听力语言康复科学杂志,2004(4):7-11.
② 邵康立.气功与耳聋复聪.北京:新世界出版社,1992.

诀"、导引顺气功、肩颈踊动功、健耳功四个部分①。为了研究"耳聪功"的效果,1991—1996 年江苏省气功科研会、南京大学信息物理系、南京特师聋教育专业合作,组成了气功治聋机理与方法研究课题组,对无锡、镇江、武汉等多所聋校学生的研究发现:气功可使处于休眠态的听神经激活,表现出听力的暂时恢复;练功可调整人体听觉器官状态,使许多聋儿逐步康复;只要坚持锻炼,则听力改善有持续性与巩固性②。

全国各地的许多气功爱好者在这一领域也相继开展了研究,例如山东临沂地区气功科学研究会的刘子富对气功治疗耳聋 108 例疗效进行观察,河北保定的杨励影开展了气功治疗耳聋 140 例疗效观察,秦皇岛市第一人民医院的韩子刚等开展了气功治疗聋症 133 例的疗效调查,这些研究结果均为气功对耳聋的疗效提供了佐证。一些接受过气功治疗的聋人撰写的心得体会则更充满神秘色彩,例如《我创造了自我治愈耳聋的奇迹》《超常能量是逆转顽疾的能量》,等等(图 2-18)。

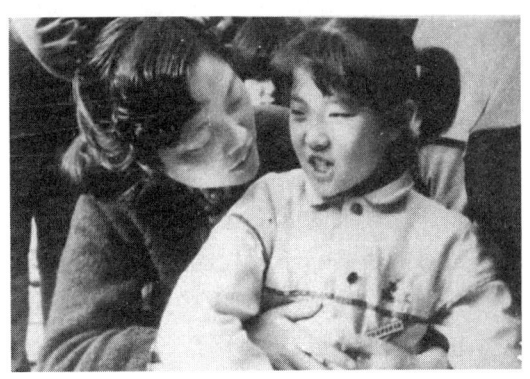

图 2-18　接受气功复聪的小女孩

毋庸置疑,"气功耳聋复聪法"的效果绝非如此"传神",也不乏一些"游医巫医"借此敛财。2000 年后,南京医科大学第一附属医院耳鼻咽喉科的卜行宽教授开始倡导"我国的防聋工作与 WTO 接轨",在尝试过针灸治聋、气功复聪之后,中国聋人的目光重新投向了西方国家的现代科学技术。

人工耳蜗重建听力

人工耳蜗是一种电子装置,由体外言语处理器将声音转换为一定编码形式的电信号,通过植入体内的电极系统直接兴奋听神经来恢复或重建聋人的听觉功能。近年来,随着电子技术、计算机技术、语音学、电生理学、材料学、耳显微外科学的发展,人工耳蜗已经从实验研究广泛进入临床应用。现在全世界往往把人工耳蜗作为治疗重度聋至全聋的常规方法。

---

① 蔡传宗.耳聪功系列功法介绍.中国气功科学,1997(8):28-31.
② 蔡传宗.气功用于提高聋生听力的系列实验报告.中国气功科学,1996(12):13-16.

有一部名为《耳蜗》(2012)的著作记录了中国人工耳蜗技术的发展历程,它也是一部记录30多位聋人寻求康复的报告文学作品。正如作者所说:耳蜗是一种象征,它召唤人们用人间大爱填埋精神的沟壑、构筑生命的联结,让爱跨越声音的界限,被听见、被回应。

1970年以后,国内科技发展突飞猛进,人们更加科学地对耳聋进行了分析和理解。众所周知,"聋"有两种主要的类型:一种是"传导性聋",声音传至内耳的通道受到损伤,容易通过耳郭、外耳道等部位的手术治愈;另一种是"感音神经性聋",耳蜗内的声音感受器出现病变,只有通过人工刺激听神经的方法才有可能改善患者的听力状况。

1977年,美国豪斯研究所发明出世界上第一个单导人工耳蜗,随后的一段时期,我国研究者也在这一领域做了大量探索,但成果并不尽如人意。1978年,澳大利亚的听力学专家格雷米·克拉克开发出第一例多导人工耳蜗,并成功地实施了移植手术,使后天聋人重新回到美妙的声音世界。对于世界众多的感音神经性听力残疾人来说,他们即将迎来康复的曙光。

1993年,澳大利亚的人工耳蜗技术和产品来到中国,为在绝望中挣扎的中国聋人和家庭带来了希望。1996年,韩德民带领北京同仁医院的医疗工作者在国内率先开展人工耳蜗植入研究,聋女孩抗梦雯成为国内第一位植入人工耳蜗的儿童。人工耳蜗描绘了一个重建听力的美好未来,不过,并不是每个听力残疾的孩子都可以轻而易举地接受人工耳蜗移植,除了要求严格的适应征外,植入人工耳蜗还面临价格、康复两个方面的挑战。

在价格方面,人工耳蜗在相当长的时期内都是一种"奢侈品",完成植入手术的费用一般在20万元以上,后续的康复费用就更多了,大量开销对于普通家庭来说几乎是天文数字。在康复方面,现在国内的许多聋校和康复机构都比较缺乏专业的康复训练教师,聋儿花费很大费用接受人工耳蜗植入,如果得不到合适的康复训练,效果会很不理想,有一些孩子不得不从普通学校转回聋校上学。

张海迪说:"美丽的银河系,遥挂在天幕深处,多么多么像一个硕大的耳蜗呀!"美丽的耳蜗,是爱的乐章,是千呼万唤的歌谣,承载着有声世界的大爱、寄托着听力残疾人的幸福企盼。2010年,第十一次全国"爱耳日"将"人工耳蜗,重建听的希望"作为宣传教育活动主题。

后来,"倾听行动""贫困聋儿人工耳蜗抢救性康复项目""七彩梦""天使听见爱"……许许多多的爱心项目推倒了阻挡在贫困聋儿康复道路上的大山。特别是台塑集团的王永庆先生,他自己生活节俭,却为大陆的聋孩子捐出15000套人工耳蜗,"只要孩子有需要,就还继续捐",成为他永恒的心愿。与此同时,众多甘于平淡、无私奉献的医疗康复、教育科研工作者用精湛的技艺和博大的爱心探索着聋人"医教结合"的路径,弥补了千百位聋人"听"的遗憾。

植入人工耳蜗并接受专业的康复训练后,聋儿的听觉语言康复效果是非常理想的,完全有能力适应普通学校的学习并融入主流社会,许多孩子和他们家庭的命运的确因为这个小小的耳蜗而彻底改变。

从治疗耳聋的历程中我们可以发现,很多聋人最初在面对自己的耳聋时是自卑的,甚至误以为自己遭遇了因果报应或者其他邪气。社会在想方设法地帮助他们做出改变,治疗他们的耳聋,使他们变得和普通人一样,帮助聋人恢复听觉也一度被视为一种大爱的表现。随着各种各样的医疗技术逐渐推广,其中偶发的一些风险事件开始引起人们的关注,人工耳蜗植入手术失败、事故甚至致人死亡的极个别案例更促使人们重新审视耳聋的医学模式。医学模式认为:残障是需要被治疗、疗愈、矫正或康复的缺损(impairment),是相较于正常健康状态的偏差,残障者因为缺损而被社会隔离,问题出在残障人自己身上。

现在,残障领域倡导一种新的观念:"身体的损伤是否会造成残疾,取决于这种损伤所引起的一系列功能方面的局限,环境的可能性,以及扮演这一角色所需要的条件。"随着聋人文化意识的觉醒,很多聋人意识到医学模式正试图去除他们的聋人特征,侵犯了"聋人文化",影响了聋人群体的身份认同,他们开始拒绝使用医学模式考量耳聋问题,拒绝接受基于医学模式的耳聋治疗,他们更呼唤社会和权利视角,因为更应当做出改变的是整个社会,而并不一定只是聋人自己。

有这样的一些例子:在一个聋人家庭里,孩子、父母都是聋人,但是他们在一起生活得很快乐,互相使用手语交流,那么,在这个家庭中,三个聋人都不是"听力残疾人",因为耳聋并没有影响他们的家庭生活;在一所聋人学校里,老师、学生都是聋人,但是他们在一起生活和教学很快乐,互相使用手语交流,他们互相理解,那么,在这个学校里聋人老师和聋人学生也都不是"听力残疾人",因为耳聋并没有影响他们的生活。"在一个人人都是用手语说话的社会中,聋人都不残疾",因为耳聋丝毫没有影响他们的生活。

我们应当尊重一个多元化的世界。因此,让聋人不再是听力残疾人、让聋人不再受听力损伤的困扰,更需要全社会在以下方面共同努力:建设无障碍的城市环境、营造无障碍的信息环境、向健全人普及手语、聋人和健全人互相理解和尊重、强化听力语言康复、推进融合教育和融合社会、显著提高聋人的受教育质量和文化水平、改善聋人的就业环境、支持听力辅具企业、消除社会对聋人的偏见。

第三章 聋人的性别与婚姻

女性聋人的社会地位

在中国的封建社会,受到"重男轻女"思想的影响,有关女性聋人的文献记载极为罕见。清末民国时期是一个大变革的时代,新思潮不断涌动,封建观念却仍然盛行,聋人的性别、性与婚姻成为一个值得关注的新话题。

1893年上海天主堂圣母会附设聋哑学校开始收教女童,1906年山东烟台启喑学馆首次开设女校并公开招生,中国的聋人女孩几乎是在聋人学校肇始之际就开始有机会接受学校教育,女性聋人的社会地位也从此走向上升通道。20世纪30年代,私立聋人学校在中国大地上如雨后春笋般发展起来,接受教育的聋人女孩更多了。不过,1939年发表在《瘖铎》上的一篇有关全国960余名聋人(主要是江浙地区)的调查报告[1]中向我们吐露出了当时聋人女孩在生活、教育、职业方面仍然面临的困境。

报告中称,接受过教育的"女同病者,家境大都很好"。这的确是一个奇特的现象,从我目前收集到的一些史料中也可以发现类似特点,为什么会这样呢?作者认为,当时很多私立聋人学校是收取费用的,"家境不好,无力使她入学,习俗以为养了女孩总归是别人家的,而养了聋哑女孩,别人家未必要来,家境既不好,何必多留此一废物"。所以如果贫穷人家发现孩子先天耳聋,"一等下地,就用蒲草包了,朝荒地上一放,善人走过,但一见只是动不见响的,又谁要呢?"梅耐德女士在一份调查报告中也描述道:"聋人在中国被视为无法学习的,经常受到虐待、被回避、被鄙视,直到他们走投无路成为公共安全的威胁,聋女孩常常被贩卖成为奴仆,并被逼过上罪恶的生活,却没有人在意……"[2]还有"一位头脑较为清楚的二十岁的聋哑女同胞,在一个富人家中佣工,由于她的年轻、姿色和勤快,她被男主人奸污了,可是很快地又被遗弃,她因无法陈述内心痛苦而急疯了,终于在一个雷雨的夜半出走到不知哪里去了。"[3]这些描述触目惊心,向我们揭示出遗弃、贩卖、压迫耳聋女性的现象即使到了民国时期仍旧是存在的,在此之前的时代则更无法想象(图3-1)。

图3-1 民国时期福州街头售卖盲眼幼儿照片

---

[1] 域翁.闲话"全国同病人调查录".瘖铎,1939(10):2.

[2] Annetta T. Mills. The Condition of Deaf-Mutes in China. *American Annals of the Deaf*, 1910(3): 190-191.

[3] 亢冗.聋哑同胞走向新生——新时代在召唤(上).平民日报,1950-02-27.

在就业方面,聋人整体面临的形势本来就不理想,“女同病能找一个职业者”则更“不多见”。像后面将要介绍到的上海聋人苏静这样家庭条件好些的女孩,能依靠家庭关系勉强谋一个职位,那些家庭条件困难的女孩,有的为了谋生不得不成为戏子甚至沦为妓女,正如1934年《风月画报》的《聋美人》一文所言:作者在天津旭日里某戏班曾见过一个女孩,“璧月圆姿,健美可爱”,但可惜“少患聋疾,情话维艰,模糊唯诺”让人“深致惋惜”;作者另谈到“昔年在(北)平,曾识一妓,亦有聋疾”①。

由于“重男轻女”思想的影响,1949年以前,聋人本身就受到诸多社会歧视,女性聋人的地位甚为低下。为了考察当代中国女性聋人社会地位的变化情况,我分别从以听人为主要受众的媒体《人民日报》、以聋人及聋人工作者为主要受众的五个版本通用手语工具书中,分析了女性聋人的描述情况(图3-2)。

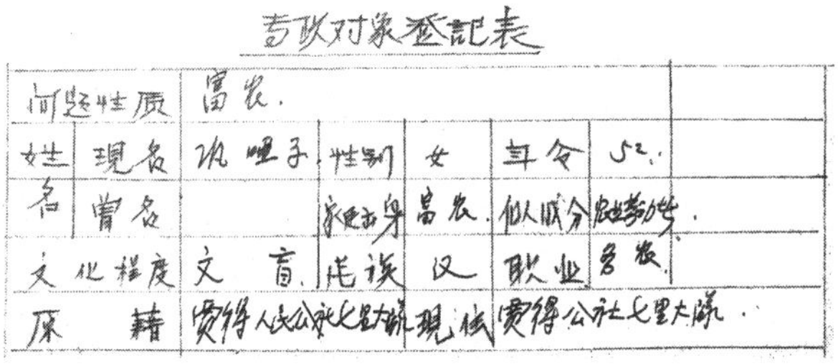
专政对象登記表

问题性质		富农				
姓名	现名	[illegible]哑子	性别	女	年令	52
	曾名		家庭出身	富农	个人成分	[illegible]
文化程度		文盲	民族	汉	职业	务农
原籍		贾得人民公社七里大队	现住	贾得公社七里大队		

图3-2　旧社会聋人女性地位极低,甚至没有自己的名字

1970年临汾贾得公社登记表

我们先看看《人民日报》。1966年以前,报道中出现的都是“身残志坚”“催人奋进”的聋人男性劳动者,女性聋人在这一阶段从未得到关注;1996年以后,随着残障权利意识的觉醒和聋人文化艺术领域的发展,报纸对聋人女性——更容易博得读者同情和赞赏的“无声世界的美丽天使”的关注明显提升,对聋人男性的关注度却持续下滑,二者趋于均衡。分性别分析发现,聋人男性的报道25.0%涉及“职业生活”,而聋人女性仅有9.4%;聋人女性的报道有34.4%涉及“文艺体育”,聋人男性则仅有21.4%;对于未描述聋人性别的报道中,“医疗康复”内容占31.7%,相对而言,聋人男性和聋人女性的这里报道分别仅占21.4%和12.5%。上述差异具有统计学意义。此外,报道聋人男性的文章篇幅(平均802字)与报道聋人女性的文章篇幅(平均744字)无显著差异;聋人男性报道的版面位置(平均第5版)显著前于聋人女性(平均第9版)(图3-3)。

在第二项研究中,我分析了1959年至今5套中国通用手语工具书中274个相同词汇的配图。从人物性别的角度来看,能辨识配图人物性别的约有100个词汇(36.5%),其中绝大多数是男性的形象。前两部工具书里女性形象为主体的手语词汇均仅有10个,男性则多达86个和77个,不仅如此,女性形象仅出现在“妈妈”“姑姑”“姑娘”“女儿”这类有关女性的人称代词中,且均为短发,“千人一面、表情单调”,男性形象却是“造型丰富、生动活泼”的。《中国手语》之后,以女性形象为主体的手语词汇数量大幅度增加、以男性形象为主体的手语词汇数量相应地明显减少,《国家通用手语方案(试行)》中基本实现了手语词汇配图的性别均衡,男、女人物形象的配图比例接近1∶1(图3-4、表3-1)。

① 今朔.聋美人.风月画报,1934(40):1.

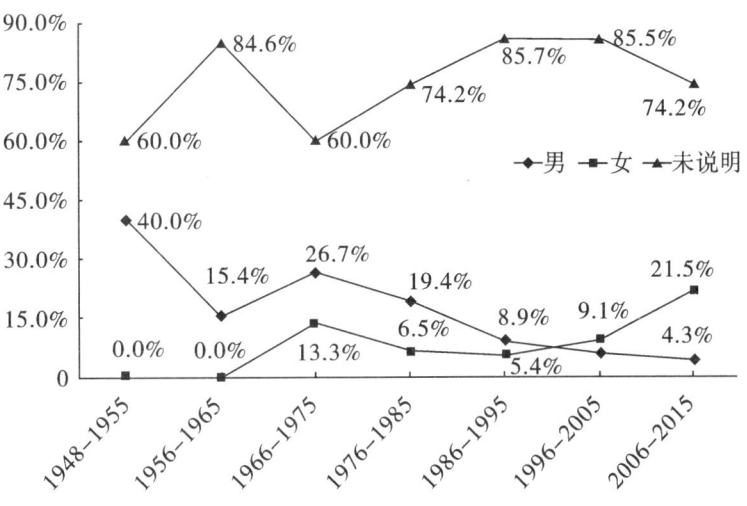

图 3-3　各年度报道中聋人的性别

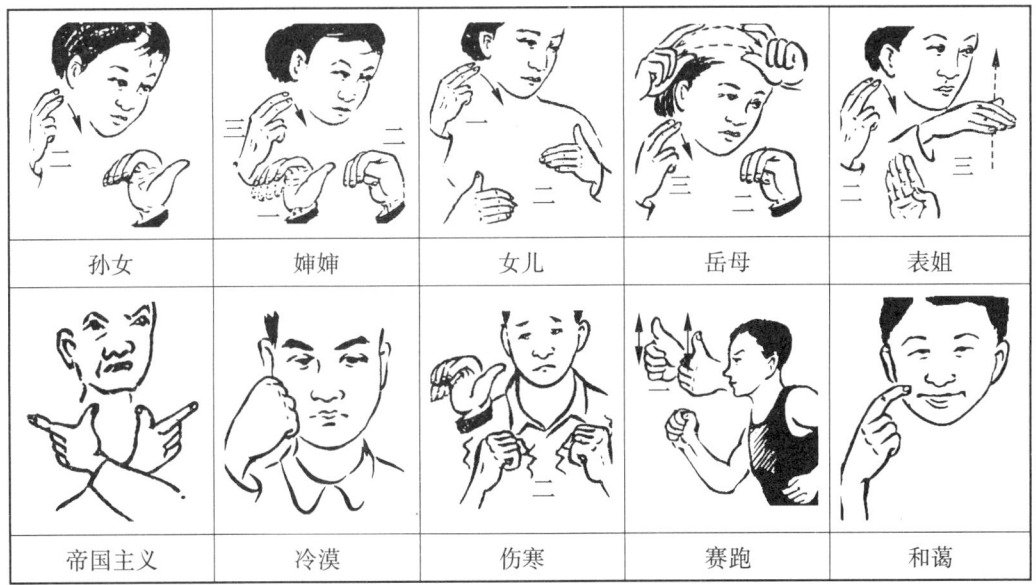

图 3-4　《聋哑人通用手语草图》中的性别形象

表 3-1　五部手语工具书配图的人物性别

手语工具书	不可辨	男性	女性	合计
聋哑人通用手语草图	178(65.0%)	86(31.4%)	10(3.6%)	274(100.0%)
聋哑人通用手语图	187(68.3%)	77(28.1%)	10(3.6%)	274(100.0%)
中国手语	172(62.8%)	49(17.9%)	53(19.3%)	274(100.0%)
中国手语修订版	173(63.2%)	48(17.5%)	53(19.3%)	274(100.0%)
国家通用手语方案(试行)	171(62.4%)	52(19.0%)	51(18.6%)	274(100.0%)

女性聋人初涉职场——苏静的自述

20世纪初,中国的女性开始越来越多地步入职场,职业也被视作女性权利的一个重要方面。彼时,女性聋人接受教育也算是新鲜事,在有关聋人职业的史料中,我们就更少能看到女性的身影了。一个偶然的机会,我在1944年第4期的《万象》杂志上看到了苏静的自述《聋女求职记》,让我们得以一瞥那个时代女性聋人的职业生活。

聋女孩苏静生在上海旧法租界岳阳路一个条件优越的大家庭,"有一个富贵的家、一个关心我和怜爱我的年老的父亲"。十五岁时,苏静从聋哑学校高小毕业,她"出了校门才感到前途太茫茫,一条漫长的路不知如何走",本想继续求学,但是无奈当地的"聋哑学校没有中学",于是只好"茫茫然悠闲地过去了好几个月"。在这期间,苏静萌生了工作的念头,但觉得"自己是聋子,学识又浅薄,认为找工作的希望太渺茫"。经过反复的思想斗争,她终于下定决心"不以暂时的舒服为满足""我需要做工!我需要培养自立的能力!我不能长久地靠父亲!"

不过在那个时代,女性聋人的职业道路是异常坎坷的,苏静说:"经了几许困难和打击,使我几乎鼓不起勇气……"

原来,在第一次求职时,父亲帮助苏静求助在银行业工作的谷哥,寄出求职信后,苏静心中"忐忑不安、日牵夜挂",足以见得她对这"第一次"的热切企盼。然而几天后收到的回信却"真使人失望",信中大致说的,是她"年既幼稚,耳又失聪,恐挑不起工作的重担"。苏静意识到这种托词明显是"瞧不起我而已",其实静下心来想来,自己倒也真的"根本没有做工的资格",时下"流行的女子职业——打字、会计、抄写……无论哪一件我都不会"。面对残酷的现实,困则思变,苏静"开始明白过来了","不再怨天尤人,而决心学习、再求深造"。

于是,苏静自费进入外国人开办的胜家(SINGER)学校,学习机器刺绣;后来又转入妇女补习学校学习缝纫、刺绣和打字,花了两年半的时间终于学成毕业。随即苏静再次鼓起了求职的勇气,家人协助她"向金哥处请求谋事",谁料消息石沉大海,"他到底没有给我片纸只字"的回音。过了几个月,"父亲不忍再使我失望,就叫我和堂兄到谷哥工作处去参观,看看有什么事可做"。苏静参观了银行打字室后,谷哥"知道了我的来意,对我说:这里只有二架打字机,而且打得又很紧急,恐你诸多不便",又将苏静搪塞过去了。

苏静并没有放弃。功夫不负有心人,几个星期后,金哥"准许我进入他的公司学抄账目"。收到这个消息,苏静一面可惜自己的打字"简直白学了一场",一面担心"抄写要用毛笔,我写不来如何是好",但她心想"我总算在社会上争到了个插足的地位,虽然是这样的微小,但我的心底有说不尽的喜悦,同时激动不已"。

入职之后的生活也不平顺。"公司的薪水只有区区数百元,使我入不敷出",苏静不得不精打细算,甚至为了省些交通费每天在上班路上"走一段长长的路程";上班途中苏静偶尔还会遭遇"无赖的侮欺","总是提心吊胆地吓个半死";办公期间,柜台边上放了一部电话,来来往往的人群"不时在我眼前晃动,使我心慌不已"……虽然如此,苏静在工作上异常努力,她每天"总是早到",抄写能力有了很大的进步,与此同时,她还兼任一个年龄相仿的聋女孩的家庭教师,"帮她温习功课"。两份工作使她"更忙得要命",但她"对这些事尚感兴趣,所以自己情愿如此在忙里滚来滚去"。

经过了几个月的职场历练,苏静有苦有乐,在文章的末尾,她谈到了自己当下的困惑:"因为我是聋者,对公司的商业上往来有许多不方便,例如电话来了,不会听;客人来了,不能招待他们,只能永远沉默地傻在一边,像一块木板,也永远没有意见发表出来,只会听从上司叫我做什么,才做什么;抄什么,才抄什么。在这种情形下,叫我能有什么进步?能学到什么?这样难怪聋哑在商务上是没有成就的、没有希望的,天,真是多么可痛的事呀!"

苏静的话道出了民国时期女性聋人在职场上的心声!想要实现女性聋人顺利就业、顺利发展的愿望,还需要社会与聋人的更多努力。

聋人婚姻状况

既然谈到了性别,也免不了要谈一谈性与婚姻,到了一定的年龄,年轻人几乎离不了这些,"何况聋哑者呢?"在清末民国时期,社会公众眼中聋人结婚"一向视作奇闻",往往引得众人围观和议论,性与婚姻成为"当今聋哑界迫切的问题"。

首先说一说聋人和听人的恋爱与结婚。对于那些家庭条件好的聋人男性来说,"固然不难得一个健全者的娇妻",家庭条件好的聋人女性"自然也不难得一个健全者的快婿"①。这样的例子在史料中并不少见,比如上海源盛面粉厂厂长施家容的儿子、聋人施稚鹤(苏州美术专科学校毕业)和听人女孩、星相家屠玉燕结婚,二人由经人介绍相识,"女的不厌男的是哑巴,男的也不厌她是卖卜之流,而爱她伶俐聪明,遂结秦晋之好"②;中华聋哑协会创始人之一的聋人孙民生与听人王为珍结婚;黄振森与福哑学校教师时移结婚等③;聋女黄实蓉认为聋人"恐不能养活家小",也想找一位听人作为伴侣(图3-5)。

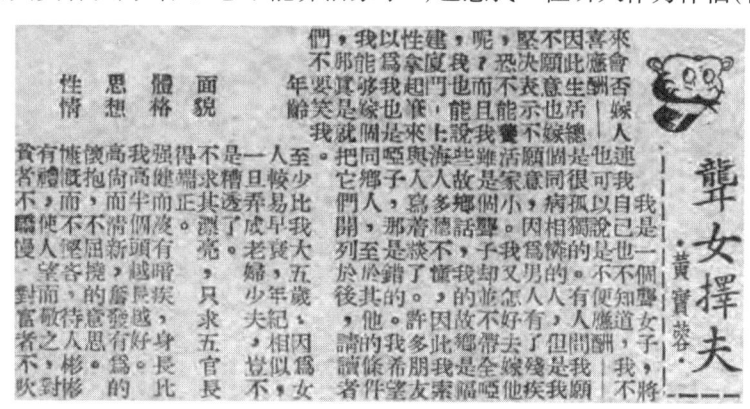

图3-5 聋女黄实蓉的婚恋观④

---

① 且来.聋哑婚姻问题的我见.瘖铎,1939(10):6.
② 佚名.哑婚记.瘖铎,1938(6):11.
③ 佚名.女同病结婚.瘖铎,1938(3):9.
④ 黄实蓉.聋女择夫.大光,1946(6):12.

但是，由于自身残疾、家庭条件、社会观念等诸多因素，那些占大多数的普通聋人，甚至家庭条件不好的聋人在恋爱与婚姻方面往往并不顺利，他们有的文化水平低下、有的食不果腹，谈恋爱甚至连笔谈也不通。这样一来，"男的想找一个健全者的黄脸婆也难，女的更不用说了"①。普通家庭的聋人林吉姆虽然做了一个"吃螃蟹"的人，娶到听人女孩，但是后来的生活并不幸福，他的故事在后面章节再做专门的介绍。正是因为聋人与听人恋爱存在方方面面的障碍，"许多有为的聋哑青年，为了这个问题的未得解决，有的弄的声名狼藉，有的弄得暴躁易怒"；苏联作家左祝梨等撰写了一篇名为《哑爱》的小说，描写了一位聋女孩追求与听人的爱情，却被听人引诱、欺骗的故事，1939年第11期《瘖铎》杂志刊载了这篇文章的中文版，编辑赞其"聋哑气十足"，也借此提醒广大聋人避免类似悲剧的发生（图3-6）。

最后来说说聋人之间的恋爱与婚姻——这是当时聋人广为倡导的。《聋哑婚姻问题的我见》一文中说，"我们大时代的青年，思想不是旧制度的父母之命、媒妁之言，而是受过新文化洗礼的激进派，所以思想充满了自由主义，当然激进地主张自由恋爱、自由婚姻"，聋人之间"双方

图3-6 民国时期以"哑爱"命名的短篇小说集封面设计图

要有独立生存、不依靠家庭的力量""如果彼此性格相符、宗旨一样，爱慕对方不是洋钞、色情，而是真正的人格品性与学问，那么结婚后的生活一定十分圆满的"。聋人洪承冠、陶翠霞就是"自友谊而近恋爱"，经历了两年的时间考验，"双方感情融洽，并各认定同病相怜方为最要精神"，征得家长同意后结为连理②。聋人尹克麒、桂义生也被聋人赞为"同病鸳鸯"。1938年，德国犹太聋人画家David Bloch逃亡到中国上海，1941年他结识了一位中国聋人女孩，二人1946年结婚③，这是中国聋人历史资料中最早的一例"跨国婚姻"。

但是，当时还没有先进的耳聋基因筛查技术，聋人夫妇生育子女是有一定风险的，相传某村就有一对聋哑男女结为夫妻，婚后育有一子"秉父母遗传性"先天残疾，后来的家庭生活极为困苦④。宋鹏程还谈到了聋人之间恋爱的另一个问题，"目前的聋哑界，大多同病不过东争西逐，闹些三角恋，真正能了解恋爱的真谛，做真正的恋爱，而达到理想的成功之域的人恐怕不多"⑤。

婚姻是聋人群体一直以来非常关心的问题之一。1949年以来的相当一段历史时期

---

① 且来.聋哑婚姻问题的我见.瘖铎,1939(10):6.
② 洪承冠、陶翠霞.订婚启示.瘖铎,1938(6):5.
③ http://en.shisu.edu.cn/resources/features/jews-in-shanghai-16.
④ 城北大郎.天聋地哑小史.余兴,1915(9):36-37.
⑤ 宋鹏程.怎样解决同病人的四大问题.瘖铎,1939(11):2.

内,聋人的婚姻状况仍然不甚理想,不仅众多成年聋人未婚,已婚的成年聋人也面临婚姻不稳定的苦恼,有研究者对194名已婚聋人调查发现,离婚的占21.1%,高于同一时期全国比例(11.4%)①。我曾查阅过一份《山西省人民法院长治分院民事卷宗》,其中记录了1952年"哑巴"薛某的一桩离婚纠葛,大致事件是其妻子不满家庭生活而"另行配偶",提出与薛某离婚,薛某对此难以接受,屡次找政府"要人",并且扬言"烧房杀人",法院对此事进行了调解,责成家属"将该哑巴领回家去"。这是目前所掌握的新中国第一份聋人婚姻案件,从中我们可以一瞥当时的聋人在解决婚姻问题过程中的无助、无奈和无知(图3-7)。

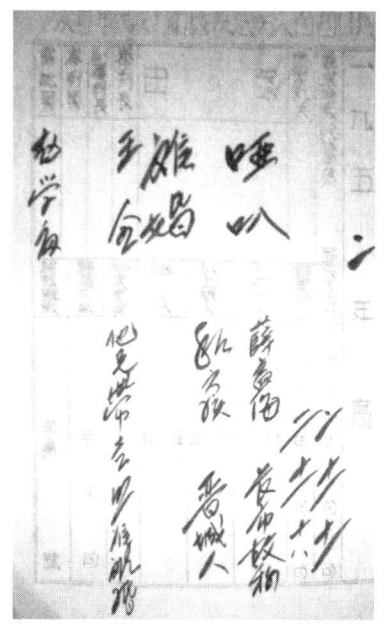

图3-7 "哑巴"离婚案卷宗封面

相关调查显示,残疾人有配偶的比例低于健全人,各年龄段都有相当多的残疾人未能结婚成家,其中男性多于女性、青壮年多于老年、农村多于城镇,年龄、受教育程度、经济条件、生活是否便利是制约残疾人婚姻的几个关键因素。正是因为聋人婚姻存在许许多多的困难,20世纪70年代的《中国聋人》、80年代《盲聋之音》等杂志都曾专门设计版面"免费为盲人聋哑人刊登征婚启事"。也正是为了解决婚姻困难,过去聋人的择偶标准往往降得很低,"交流方便"和"彼此包容"的最低要求,使得"聋人更愿意与聋人恋爱和结婚"的婚姻现象逐渐融入聋人文化之中。

"聋人社群中十分之九的成员与同群体的其他成员结婚"②。据调查:聋人结识恋爱对象是以同学为主的,50%的聋人其配偶是他的同学;同事也是聋人发展恋爱对象的主要途径,有17.5%的聋人与其同事结为夫妻;还有21.1%的聋人以相亲为结识途径而结为夫妻,1%的聋人婚姻是由父母包办③。

在聋人社区之中,地方性、全国性的相亲大会为聋人婚姻搭建了平台,其中影响最大的是"全国聋人相亲节"。该活动是由中州大学(现郑州工程技术学院)特殊教育学院院长孟繁玲发起,自2013年12月12日由原中州大学特殊教育学院指导创办的,至2018年底已经成功举办了九届,吸引了来自河南、河北、山东、安徽、江苏、陕西、北京、内蒙古、四川、重庆、广西、黑龙江、云南、甘肃、上海、武汉等25个省市区的3000余名聋人参加,最终有150对聋人当场牵手成功。随着近几年网络征婚平台的发展,"我主良缘"等公司还专

---

① 高蕾.聋人婚姻质量的社会学研究——对武汉市江汉区聋人的实证研究.武汉:华中农业大学硕士论文,2007.

② 张宁生.聋人文化概论.郑州:郑州大学出版社,2010:86.

③ 高蕾.聋人婚姻质量的社会学研究——对武汉市江汉区聋人的实证研究.武汉:华中农业大学硕士论文,2007.

门举办"聋人征婚专场"。诸如此类的相亲活动打开了聋人的社交圈、鼓励他们勇敢追寻幸福爱情、提高了聋人群体的生活质量,为促进社会和谐稳定做出了贡献。

受到传统观念的影响,社会公众对聋人与听人之间的婚恋常常投以质疑、猎奇的目光。2007年中国政府签署的联合国《残疾人权利公约》第二十三条约定:缔约国应当采取有效和适当的措施,在涉及婚姻、家庭、生育和个人关系的一切事项中,在与其他人平等的基础上,消除对残疾人的歧视。随着社会文明的进步,中国聋人追求婚姻幸福的权利日益得到社会的同情和支持,"聋人征耳聪人,显示出他们改善处境的呼声",成为21世纪以来值得关注的一个社会现象和未来可能的发展趋势。

电影《听说》《寂静烟火》等都向公众描绘了聋人与听人之间纯真、浪漫的爱情故事,武汉市第一聋哑学校体育教师张磊与聋女孩董晓晓更演绎了长达八年的"传奇师生恋",并于2012年12月12日走入婚姻殿堂,让世人羡慕不已。2016年,27岁四川聋女孩谈泓走上江苏卫视《非诚勿扰》相亲节目的舞台,向众多听人观众和男嘉宾吐露了自己的心声,她姣好的形象"惊艳全场",她追求爱情的勇气更为人们敬仰。

其实,聋人群体历经了时代的变迁与人生的起落之后,在处理"聋听婚恋"方面表现得愈加成熟和坦然了,杨华撰写的《我嫁给了聋人》①以及罗雪松撰写的《父母的婚姻观》②分别对男性聋人与健听女性、女性聋人与健听男性的婚姻经验进行了阐述,他们相信"爱情催生勇气面对困难","生活需要经营","婚姻就像是一份合伙经营的产业",只要坦然自若地迎接平淡的生活、享受平淡的幸福,懂得知足常乐,就能掌握自己手中的幸福。

---

① 张宁生.聋人文化概论.郑州:郑州大学出版社,2010:174-179.
② 中国残疾人作家联谊会.生命·阳光礼赞.北京:华夏出版社,2011:227-228.

第四章 聋人社会组织

聋人组织的兴起

西方教会积极参与了中国聋人社会组织的早期创办。1890年,来华基督教会在第二次大会上决议成立"盲聋哑福利委员会",但有关这一组织的信息及开展活动的情况,目前还缺乏了解。

根据已有资料,中国人发起、组织的第一个聋人社会组织是"中华盲哑教育社"。1928年,南通狼山盲哑学校代理校长朱冲涛等人开始筹备、联合国内有志提倡盲哑教育的组织成立社团,筹备委员会设在该校;至1930年4月,中华盲哑教育社正式成立,社址位于江苏省京沪路安亭镇。在《中华盲哑教育社章程》中我们可以看到,该社"以研究盲哑教育,并促进其发展为宗旨",拟定工作任务包括"调查国内外盲哑教育概况、设立试验盲哑学校、编印盲哑教育刊物、培植盲哑师资、设立盲哑教师介绍所、盲哑职业指导、办理各地委托关于盲哑教育之设计事项"。

中华盲哑教育社的成立极大地推动了中国聋人教育事业的发展,其成立之初克服重重困难,对全国12所盲人学校、9所聋人学校开展的一项《中国盲哑教育状况》的调查涉及在校生人数、课程设置、经费、毕业生去向等诸多方面,资料丰富、数据翔实,为聋人教育史研究留下了珍贵资料。

另一所中国人早期创建的聋人社团也以聋人学校为基地。根据《申报》1935年3月11日的报道,杭州吴山聋哑学校于当年3月10日正式创设中国聋哑画社。校长龚宝荣提出,创办该社是"为阐扬中国固有艺术、以辅助聋哑文化运动起见"。不过,中国聋哑画社的活动主要聚焦在开展艺术教育的层面。

由中国聋人群体——乃至中国残疾人——自行创建的第一个全国性社团,是1936年4月[①]聋人何玉麟、孙祖惠、王逊等发起,1937年8月在上海群学会附设聋哑学校召开的会员代表大会上宣告成立的"中华聋哑协会"。协会旨在"联络同病感情、增进盲哑福利",团结全国聋人"要谋聋哑群众的幸福,同时为要使国家民族的健全,所以联合同志、组织这个欧美各国及日本早已发达而吾们中华尚未设立唯一的聋哑团体""抱着最大的决心、最大的勇气、最大的牺牲、努力挣扎、努力奋斗、作自力更生的运动、争取吾们幸福的光明的前进"。(图4-1、图4-2)

从1947年中华聋哑协会的一张收据来看,该协会一直存续到新中国成立前夕,在中国聋人历史上产生了极其重要的影响:在北平设有分会,在杭州、南京、重庆等地设有通讯处、在全国范围内吸收会员;它创办了聋人自编自校、自印自发的刊物《瘖铎》、传播了

---

① 引自1936年5月1日《申报》。

聋人文化;抗战爆发后,上海周边沦陷区聋人大量涌入上海,失学聋童增多,它开办了"战时聋哑学校",后改名为中华聋哑协会附设聋哑学校(1937)、发展了聋人教育;它开展了全国聋哑作品展览(1937)、推广了聋人艺术;它还组织了全国第一个聋人篮球组织——中华聋哑协会篮球队(1938)、推进了聋人体育……对于中国聋人事业的贡献不可枚举。

图4-1　中华聋哑协会成立留影

前排自左至右:葛振民、孙民生、何玉麟、孙祖惠、李定清

后排:钱家璋、邵寅昌、洪承冠、洪贵明

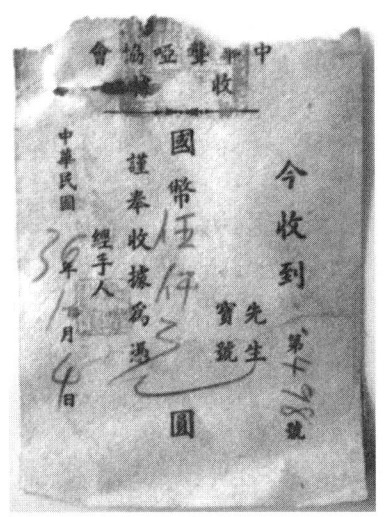

图4-2　1947年中华聋哑协会收据

1938年,聋人林吉姆在上海创办"哑青学校"期间还着力筹办"中华聋哑生产教育社",不过这一组织在后续的文献中均无记载,大概无果而终了。

1940年3月17日,上海基督教中国青年会成立"聋哑社",相关消息发布在《上海青年》第3期和1940年3月20日的《申报》上。基督教青年会认为,"在欧美,在苏联,聋人的待遇及聋人团体的组织,在可获得政府的扶助,社会的同情,所以绝对不像中国的聋者处处受着家庭的歧视,社会的遗弃,深处在黑暗的一角里,过着悲惨的命运。"因此,成立聋哑社是"本耶稣精神","以促进聋哑同胞之团契,提倡彼此互助之精神,发展四育及服务社会为宗旨",聋哑社的成立"不但给予了孤岛上的聋哑群以伟大的福音,而且进一步发扬我国聋哑教育"。

聋哑社隶属于上海青年会群育部,"凡聋哑同病赞同本社宗旨,能恪守社章,努力学术,志愿为社会服务,经社员之介绍及本社审查合格者,得加入本社社员"。聋哑社成立之后开展了一系列聋人工作,其中,该会成立伊始"征集聋哑人的创作,如国画、西画、工艺、摄影之类",于当年3月29日起举办了为期三天的聋哑艺展会。这次活动"直接地可使社会人士明了聋哑的技能,予聋哑的助力自然不在少数;它可发展聋哑天才,给社会一个良好印象,获得社会的赞赏和同情,使社会不再有摒弃聋哑的心理,予聋哑将来在社会上的便利"。

1947年3月2日,"中华聋哑生活互助社"在中华聋哑协会的基础上于南京成立,初期有社员90人,大多为中华聋哑协会会员,其宗旨是"改善社员生活、实施聋哑职业教育、发展生产建设",以南京市立聋哑学校的校长孙祖惠任主席,方冰美、胡家岱等25人为理事,计划"成立招待所,免费供给失业同病者住宿""成立康乐室、补习学校、工艺生产合作社,下设缝纫、织袜、制革、美术、广告、打字等部"①。

黄培森在其《中国特殊教育史略》一书中评论说:教会以及中国民间人士创立的聋人联合社团"整合了单薄的个人力量,使过去松散的个人行为变成集体意志的共同努力,有助于调动更多的社会资源","它们的出现标志着开办聋哑教育机构不再是以往个人的、零星的慈善行为,而是已经变成了一种具有普遍意义下的社会共识"。不过,当时各地聋人仍有很多困难尚未解决,聋人教育、职业、生活的方方面面举步维艰,对此,在1944年召开的盲哑教育座谈会上,代表张清根提出:盼望一个全国性的"盲哑协会",或许"将来对这一点有一点贡献"②。

残联和聋人协会

20世纪40年代末,中国几家聋人社会组织相继停止了活动,为了进一步加强聋人工作、增进聋人福祉,1955年初,聋人赵中民等致信中央教育部,提出筹备组织"中国聋哑人民协会"的请求。当年8月国家开始筹备中国聋哑人福利会。1956年2月,全国15个大中城市的聋人代表和政府有关部门、社会团体、热心聋人工作的社会人士共77人在北京召开会议,宣告成立了以政府为主导的、中国第一个全国性的聋人组织:中国聋哑人福利会。福利会由内务部领导,以"协助政府联系广大聋哑群众,为聋哑人福利服务"为宗旨,伍云甫(中国人民救济总署领导)担任主任委员,林士笑(卫生部领导)、余益庵(重听人,湖北省民政厅厅长)、吴燕生、马志远、陈驰(聋人)担任副主任委员。福利会成立以后,着手调查全国聋人基本情况,把苏联经验与中国实际相结合,协助政府有关部门安置聋人劳动就业、保障聋人生活、发展聋人福利事业,取得了一定的成绩。福利会成立之初就加入了世界聋人联合会,增进了中国与世界聋人的交流合作(图4-3)。

中国盲人福利会也是在20世纪50年代成立的,由于盲、聋两个协会工作性质相同、业务也很接近,为了方便领导,1960年国务院批准将两个协会合并成为中国盲人聋哑人协会。当年5月在北京召开了全国盲人聋哑人第一届代表会议,选举出协会的聋人领导,其中包括主任余益庵,副主任洪雪立、陈驰。至1965年,协会在22个省、自治区、直辖市和373个地、市、县逐步建起地方协会和基层组织。不过60—70年代,中国盲人聋哑人协会的工作在"文化大革命"中受到冲击,影响了协会工作的正常开展。1978年8月,国务院批准了民政部《关于逐步恢复和建立全国和地方各级盲人聋哑人协会的报告》,从此中国盲人聋哑人协会开始恢复工作、重新明确了工作任务,在29个省、自治区、直辖市普

---

① 引自《残不废月刊》.1947(5):11-12。

② 引自1944年11月10日《申报》。

遍建立了协会,部分市、县也陆续恢复和建立了协会(图4-4)。

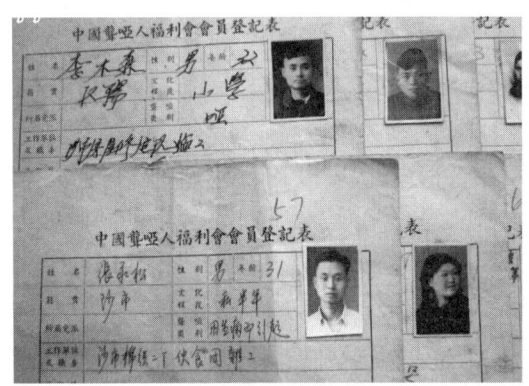

图4-3 中国聋哑人福利会会员登记表

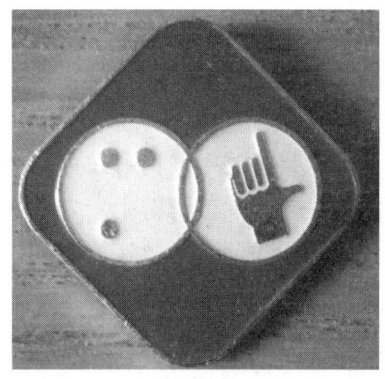

图4-4 中国盲人聋哑人协会会徽,由盲文"M"和手指语"L"构成

1982年,联合国大会通过了《关于残疾人的世界行动纲领》,1983年,联合国大会又宣布1983年至1993年为"联合国残疾人十年",残疾人事业的国际环境发生了重大变化。在此背景下,1984年3月,中国残疾人福利基金会成立(图4-5),1986年7月,联合国"残疾人十年"中国组织委员会成立,1988年3月在中国残疾人福利基金会和中国盲人聋哑人协会的基础上,成立了集代表、服务、管理功能于一体的中国残疾人联合会,邓朴方任主席团主席兼执行理事会理事长。根据中国残疾人联合会章程,中国聋人协会也同时成立,当时中国残疾人第一次全国代表大会完整地回顾了1955年以来中国聋人组织的发展历程,选举戴目、富志伟分别担任中国聋人协会主席、副主席(表4-1)。

表4-1 中国聋人协会历届主席名单

届次	时间	主席	届次	时间	主席
第一届	1988—1993	戴目	第二届	1993—1998	戴目
第三届	1998—2003	戴目	第四届	2003—2008	唐英
第五届	2008—2013	刘再军	第六届	2013—2018	杨洋

中国残疾人联合会、中国聋人协会的成立有力地推进了中国内地残疾人事业的发展,在港、澳、台地区,聋人组织也颇为活跃,其中有代表性的包括:1968年成立的香港聋人福利促进会,旨在为聋人提供宣传、教育、康乐、辅导、听觉及医疗等服务,并与其他为聋人提供服务的组织及人士合作以改善聋人的福利;1976年成立的香港聋人协进会提供全面社会福利、医疗及教育服务给聋人、弱听人士及其家人,以及其他残疾人士;2008年由有志推广手语的聋人发起成立的香港手语协会,旨在帮助聋人及促进香港手语教育、推广手语、培训手语服务人才;2013年成立的香港聋人子女协会,是亚洲第一个注册CODA协会,协助香港的CODA认知自己双语、双文化的独特身份,学习成长、发展潜能,

从而建立互助社群及积极的人生观;1994年成立的澳门聋人协会致力推动澳门聋人的复康工作,以协助他们克服障碍,实现参与社会及贡献社会的目的;1972年成立的台湾聋人协会以谋求聋人福祉,提升聋人地位为目标。

兹定于一九八四年三月十五日,上午九点在 政协 礼堂,召开成立大会

敬　请

光　临

一九八四年三月　　日

图4-5　1984年中国残疾人福利基金会成立大会请柬

第五章　当代聋人的媒体形象——以《人民日报》为例

聋人日益进入公众视野

《人民日报》创刊于1948年6月15日,是中国第一大报,并于1992年被联合国教科文组织评为世界十大报纸之一,作为中国共产党中央委员会机关报,宣扬国家主流意识形态,拥有超过国内其他报纸的巨大传播力和影响力[1],在社会舆论的形成中起到了重要的引导和建构作用[2],其特定人群的报道情况对于整个媒体行业和公众形成对聋人的印象和态度来说具有重要的参考价值。

我使用"人民日报电子数据库",以1948—2015年11月为时间范围,检索文章标题含有过去和现在常用来描述聋人的相关汉语词汇及其简称,将检索到的数据样本以10年为一个时间段分组后发现:在创刊初期,《人民日报》刊登直接涉及聋人的新闻报道数量非常有限;在1956—1965年期间,报道数量达到第一个高峰,而随后的1966—1975年,报道数量经历了一段较大幅度的下滑;1976年后,报道数量开始呈现出较稳定的增长趋势(图5-1)。

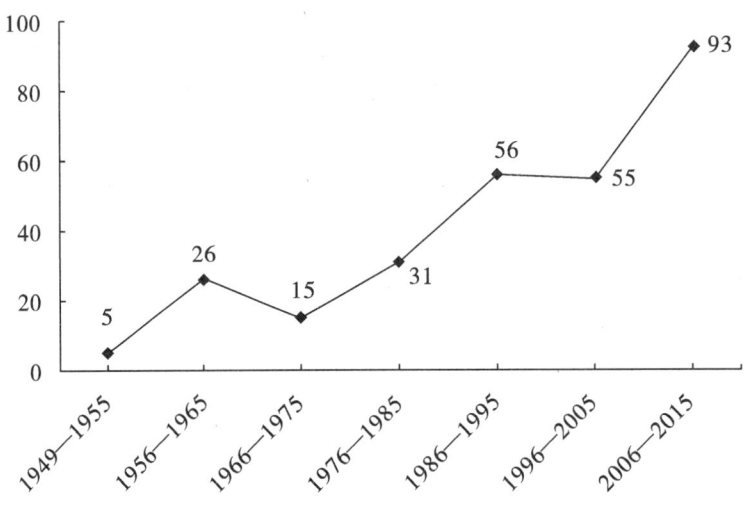

图5-1　各年度直接涉及聋人的报道数量

目前检索到《人民日报》中聋人相关报道的图片共有82张,也就是说平均下来29.2%的报道中插入了图片,其中刊发时间最早的是1969年2月11日的《一所特别的医

---

① 南俐.报纸的学术研究价值——以《人民日报》等14种报纸为例.现代工业经济和信息化,2013(11):83-94.

② 张天培.党报社会建构功能的现状研究:以《人民日报》社论为研究对象.新闻春秋,2013(3):76-81.

院——解放军三〇一六部队临时聋哑医院巡礼》,从此至1995年,图片数量保持稳定;1996年起,图片数量呈现出迅速增长的趋势,其中1971年8月22日《聋哑学生的新生活》一文的图片数量最多(5张)、2005年的图片数量为历年最多(10张);最近十年(2006—2015)的图片数量达到47张,平均2份报道就配有1张图片(图5-2)。

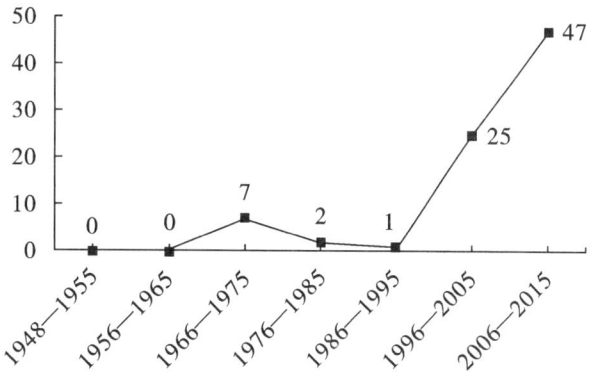

图5-2 各年度报道中的图片数量

自1948年创刊以来——特别是1986年后——《人民日报》各年度刊登聋人相关报道的数量、图片报道的比例逐步增长,这是令人欣喜、值得肯定的进步,这与国际上报纸中对残障者形象的报道数量近几十年来有大幅度增加的趋势是一致的。不只是在报纸上聋人越来越多地进入到公众视野,现实生活中也是如此。十多年前,我们很少在街上、在公交车里遇见聋人,直到最近几年,随着社会文明的进步,我们在街头、商场和公交车里接触到的三三两两、打着手语的聋人才逐渐多了起来。心理学上有一种设计人际关系的"曝光效应",意思是说人与人之间见面次数越多,互相喜欢的程度就越大。所以总的来说聋人在社会上的"曝光"对于聋人与听人之间的相互接触和理解来说是件好事。

聋人的残障特征被放大

媒体对聋人形象的建构并非完全如上文所述的那样乐观,对聋人相关报道的数量按月度统计发现,5月、12月的报道数量超过30篇,3月、7月和8月的报道数量超过25篇,相对而言,2月的报道数量最少,仅有12月报道数量的一半(图5-3)。

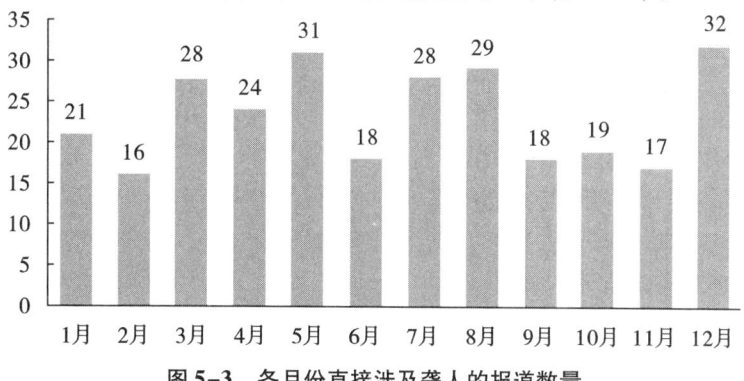

图5-3 各月份直接涉及聋人的报道数量

刊登图片最多的前四个月份分别是12月、5月、8月和3月,其图片数量之和占总数的56.1%(46张)(图5-4)。

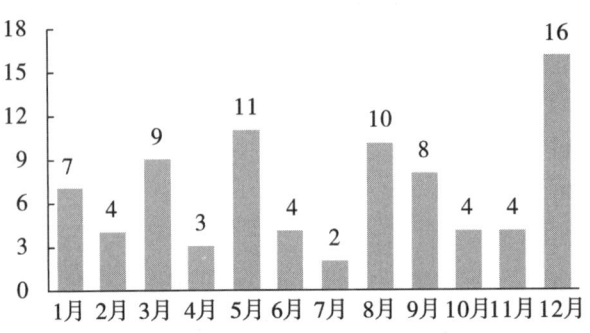

图5-4　各月份刊发的图片数量

由此可见,5月、12月的报道数量和配图报道的比例都明显高于其他月份。有研究者在以往的研究也获得了相似的发现,这种现象可能与"全国助残日"(5月)和"国际残疾人日"(12月)等残障者节日有关。从侧面反映出聋人在日常生活中被忽视的现状,塑造了聋人弱势的、需要救助的,在平日里"默默无闻",在节日里"集中出现"的媒体形象。

我向来反对"助残日""残疾人日"这种称呼,尤其反感助残种种活动主题,有研究发现,助残日主题中传递出来的所谓的"关爱""帮助""扶助"的理念严重误导了公众对残疾人的认识。我想,这些节日的真正意义并非立足在"助残"之上,残疾人的残疾大多是社会赋予的,消除了社会的障碍,才能消除残疾。因此,"助残日"应该称之为"互助日",残疾人得到了需要的帮助,健全人得到了心理、认识方面的成长,相对而言,让健全人在"助残日"中得到帮助更重要,因为他们是改变社会的最重要的力量。

此外,聋人虽然在听觉功能方面与健听人存在差别,但聋人首先是人,其次才是有听力残疾的人,听力残疾并不是聋人核心的形象特征。基于聋人文化中的这一基本认识,聋人在现实生活中期望构建的平凡、坚强、自立、平等的"除了听我都可以做"的被自己和公众认同的积极形象,但是这种形象构建的期待与他们在报纸媒体中的形象并不一致。

研究发现,图片报道展现的场景可以分为8种类型:聋人之间、聋人与健全人之间的手语或口语交流,表演舞蹈、技能或展示作品,学习或接受教育,工作,单人或多人肖像,接受医学检查或治疗,接受礼物,辅助器具的外观。其中,手语或口语交流场景的图片刊发频率最高(37篇,45.1%)(图5-5)。

从这些新闻图片来看,聋人常常出现在"使用手语或口语交流"的场景中,他们因为被明显放大的残障特征而显得"与众不同""引人注目"。接受医疗康复后的聋人开口说话或唱歌、聋人使用手语和他人交流、健听人或聋人在公益活动中表演手语歌、聋人耳畔佩戴的助听设备,都是新闻图片中"喜闻乐见"的聋人形象。被突出的"口""手""助听器"表达了对聋人残障特征的关注,在一定程度上强调了医疗、科技进步对聋人的关怀,迎合了健听读者对于不甚熟悉的聋人群体的"猎奇心态"与"怜悯心理",与此同时,"口""手""助听器"也逐渐成为聋人的形象标签。

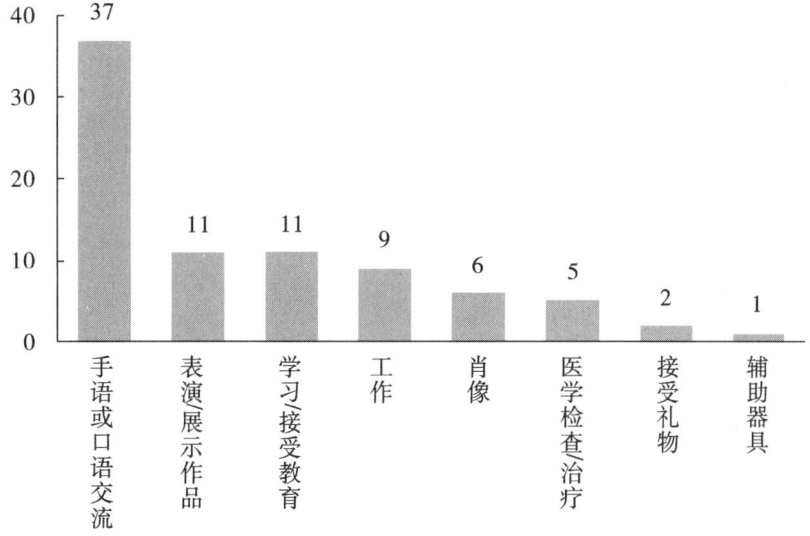

图5-5 不同内容的图片数量

聋人仍是边缘群体

从首次刊登在1版的《交流中南聋人福利工作的经验——两国聋人组织在北京发表会谈公报》(1957),到首次刊登在第24版的《天地有情、大爱无声》(2011),有关聋人的报道曾出现在《人民日报》除17版、18版、22版的21个版面上。其中：1版10篇(3.6%)、2～5版139篇(49.5%)、6～10版72篇(25.6%)、11～20版57篇(20.3%)、20版以后3篇(1.1%)。

不同时期,刊登聋人相关报道的版面有显著差异。整体而言,1986—1995年,中国参与"联合国残疾人十年"活动,对残障者的关注空前提高,《人民日报》1版刊登聋人相关文章的比例为历史最高(8.9%),上述比例此后并未得到保持而呈现出减少趋势,2006年至今,报纸1版还未刊登过与聋人直接有关报道,而随着近几年报纸版面的扩大,第10版甚至第20版之后的刊登这类文章的数量则逐渐增多(表5-1)。

表5-1 各年度刊登直接涉及聋人的报道版面

年份	1版	2～5版	6～10版	11～20版	20版后	合计
1948—1955	0(0.0%)	5(100.0%)	0(0.0%)	0(0.0%)	0(0.0%)	5(100.0%)
1956—1965	1(3.8%)	11(42.3%)	14(53.8%)	0(0.0%)	0(0.0%)	26(100.0%)
1966—1975	1(6.7%)	9(60.0%)	5(33.3%)	0(0.0%)	0(0.0%)	15(100.0%)
1976—1985	2(6.5%)	24(77.4%)	5(16.1%)	0(0.0%)	0(0.0%)	31(100.0%)
1986—1995	5(8.9%)	40(71.4%)	7(12.5%)	4(7.1%)	0(0.0%)	56(100.0%)
1996—2005	1(1.8%)	24(43.6%)	21(38.2%)	9(16.4%)	0(0.0%)	55(100.0%)
2006—2015	0(0.0%)	26(28.0%)	20(21.5%)	44(47.3%)	3(3.2%)	93(100.0%)

《人民日报》对聋人的281篇报道标题、正文的字符总数在47～4512字,平均每篇659字。分年度统计结果显示:在1948至1965年间,报道篇幅未显示出有统计学意义的差异;1966—1975年,报道篇幅达到历史峰值,显著高于1956—1965年和1976—1985年;从1976—2005年的三十年中,报道篇幅基本保持在500字/篇,其中,最近十年(2006—2015年),报道篇幅重新呈现出扩大趋势,但仍未超过1976年以前的数据。①(图5-6)

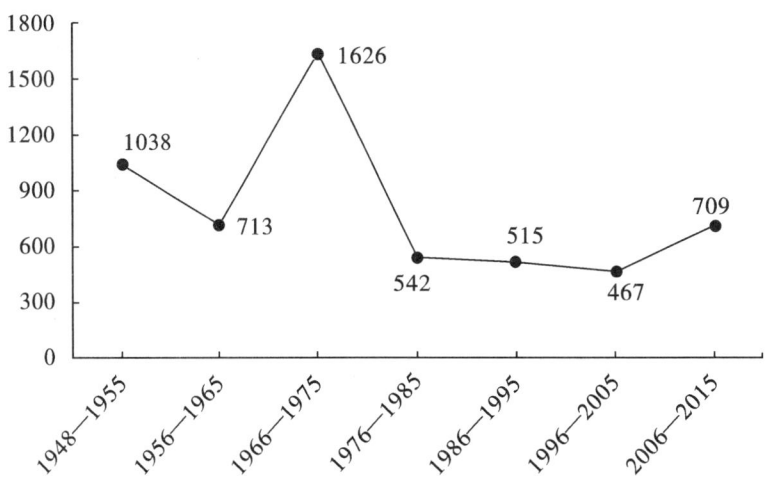

图5-6 各年度直接涉及聋人的报道篇幅

逐渐靠后的版面位置以及缩减的篇幅,显示出聋人逐渐被媒体"边缘化"的现象。而聋人在媒体中的这种"边缘化",很可能影响其在实际生活中的社会地位和话语权。

聋人群体之中,不同年龄、不同地域的聋人受到媒体关注的情况也存在差异。关注聋人儿童、青少年学生和成人的报道分别占总样本的28.5%(80篇)、15.7%(44篇)和23.1%(65篇),仅有1.8%(5篇)的报道涉及老年聋人,其余31.0%(87篇)的报道关注聋人群体,未说明其年龄特征,这一研究结果提示:报纸在建构聋人形象的过程中可能存在一定的年龄偏见。

各年度有关聋人报道的对象包括全国聋人的总体情况,国际及港、澳、台聋人交流情况,以及4个直辖市、4个自治区、20个省的聋人,而广西壮族自治区、贵州省和山西省的聋人未出现在相关报道中。各区域相比,全国性报道的数量最多(63篇,22.4%),其后是北京市(58篇,20.6%)、国际交流(49篇,17.4%)、辽宁省(10篇,3.6%)和上海市(10篇,3.6%),对其他省、市、自治区的报道数量累计仅有91篇(32.4%)。这种地域差异可能引导公众形成对各地聋人人数分布的偏见,实际上,根据2006年全国残疾人抽样调查的数据,北京市聋人占总人口的比例(1.57%)位列全国31个省、市、自治区中的第9位。

---

① 荆丽娜.伦理视域下残疾人新闻报道分析——以《新京报》为例.青年记者,2013(22):45-46.

聋人称谓有待统一

在历史上,中国社会公众对残障者的称谓经历了一系列的改变,规范的名字或称谓,是人际沟通、理解和尊重的基础,而对残障者的称谓,更可视为一个国家的社会文明程度的标志。20世纪80年代以来,经过一系列残障事业推动人士的反思,官方文件全面以"残疾"代替"残废"这一有歧视性社会含义的称谓①。这意味着中国残障事业从医疗和福利模式向权利模式的逐渐转型,对聋人的称谓的发展也值得进一步的思考和审度。

对聋人的称谓主要包括"聋子""聋人""聋哑人""哑巴""听力障碍者""听力残疾人""失聪者"等。其中:"聋哑人"是我们的祖先在100多年前经常使用的词语,因为那时候医学不发达,人们以为聋人一定会是哑巴,不会说话,其实这是对聋人的一种"偏见"。聋人发音器官没有损坏,只要及早接受语言训练,是完全可以说话的。"聋子""哑巴"带有非常强烈的歧视色彩,对聋人来说是极为不礼貌的称谓。"听力障碍者"也是惯常使用的一个称谓,其实"障碍"这个词在国际上也存在一些争议,聋人虽然听不见,但是借助助听器、人工耳蜗、手机等其他非听觉的工具时,听力给聋人带来的障碍可以克服。现在较多使用的"聋人""听力残疾人"被认为是中性、没有偏见的称呼,它描述了听力残疾的客观现实。在汉字中,"聋"字上"龙"下"耳",有的聋人甚至会为自己拥有一对龙的耳朵而感到骄傲。

在本研究所收集的样本标题和正文中,144篇(51.2%)报道主要使用"聋"称呼聋人(如"聋人""聋的人""耳聋")②,89篇(31.7%)主要使用"聋哑"(如"聋哑人"),23篇(8.2%)主要使用"听障"(如"听障者""听力障碍人士"),主要使用"哑"(如"哑巴""哑吧""哑叭")和"失聪"的报道各有11篇(3.9%)。此外,2007年《邰丽华:与梦同行》、2011年《手语发心声》和2013年《手语议政》3篇报道虽然以聋人邰丽华为报道主体,但未使用上述任何特定词语描述其听觉语言能力。

值得注意的是,有93篇(33.1%)报道同时使用了2种或2种以上的上述词语来称呼聋人。其中使用2种词语的有81篇,使用3种词语的有11篇,而2007年《抗生素使用不当是罪魁祸首》一文则同时使用了"聋""聋哑""听力残疾""失聪"和"听力障碍"5个词语(图5-7)。

不同时期的新闻报道中,称呼聋人的词语也存在显著差异。1948—1955年的

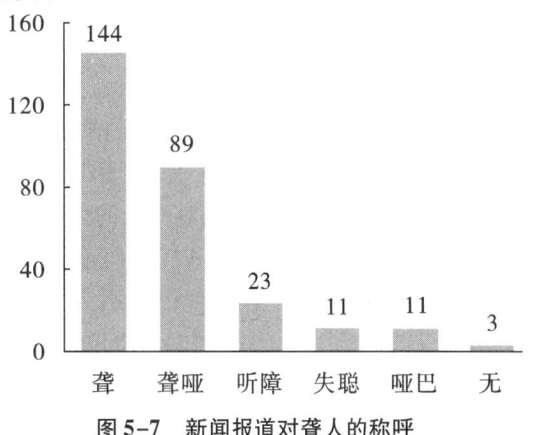

图5-7 新闻报道对聋人的称呼

---

① 李学会.残疾人的社会形象:对历次残疾人"全国自强模范"事迹的分析.残障权利研究,2015(1):28-29.

② 没有报道使用"聋子"。

报道主要使用"聋"或"哑",1956—1965 年的报道大多使用"聋",1966—1975 年的报道则以使用"聋哑"居多,在 1976—2005 年的 30 年中,接近 90.0% 的报道使用"聋"或"聋哑","哑"的使用频率呈下降趋势,部分报道开始使用"失聪"或"听障";最近十年(2006—2015),约 20.0% 的报道改变了过去常用的"聋"而较多地使用"听障",还有个别文章未使用上述词语,开始淡化对聋人听觉语言能力的描述(表 5-2)。

表 5-2 各年度新闻报道对聋人的称呼

年份	聋	哑	聋哑	失聪	听障	无	合计
1948—1955	2(40.0%)	2(40.0%)	1(20.0%)	0(0.0%)	0(0.0%)	0(0.0%)	5(100.0%)
1956—1965	19(73.1%)	2(7.7%)	5(19.2%)	0(0.0%)	0(0.0%)	0(0.0%)	26(100.0%)
1966—1975	1(6.7%)	1(6.7%)	13(86.7%)	0(0.0%)	0(0.0%)	0(0.0%)	15(100.0%)
1976—1985	15(48.4%)	4(12.9%)	11(35.5%)	0(0.0%)	1(3.2%)	0(0.0%)	31(100.0%)
1986—1995	30(53.6%)	1(1.8%)	22(39.3%)	3(5.4%)	0(0.0%)	0(0.0%)	56(100.0%)
1996—2005	36(65.5%)	0(0.0%)	13(23.6%)	4(7.3%)	2(3.6%)	0(0.0%)	55(100.0%)
2006—2015	41(44.1%)	1(1.1%)	24(25.8%)	4(4.3%)	20(21.5%)	3(3.2%)	93(100.0%)

《人民日报》历年的报道中从未使用过歧视色彩明显的"聋子"一词,其称谓词语的使用在总体上表达了尊重聋人的意愿和导向,但是由于全社会对聋人的称谓尚未形成统一意见、媒体工作者对残障和聋人的了解程度有限,报道中使用的称谓存在"聋""聋哑""听障""失聪"等多种称谓词语"多词混用"的现象,33.1% 的报道同时使用了 2~5 种称谓词语。

称谓词语的混乱可能与公众对聋人认知失调有关,长期存在的"多词混用"现象投射出公众面对聋人时既尊重又歧视、既接纳又排斥、既想了解又缺乏知识的复杂心态。1948—1965 年刊登的有关聋人的报道大多使用相对中性的"聋"或"哑",在 1966 年后新闻报道中开始较多地使用含有一定偏见色彩的"聋哑"。对耳聋康复的广泛报道和"聋哑"称谓的使用,逐步构建了基于"医学模式"的聋人观——将耳聋视为需要救治的疾病——这可能引导公众形成对聋人的误解和偏见。后来,随着医疗技术和残障观念的进步,社会各界开始反对"哑"和"聋哑"的使用,试图重构对聋人的认知。聋人发表了《净化媒体对聋人的称呼》等文章,①健听人士也发表《对聋人的称呼要文明规范》等文章以示回应。② 1986 年后,越来越多的报道开始选择使用相对中性的"失聪""听障"等称谓代替"哑"或"聋哑"。不过在最近十年,仍有 26.9% 的报道使用"哑"或"聋哑"称呼聋人。

针对新闻媒体对聋人称谓的"多词混用"现象,聋人群体也尚未形成统一意见,他们

---

① 胜冰.净化媒体对聋人的称呼.中国残疾人,2004(6):52-53.
② 佚名.对聋人的称呼要文明规范.党建,2005(9):23.

对于自己在公众视野中的失调形象既抵制又助长、试图整合却仍然冲突。虽然一些著名聋人认同基于手语的"聋人文化",将聋人群体称为有别于健听人群的"少数民族"并号召使用统一的称谓"聋",然而仍有一定比例的聋人在实际的语言使用中使用"哑"和"聋哑",例如:由聋人运营并以聋人为核心受众的微信公众平台《无声新闻网》和《无声之彩》在2015年11月推送的20篇文章中就有8篇在标题中使用了"聋哑"。

聋人的称谓词语有待"规范化"。2015年11月11日,以聋人为主要受众的微信公众平台"超越无声"和"两杯水手语"共同开展了一项有关听力残疾者称呼的调查,截至11月15日24:00,参与者有105位,支持率最高的称呼是"听力障碍"(48.6%),其次是"聋"(15.2%),支持"失聪"的有11.4%,其他称呼的支持率都不足10.0%。2015年11月13日,中国残疾人联合会在其官方微信公众平台开展了一项题为《残疾人的称谓,你怎么看?》的调查,截至11月15日24:00,3017位网友参与了投票,结果显示,支持率最高的是"障碍人士"(40.0%),其次是"身心障碍者"(21.0%),"残障人"和"残疾人"分别占16.0%和11.0%,还有10.0%的网友选择"其他"。由此可见,不仅是对听力障碍者,公众在残障者的称呼选用上还存在较多争议,需要通过国家政策、残障理念、语言习惯等方面进一步统一和规范。

值得注意的是,最近几年《人民日报》有个别文章在报道聋人时未使用任何特定称谓,这种方式有利于淡化对差异的关注而突出聋人作为普通社会公民的特征,对于调适聋人形象有积极的意义。

聋人身份常有象征性

媒体报道通常会体现出一定的价值取向,它提供人们日常交流的话题,对于特定群体来说,其宣传内容还具有赋予社会地位的功能。① 因此,媒体在宣传报道聋人的过程中应当遵循"权利视角""新残疾人观",秉持"平衡报道"原则。《人民日报》"主要从全局入手,注重从日常的报道来反映我国残疾人的生活、工作现状,以及社会在残疾人工作方面的各种措施及其成效",②其新闻报道的"主角"往往是医疗机构和政府组织,而不总是聋人。

聋人参与文体活动、从事职业、服务社会、表达诉求等,作为主要对象、以主动形象出现的报道有77篇,占27.4%;政府研究聋人相关政策、聋人接受帮助或接受治疗、志愿者开展面向聋人的公益活动等,作为被动形象出现的报道有204篇,占72.6%。281篇报道中,以医院、康复中心、医生等医疗机构及其工作者为主体的有81篇(30.2%),其次是政府机构、国际组织及其官员为主要对象的报道(69篇,25.7%)和聋人及聋人学校为主要对象的报道(69篇,25.7%),以科研机构和公司为主体的报道有33篇(12.3%),还有16

---

① 张桂珍、史美越.浅析媒介的社会功能对社会公平正义的影响."公平、公正、平等:世界社会主义的理论与实践"学术研讨会暨当代世界社会主义专业委员会2013年年会论文集,2013:131—138.
② 王晓艳.基于权利框架的媒体残障议题分析——以人民日报、中国青年报和京华时报为例.青年记者,2014(14):16—17.

篇(6.0%)报道以志愿者、教师等健听人士为主要对象。不同年度报道中的主要对象存在显著差异,1948—1955 年以政府组织为主,1966—1975 年以医疗机构为主,1976 年起报道的主要对象开始多元化,其中以聋人/聋人学校为主(见表 5-3)。

表 5-3　各年度报道中的主要对象

年份	政府组织	聋人/聋人学校	医疗机构	科研机构	健全人士	合计
1948—1955	3(60.0%)	1(20.0%)	1(20.0%)	0(0.0%)	0(0.0%)	5(100.0%)
1956—1965	10(38.5%)	4(15.4%)	8(30.8%)	4(15.4%)	0(0.0%)	26(100.0%)
1966—1975	1(6.7%)	3(20.0%)	11(73.3%)	0(0.0%)	0(0.0%)	15(100.0%)
1976—1985	11(35.5%)	8(25.8%)	4(12.9%)	6(19.4%)	2(6.5%)	31(100.0%)
1986—1995	9(17.0%)	14(25.0%)	19(33.9%)	9(16.1%)	5(8.9%)	56(100.0%)
1996—2005	10(18.2%)	16(29.1%)	21(38.2%)	7(12.7%)	1(1.8%)	55(100.0%)
2006—2015	25(26.9%)	33(35.5%)	17(18.3%)	7(7.5%)	11(11.8%)	93(100.0%)

在 1966—1975 年特定的时代环境中,对聋人的报道紧扣"毛泽东思想打开聋哑禁区",86.7%的相关报道以超大篇幅刊登以"针灸治疗聋哑"为主题的"医疗康复"成功案例和经验,使聋人成为驳斥"资产阶级医学"、宣传"无产阶级卫生路线"的中介和国家政策的"代言人",表达出一定的"政治话语"。1976—1985 年上述现象才逐渐复归"常态",有关"医疗康复"的报道比例下降到 9.7%。但是随着 1986 年以来科学技术的进步,以"助听器和人工耳蜗使聋人复聪"为主题的"医疗康复"类报道比例又重新攀升至 30.0%上下,聋人的康复案例成为医疗机构、医疗工作者和科研机构热衷宣传的内容,聋人成为科学技术的"代言人"。

相对而言:以聋人及聋人学校本身为主要对象的报道仅占总样本的 25.7%,在 1966—1975 年甚至低至 15.4%;贴近聋人的实际需求,主要基于"公民权利模式"和"文化多元化模式",将聋人描述为和其他群体没有什么不同,支持聋人参与社会、争取权利的"权利保障"类、"职业生活"类文章所占的比例合计仅占总样本的 11.1%(表 5-4)。

表 5-4　各年度报道的主要内容

年份	医疗康复	教育教学	科技辅具	文艺体育	科普知识	政策文件	职业生活	公益慈善	权利保障	合计
1948—1955	1(20.0%)	1(20.0%)	0(0.0%)	0(0.0%)	0(0.0%)	2(40.0%)	1(20.0%)	0(0.0%)	0(0.0%)	5(100.0%)
1956—1965	5(19.2%)	1(3.8%)	5(19.2%)	3(11.5%)	2(7.7%)	8(30.8%)	2(7.7%)	0(0.0%)	0(0.0%)	26(100.0%)

续表 5-4

年份	医疗康复	教育教学	科技辅具	文艺体育	科普知识	政策文件	职业生活	公益慈善	权利保障	合计
1966—1975	13 (86.7%)	1 (6.7%)	0 (0.0%)	0 (0.0%)	0 (0.0%)	0 (0.0%)	1 (6.7%)	0 (0.0%)	0 (0.0%)	15 (100.0%)
1976—1985	3 (9.7%)	1 (3.2%)	6 (19.4%)	1 (3.2%)	3 (9.7%)	7 (22.6%)	5 (16.1%)	3 (9.7%)	2 (6.5%)	31 (100.0%)
1986—1995	18 (32.1%)	12 (21.4%)	8 (14.3%)	6 (10.7%)	4 (7.1%)	1 (1.8%)	4 (7.1%)	1 (1.8%)	2 (3.6%)	56 (100.0%)
1996—2005	18 (32.7%)	9 (16.4%)	9 (16.4%)	8 (14.5%)	3 (5.5%)	2 (3.6%)	1 (1.8%)	5 (5.4%)	1 (1.8%)	55 (100.0%)
2006—2015	22 (23.7%)	14 (15.1%)	8 (8.6%)	18 (19.4%)	12 (12.9%)	2 (2.2%)	7 (7.5%)	5 (5.4%)	5 (5.6%)	93 (100.0%)

重构聋人媒体形象

对待残障者和残障者事业的态度,是衡量社会文明进步程度的重要标志之一。在中国传统观念中,公众对聋人持有一定的偏见,随着科学、教育、经济等方面的发展,中国社会对待聋人的态度正逐渐发生着改变。新中国成立以来,特别是21世纪以后,中国政府在持续改善对聋人的态度及其媒体形象方面做出了较大的努力,聋人权利的事业在中国得到长足发展。

2006年联合国大会通过了《残疾人权利公约》(Convention of the Rights of Persons with Disabilities,以下简称《公约》),中国积极推动《公约》的起草工作①,并于2007年3月首批签署《公约》。2008年6月,全国人大常委会批准《公约》,同年9月《公约》对我国正式生效。2008年4月,中国修订《中华人民共和国残疾人保障法》,第一次引入"禁止基于残疾的歧视"概念,突出以残疾人权利为本的理念。

在国家政策改变的基础上,中国政府以人道主义为出发点,在全社会宣传现代文明社会的"新残疾人观",其内容主要包括:认同"自有人类社会就有残疾人,残疾人类发展进程中不可避免要付出的一种社会代价","残疾人有人的尊严和权利,他们的人格和权利应得到尊重和保护","残疾人有参与社会生活的愿望和能力,他们同样是社会财富的创造者","造成残疾人问题的主要原因不是残疾本身,而是外界障碍","残疾人参与社会生活,需要社会的帮助,也取决于自身的奋斗"等。②

虽然如此,近几年国内学者开展的一系列实证研究发现,重构公众对残障者的态度

---

① Michael A, Stein: China and Disability Rights, Loy. L. A. Int'l & Comp, L. Rev, Vol. 33:7.
② 王新宪.树立现代文明社会的残疾人观.中国残疾人,2001(7):47.

仍然面临许多挑战:虽然公众在总体上能以积极的态度对待残障者,但是,人们仍旧缺乏有关残障的基本知识、理解残障发生的原因仍有偏误,①人们对残障者的内隐态度倾向于消极,并且只有一定的负面刻板印象,②具体表现为较低的内隐钦佩感、较高的嫌弃感和同情心、显著的"自动回避倾向"③和"低能力、高热情"的印象结构。④

媒体是公众了解聋人的窗口,他们对聋人正面形象的描述有利于显著降低受众对聋人的负性认知。⑤ 如何塑造聋人真实的、积极的、符合聋人文化和聋人自身期待的媒体形象是值得关注的问题。解决这个问题,需要媒体人和聋人之间的深入了解,需要有聋人或者至少有熟悉聋人的人士从事媒体工作,逐渐改变"把手语、残疾等形象标签强加给聋人,以博取观众注意和同情"的传统思维,消除公众对聋人的"猎奇"心态,在媒体中不仅关注报道聋人的文章数量、也注重文章质量和版面分布,描绘出聋人最普通的生活故事,塑造出最接地气、最真实的聋人形象。

《残疾人权利公约》呼吁缔约国提高整个社会的认识,促进对残障者的尊重,消除对残障者的成见和偏见,特别鼓励"所有媒体机构以符合公约宗旨的方式报道残疾人"。因此,媒体报道中应当反思对于残障议题的理解和刻画,以人道主义思想为主,依据《公约》和国家文件的精神,加快从福利模式向权利模式,从关爱模式向赋能模式的转变,展现更多元和全面的残障者形象⑥,推广关于残障者权利的知识。

---

① 徐立芳.长春市实习护士生对残疾人态度的影响因素调查研究.吉林:吉林大学硕士学位论文,2014:25.

② 陈光华、张治星.大学生对残疾人的内隐与外显态度.中国特殊教育,2012(8):22-29.

③ 马婷.健全人对残疾人的内隐态度及其可塑性——残疾人行为正性描述的启动效应.宁波:宁波大学硕士学位论文,2014:47.

④ 刘嘉秋.师范生对残疾学生的刻板印象研究.上海:华东师范大学博士学位论文,2014:121.

⑤ 马婷、徐钟庚、叶莉芳、张锋.基于文本阅读的间接接触也可改善公众对残疾人的态度.应用心理学,2014(1):49-59.

⑥ 孟书强.弱势群体报道理念的误区与转型——以残疾人报道为例.青年记者,2013(24):24-25.

第六章　聋人无障碍

聋人远程通信方式的变革

在电话、网络没有普及以前，书信是人们远距离沟通的常用方式，然而，由于过去聋人文化水平普遍不高，即使接受过教育，书面语的表达和理解能力也往往不甚理想，能写、会读的聋人恐怕寥寥无几。所以，当时聋人想要与远方的聋人、听人朋友进行联络是非常困难的，这种困难也加剧了聋人与社会的孤立和隔阂。1875年，美国的亚历山大·格拉汉姆·贝尔发明了电话，使听人的生活发生巨大变革，从此，人与人的距离不再遥远，远方的世界也不再遥不可及。其实，贝尔的母亲和妻子都是聋人，父亲是一位聋人教育专家，他本人在聋人教育领域也颇有建树，电话的发明正是源于他对聋人助听技术的研究，不过由于当时技术水平的限制，贝尔没能一举解决聋人远程通信的困难。

纵观历史上我国聋人先后使用的远程通信方式，可以将其分为以下几种类型。

一是人工中介的有声语言转书面语的方式。自从有了电话，聋人心中也有了远方的梦想。1925年，贝尔实验室成立，致力于远程通信技术的研究，1948年，世界上第一台传呼机Bell Boy在此诞生。1983年，中国内地市场第一家寻呼台落户上海，中国进入了"传呼机时代"，借助传呼机上狭小的显示屏，聋人可以接收到听人经由寻呼台发来的消息，由于寻呼台都是通过有声语言服务的，聋人还很难成为信息发出的一方，聋人之间的沟通仍是困难的。

进入到手机时代后，很多手机的"设置"菜单里都有一个"TTY"选项，其英文全称是Teletype，是为聋人设计的一种通信工具。聋人使用外接键盘输入文字并发出后，中介服务人员会将文字转换成为语音传达给通话对象，同样，中介也会将对方发出的语音转换成文字发送给聋人，适合聋人与听人之间的电话沟通。当然，聋人之间也可以使用TTY进行文字交流。TTY需要特定的外接设备和中介服务，在中国基本上是不支持使用的（图6-1）。

图6-1　TTY电话

参考TTY的模式，2005年，广州市残联开设起一个"聋人电信固定电话中转平台"，聋人可以使用手机向平台发送文字信息，工作人员收到信息后为聋人提供信息咨询、他人交流、心理倾诉、处理事务的服务，然后再使用文字把相关信息反馈给聋人，这是一个"国内首创"的项目。

二是纯文字远程通信方式。20世纪90年代末期，中国聋人的通信方式出现了一次重大迭代。一方面，1998年开始，中国移动、中国联通大范围拓展手机端的短信业务，极大缩短了聋人远程通信的实效和成本,从此一直到2010年前后,短信都是聋人最长使用的通信方式之一,针对聋人的发短信需要,湖北、四川等地的很多服务商还专门推出"爱心卡"(图6-2),每条短信资费低至0.05元。另一方面,1999年OICQ(QQ)诞生,一年后它就席卷中国即时通信市场,聋人通过电脑端应用程序,不仅能和亲朋好友及时联络,还能添加陌生好友,从此,天南海北的聋人开始相约在网络之上,聊聊生活、聊聊梦想,还有很多聋人在网络中找到了自己的爱情。现在,微信在聋人交际中的使用则更为普遍。

图6-2 中国移动爱心卡广告

三是计算机中介的有声语言转书面语方式。为了省去人工中介服务,2006年,南京残联推出了一款专门为聋人开发的"无障碍信息电话机",在现有的固定电话线上使用,不改变号码,也不影响原来电话的所有功能,唯一的区别就是,在电话机最下方多了一块区域,上面有一块小屏幕以及几个按键,使其具有发短信的功能。2011年,黑龙江大兴安岭地区一所小学的退休教师张林茂对上述仅支持发送短信的电话机进行了升级,发明出一种名为"龙人通"的电话机,聋人在电话机键盘上输入文字,电话机可以自动将其转化成语音,如果接电话的一方使用"龙人通",对方传来的语音可以被转化成文字显示在屏幕上,从而实现了聋人之间、聋听之间的即时沟通。

智能手机普及以后,一些APP可以实现语言和文字的相互转换。其中最早的一款要数跨国公司Thought Works西安办公室的健听开发人员利用业余时间,做出的一款帮助聋人与听人交流的公益APP"心声",它可以让听人的语音转换为文字、将文字输出为语音,帮助聋人实现打电话的愿望。2016年上线的、由聋人开发的APP"声活"也有类似的功能。同年,微信增加了"语音转文字"功能,为聋人与听人的沟通提供了很大的便利,不过,这种自动转码目前还常常存在误差,准确性有待提高。

四是手语视频通信方式。手语是聋人的母语。对聋人来说,文字信息仍然存在许多不便,能够使用手语无障碍地和聋人、听人即时远程通信一直都是聋人的梦想。视频电话技术的发展使聋人之间的远程通信成为可能。2010年,苹果公司在iPhone4上推出了免费的Face Time功能,为了宣传Face Time强大的视频通话技术,苹果公司在中国专门拍摄了聋人使用iPhone4的Face Time打视频电话的广告。后来,这一功能在不同品牌的智能手机上都得到了实现。2014年以后,腾讯QQ、微信等软件推出了视频电话功能,这些软件的适用范围最广,不论使用台式计算机、笔记本、平板电脑还是手机,只要有摄像头就行,远隔千里聋人也可以面对面地使用手语随意沟通。腾讯并非专门针对聋人设计了视频电话,但聋人朋友的确从科技的发展中得到了实惠。

五是计算机中介的手语转书面语方式。中国有关手语合成技术可以实现文字—手语的自动转码,国内的第一篇研究论文《传输手语图像的计算机智能通信系统》1989年发表在《信息与控制》杂志上,这个时间节点想一想真有些不可思议。为什么这样说呢?20世纪的网络一般都是电话拨号上网,带宽非常狭窄,传个图片都要等半天,何况是动态的手语影像?不仅如此,到1994年3月中国才获准加入互联网。这样看来,中国研究手语合成技术也算是站在了科技前沿。

上述技术的关键是对手指关键运动情况的编码和定位,这些数据整合在一起就可以构成手语数据库,输入文本信息后,计算机可以自动合成手语并通过动画虚拟人物表演出来。21世纪以后,中国科学院计算机研究所推出了几款商业化的手语识别与合成软件,主要面向电视台的新闻手语翻译栏目和希望学习手语的聋人亲属。软件价格不菲,但是有些聋人朋友使用后表示,虚拟人物的手语比较生硬且缺乏面部表情,读起来很枯燥,又由于目前设计的手语数据库依托《中国手语》而建,没有收集地方手语数据,大量《中国手语》中没有的词汇一律用手指字母替代,聋人很难理解。中国的手语合成技术虽然已经取得了大量的研究成果,但是这一领域还走在发展的路上(图6-3)。

手语—文字的自动转码则被称为手语识别技术,是一种人机交互技术,与目前常见的人脸识别技术和OCR(文字自动识别技术)有些神似,许多单位使用人脸识别技术为员工打考勤,OCR则在文本翻译(如金山词霸)、试题分析等方面实现了广泛应用。

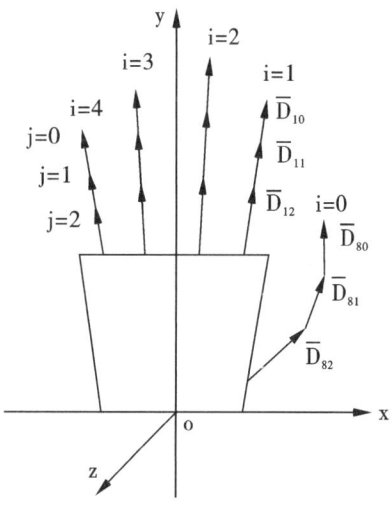

图6-3 手指动作的数据分析模型

21世纪以来,手语识别的新发明经常见诸报端,它可以分为两个大类。第一类是基于可穿戴设备的手语识别技术。使用者佩戴具有特定功能的手套、手环或指环等可穿戴设备,打手势时,设备上的传感器可以采集手势运动的三维数据并传送至计算机进行分析解码,输出为文字。第二类被称为"基于视觉的手语识别技术"。使用者徒手拍摄出手语视频,计算机通过识别肤色、运动、手形等特征识别视频中的手语,进行数据采集和分析,这种方法的技术难度较大。手语识别技术目前仍在探索阶段,成形的产品尚未面市。在不久的将来,手语识别技术一定会在聋人教育、手语翻译、信息通信等领域发挥出应有的作用。

六是人工中介的手语转有声语言。2018年上线的"手之声"APP在国内具有开创性,它在后台安排了专业的手语翻译客服人员,使用者可以使用"代拨电话"或"呼叫客服"功能,由手语翻译员完成有声语言—手语或手语—有声语言的转译,实现聋人和听人的在线通话。

当然，听力较好的聋人、接受过人工耳蜗植入的聋人完全可以使用电话交流。随着技术的进步，我们看到中国聋人远程通信的渠道越来越丰富，不同需要的聋人都有机会选择自己适合的沟通方式，无障碍地达成沟通目标，这是社会文明进步的体现，也拉近了聋人之间、聋人和听人之间的距离。

聋人考驾照的权利历程

考取驾照是聋人无障碍出行的基本条件。随着国民经济的发展和人们生活水平的提高，买车、开车成为越来越多人的梦想，聋人也不例外。众所周知，国内聋人开车、考驾照长期以来在舆论上是一个热点问题，为了掌握此事的来龙去脉和一些关键的时间节点，我在百度上用"聋、驾照"和"聋、开车"为关键词分年度搜索，发现2001年以前这个问题在网络上还没有任何讨论，2002年起，聋人开车、考驾照的愿望开始受到人们的关注。

聋人的这件事还要从一位肢残人说起。江西残疾人王名珑没有左手手掌，申请驾驶执照屡遭拒绝，于是他"替天行道"，为了争取残疾人的"驾驶权"，2001年从江西瑞金出发，驾驶摩托车周游全国，于2002年11月抵达广州。他的经历得到广州市残联的关注，这个过程中，有一位聋人李先生谈道："有很多聋哑人朋友，有的做广告设计工作，有的做商业贸易，需要用车的地方很多，但就是不能像正常人一样去申请考取驾驶证。拥有驾驶证可以使他获得更多的工作机会，比如，开出租车、驾驶货车等。"①

一石激起千层浪。驾考难绝非肢残人面临的问题，广州市残联发展处处长符大伟表示，"残疾人是一个比正常人更需要汽车的群体……解决残疾人驾车上路问题迫在眉睫"，与此同时，"他们正积极与交警部门磋商，争取两年内让条件具备的残疾人都获得开车的权利"。

残联领导的表态掷地有声，幸福竟来得有些突然：2003年8月，公安部公布了"17项交通管理便民措施"，其中明确规定"允许左下肢残疾的人员考领小型、微型自动挡载客汽车驾驶证"②，政策落地后，2004年广州的两位下肢残疾人率先考证。对此，中国残联维权部权益处叶奇表示，"这个新措施是政策上的突破，保障了残疾人驾车的权利"，但是鉴于广大聋人驾车愿望迫切以及国外普遍允许聋人驾车，希望"进一步扩大残疾人领取驾照的范围，例如，条件成熟时，能允许符合条件的聋人早日实现驾车的梦想"③。

肢残人考取驾照的消息让广大聋人群体羡慕不已。2004年北京"两会"期间，有聋人在北京晚报和新浪网联办的"两会专题"发出呼吁："我本人是聋人，住在北京市，我爱人是聋人，……我渴望开车……如果不能认真考虑并落实，那么……是无视我们聋人渴望平等参与社会生活的合理呼吁，剥夺我们聋人积极平等参与社会生活的正当权益……

---

① http://www.southcn.com/news/gdnews/nanyuedadi/200211120615.htm.
② http://news.enorth.com.cn/system/2003/08/07/000610806.shtml.
③ http://news.sina.com.cn/c/2004-01-16/02162643913.shtml.

不论是工作还是生活等方方面面的,我们都学会了讲究时间效益和工作效益,从而越发感到十分需要交通工具,然而公安交通部门却以对我们交通安全的责任与爱护名义这个奇怪的逻辑,剥夺了我们驾驶机动车的权益;无视了我们共享社会物质文化成果;侵害了我们的公民权利和人格尊严。"①

这个未署名的聋人朋友一席话感人肺腑、掷地有声,拉开了聋人争取驾考权利的序幕。没过几天,另一名网名为"蒙蒙相思雨"的聋人在"聋人在线"网站发布了一篇题为《聋人的梦想》的帖子,其中谈道"我是一名聋人,也是一名大学毕业生……学开车,考驾照,是我们聋人多年的梦寐以求。网上聋人纷至沓来发稿,抱着同样梦想的人太多了……每天挤公交车上下班,看着人家驾的小汽车,我心里就痒痒的,不知有谁能把我们聋人的梦想实现,更不知道有谁能推翻聋人不能开车这一个现实中的问题"②。

聋人的呼吁引起了高层关注。2005年时任中残联副主席的张海迪以及中国聋人协会副主席于兵等委员联名向全国政协提交提案,希望解决聋人和其他残疾人考取驾照的问题,促使国家将此事纳入了议事日程,中残联表示"将争取在2008年之前,让非左下肢肢残人士实现开车梦"。

梦想总是姗姗来迟。网络上有人提出聋人开车"因为毕竟有一定的危险性,会对自己和他人造成不必要的麻烦,个人觉得还是不开为好,安全第一嘛"③。能不能让聋人开车、聋人开车会不会危害交通安全、谁来教聋人开车,这些问题在社会上引起了长期的争议,导致聋人群体苦苦期盼的"2008年之前"的时间点过去了,许多难题却仍悬而未决。

俗话说,好事多磨。梦想也往往姗姗来迟。2009年,中残联副理事长程凯表示"我国正在加快推动残疾人驾驶汽车的进程"④,经过广大聋人的不懈争取,2010年4月1日,公安部发布的《关于修改〈机动车驾驶证申领和使用规定〉的决定》正式实施,放宽了机动驾驶证的申领范围,聋人"佩戴助听设备能够达到合格标准(两耳分别距音叉50厘米能辨别声源方向)的,可以申请小型汽车、小型自动挡汽车准驾车型的驾驶证"⑤。

消息一出,举国欢腾。很多聋人摩拳擦掌,通过各种途径打听怎么做体检、哪里能学车,当年5月5日,邰丽华经过一个多月的学习,顺利拿到C2驾照,成为第一个有驾驶证的聋人⑥。

几日之后,北京德福缘汽车驾驶员学校正式启动招聋生,首批81名聋人终于迈向了考取驾驶执照的第一步并于9月拿到了驾照。从此,各地驾校陆续为聋人开辟通道,聋人的驾车梦终于兑现,有的聋人在兴奋之余,专门制作出一份招收聋人的驾校名单发布在网络上,很多省市的残联还为聋人考取驾照提供一定的经济支持。

---

① http://news.sina.com.cn/c/2004-02-07/20532796715.shtml.
② http://bbs.cndeaf.com/thread-74891-1-1.html.
③ https://zhidao.baidu.com/question/15753809.html.
④ http://www.gov.cn/zxft/ft173/content_1314649.htm.
⑤ http://blog.sina.com.cn/s/blog_4ca83d980100gtyy.html.
⑥ http://blog.sina.com.cn/s/blog_61e1d41b0100i089.html.

2011年,网络上关于聋人驾考的问题都是一片叫好之声,不过好景不长,新的问题出现了:2012年7月武汉的科目三考试由原先的人工提示变为语音提示,参加考试的聋人即使戴着助听器,也只能听见声音,听不懂内容,"满怀希望却被新规难住"[1];由于各地对政策的落实情况不一致,一些城市的聋人朋友在办理驾考报名的时候吃了闭门羹,有的人为了拿证不得不取道北京参加考试;健听人士对于大量残疾人考取驾照也表示出担忧,有聋人无证驾驶或使用伪造驾照引起交通事故,"南京400位残疾人领了驾照,令人担心吗?""网上约车遇上聋人司机 驾照手续齐全但仍担心"在网络上引起热议[2]……一系列阻力给聋人考驾照的愿望泼了冷水。

不过,聋人群体始终以积极的态度予以应对。举办场地汽车赛向公众展示聋人的车技,"470多名聋人领照路驾 没有发生过一例伤亡事故"用数据证明聋人开车没有危害交通安全。拥有驾照不但方便了聋人生活,更为他们打开一条新的职业道路,2016年网约车、顺风车逐渐普及以后,很多聋人成为网约车、顺风车司机,"声活"手语主持人邵成松就是一位顺风车达人,他用自己的热情赢得了许多乘客的尊重和喜爱(图6-4)。2017年3月3日于兵在媒体采访的过程中更代表千万聋人提出了一个新的目标:"应当允许聋人申请B1驾照并参与客货运载就业"[3]。

十几年来,聋人为了实现驾车的梦想,始终在坚持、抗争,我们相信这一目标一定能够达成,甚至从更广的视角来说,聋人得到的将不仅仅是一本驾照,而是社会的认同、理解和尊重。

图6-4 聋人邵成松的顺风车主页及乘客评价

电视新闻手语翻译的发展

电视新闻手语翻译是指在电视新闻播出过程中,由手语翻译人员把新闻主持人传播

---

[1] http://wh.zyue.com/yule/hyxw/96240.html.
[2] http://www.sohu.com/a/164728211_368856.
[3] http://auto.sina.com.cn/news/hy/2017-03-04/detail-ifycaafm5083927.shtml.

的内容,用手语的表达方式同时通过电视传播出去的过程①。它是传播学、社会学、语言学、教育学、统计学等多学科交叉的研究领域。2013年底,南非前总统曼德拉葬礼的电视新闻中出现"冒牌手语翻译"事件,使电视新闻手语翻译这个以往只在"聋人圈"里讨论的话题被全社会广泛关注,引发国际媒体和公众的激烈讨论。"天涯论坛"上,一则名为《南非冒牌手语翻译刺痛了谁?》的文章也开始了对中国电视新闻手语翻译质量的思索和追问②,电视新闻手语翻译已经成为一个重要的时代话题。

中国趋于完善的残疾人政策与法规体系,在电视新闻手语翻译的发展过程中扮演着"支持者"和"推动者"的关键角色。根据其中对开展电视新闻手语翻译的范围和目标的表述,可将电视新闻手语翻译政策归纳为"零星初创、丰富聋人生活"(1982至1995年)和"普及提高、营造社会环境"(1996年至今)两个主要的演进阶段。

首先来看"零星初创,丰富聋人生活"阶段(1982至1995年)。这一阶段以1982年中国签署《关于残疾人的世界行动纲领》为起始标志。该纲领提出残疾人拥有"充分参与社会各项活动的权利"和政府须履行"确保残疾人与其他公民享有文化活动的平等机会"的义务。此后的1983—1992年被称为"联合国残疾人十年",残疾人事业实现了空前发展。

当时,电视机在中国居民生活中逐渐普及,创造条件帮助聋人从电视中获取信息开始成为一项新课题,广东、北京等经济发达地区的电视台率先尝试开办配播手语翻译的电视节目,探索和积累了许多方法和经验,为后来制定相关政策法规和电视手语节目在各地推广奠定了基础。

1990年颁布的《中华人民共和国残疾人保障法》以法律形式确定了开办手语新闻等电视手语节目的意义是"反映残疾人生活,为残疾人服务,丰富残疾人的精神文化生活"。

一年后,《中国残疾人事业"八五"计划纲要(1991—1995年)》首次将开办电视手语节目写进国家计划,文中把"开办电视手语节目"列在"文化生活"一节,但未对开办节目的范围和频率做明确规定,反映出电视手语节目在各地零星试办的起步状态和旨在丰富聋人精神文化生活的目标定位。

其次是"普及提高、营造社会环境"阶段(1996年至今)。本阶段以《中国残疾人事业"九五"计划纲要(1996—2000年)》的出台为起始标志。基于前一阶段的成果和经验,这份文件与上一个五年计划相比表现出明显变化:它将"电视手语节目"聚焦为"配有手语的专栏节目",要求"中等以上城市电视台普遍开办",并且把这部分内容置于"社会环境"一节。从此,电视手语节目逐渐在省会城市的电视台普及,不仅致力于丰富聋人的精神文化生活,还成为营造有利于聋人生活的无障碍社会环境、彰显社会文明进步的重要方式。

《中国残疾人事业"十五"计划纲要(2001—2005年)》进一步要求"省会城市及有条件的中等城市争取开办手语新闻节目";《中国残疾人事业"十一五"发展纲要(2006—

---

① 孟繁玲.新闻手语翻译的社会作用及问题.新闻爱好者,2012(1):87-88.
② http://bbs.tianya.cn/ post-worldlook-957930-1.shtml,2013-12-13.

2010年)》强调"办好手语新闻节目";《中国残疾人事业"十二五"发展纲要(2011—2015年)》提出"中央、省、设区的市电视台积极创造条件开办手语节目,对困难地区电视台开设手语栏目给予支持"。这些内容也相应体现在"中国广播电视五年发展战略"中并逐步落实。

2007年中国签署《残疾人权利公约》,其中"促进向残疾人提供适当形式的协助,确保他们获取信息""承认和推动手语的使用""支持聋人获得以无障碍形式提供的电视节目"等内容支持了电视新闻手语翻译进一步发展,并将这项工作的意义提升至尊重人权、营造无障碍社会环境的高度。

备战2008年北京残奥会和2010年广州亚残运之际,开办电视新闻手语翻译对实现"信息沟通无障碍"的意义在《无障碍建设"十一五"实施方案》(2006)、《创建全国无障碍建设城市工作标准》(2007)、《中共中央国务院关于促进残疾人事业发展的意见》(2008)等诸多文件中均有体现。2012年出台的《无障碍环境建设条例》还首次明确了手语新闻的播出频率在"每周播放至少一次"。

从20世纪80年代起,各地电视台陆续开始学习境外电视台新闻手语翻译的演播情况。1984年广东电视台在考察、借鉴香港电视台"每周手语新闻"的基础上,开办了内地省级电视台的第一个手语新闻节目①。中残联网站提供的统计数据显示,截至2010年中国29个省级电视台开办有手语新闻节目,个别省市已实现了这类节目在省、市级电视台全覆盖。

手语新闻是中国最主要的电视手语节目,各地电视台的手语新闻大多为一周一次、一次5~30分钟的"周日新闻"或"一周新闻要览"。这类节目常采用"先录口播再配手语"的形式,即首先录制常规的新闻节目,再请手语翻译员听节目口播、配打相应的手语解说,最后将两段视像整合成一个画面,播放给电视观众②。

2011年央视直播、每天一次、一次一小时的《共同关注》增设手语翻译。这类节目采用"口手直译"方式,口语主播和手语翻译同时坐在演播室出镜,导控室和演播室的视频系统即时对两个画面进行处理,合成一幅图像播出③。2017年十九大开幕式上,北京市东城区特殊教育学校的校长周晔也是通过手口直译的方式,开播前40分钟才看到稿件,连续翻译三个半小时,创下了国内媒体直播手语翻译时间的最长纪录。

在演播内容的编选上,由于节目时长和手语翻译的语速有限,电视台需要对新闻内容严格筛选,以期向聋人观众全面介绍国内外要闻;力争安排一些与聋人相关的消息,拉近电视节目与聋人观众实际生活的距离;在新闻稿中要适当删减手语难以表达的专业术语,换用解释性的语言;选用的配播画面要求信息量大,能独立表达一定含义、能对手语

---

① 穆小林.荧幕上的一道亮丽的风景线——记广东电视台聋人手语节目.中国残疾人,2000(4):4-6.
② 章翔鸥.最爱是主播.温州瞭望,2005(12):61-69.
③ 杨静.80M2导控室的视频系统与南京手语新闻.电视工程,1995(4):23-24.

翻译形成有力补充①。

手语新闻的特殊性对手语翻译员的个人能力提出了较高要求。美国电视台认为,电视新闻手语翻译员应具备 14 项基本条件:漂亮、可信、手语表达能力强、懂新闻、有魅力、有智慧、手语动作得体到位、整洁、年轻有干劲、气质好、适应性强、富有同情心、人缘好、谦虚。稳重、可信、优雅的手语动作应作为新闻手语翻译员的核心素质②。

中国电视新闻手语翻译员以健听人为主。手语翻译人员的培养在中国始于 2004 年,现阶段还缺乏足够多优秀的专门人才,因此大多数电视台的手语主播由聋校教师兼任③。国家手语和盲文研究中心 2012 年(待发表)调查全国 2709 名聋校教师发现:31.0%的教师兼职过电视新闻手语翻译等校外翻译,其中多为女性(72.2%)、本科学历(93.1%)、从事义务教育阶段的教学工作(69.4%)、任教 15 年以上(42.7%),他们演播节目时一般混合使用地方手语和中国手语(58.8%)。

聋人手语翻译通过看镜头前的提词器、在规定时间内将书面文字翻译成手语的方法录制节目。2005 年 3 月起,常州市戚墅堰区聋人协会主席郭莺担任常州电视台手语新闻主持人,成为中国第一位聋人电视新闻手语翻译,这不仅是电视手语新闻节目与国际接轨的文明体现,更是致力于构建社会主义和谐社会的又一举措④。2014 年,南京市栖霞区残联与栖霞电视台推出周播新闻节目《小芮说新闻》,该节目不仅请聋人担任翻译,还率先将手语翻译的显示框放大至屏幕的四分之一,体现了对聋人的尊重、得到了聋人的普遍欢迎和认可。

各地电视新闻手语翻译的报酬呈现从 0 元至数百元/次的显著差异⑤,教师兼职电视新闻手语翻译难以从中获取可观的个人利益,甚至可能增加教学、生活的压力。因此,坚持做好电视新闻手语翻译要求手译员具备良好的爱心、耐心、责任心。

除聋校教师兼职外,部分手语翻译为残联工作人员或手语翻译专业毕业生,还有少数电视台使用"虚拟主播"。这是一种基于中国手语数据库的 3D 动画人物模型,演播新闻节目时将文本材料录入程序,计算机进行手语码的转换,自动输出手语动画⑥。不过,研究者在聋校调查发现,大多数聋生认为"虚拟主播"表情生硬、语速太快、指语太多,很难看懂。

各地电视台会根据自身追求的风格和效果以及节目内容的要求为手语翻译员选择服饰。有研究发现,黑色服饰可以为手部提供很好的背景,使手部颜色看起来更明亮,从而提高手语翻译的可理解程度,电视新闻手语翻译员的服饰有必要基于研究结果进行标

---

① 潘坤.爱心搭起"爱心桥"——《手语新闻》编辑札记.新闻爱好者,2001(1):39-40;高璐,李东时.谈手语新闻的编辑技巧.新闻传播,2000(4):64.
② 马晓蓉.手语新闻主持人如何展现个人魅力.中国残疾人,2003(4):45-46.
③ Xiao Xiaoyan, Yu Ruiling. Survey on Sign Language Interpreting in China. Interpreting,2009,2:137-163.
④ 童家松.常州出现中国首位"聋人主持".江南时报,2005-03-27.
⑤ 张宁生.手语翻译概论.郑州:郑州大学出版社,2009:28.
⑥ 王兆其、扬长水.虚拟主持人的设计与实现.电视字幕(特技与动画),2002(9):14-16.

准化设计。

健听人是手语新闻最庞大的收视群体,他们虽然不关心主播的手语动作,但《共同关注》增设手语主播、十八大同步手语翻译等事件在健听人中引发了广泛关注和好评,超过三分之一的健听人支持和呼吁普遍增设电视新闻手语翻译,认同电视新闻手语翻译对推广中国手语、改善聋人交流环境的重大意义:既有利于体现政府及社会对聋人的关怀,也为社会各界学习手语创造条件。

聋人是手语新闻的关键受众,根据第六次全国人口普查中国总人口数及第二次全国残疾人抽样调查聋人占总人口的比例(1.5%)推算,中国现有聋人2054万。他们与健听人的收视行为相似:在电视、网络、报刊等媒介中,对电视机的拥有率最高、使用最频繁、每次使用的时间最长,不仅成年聋人喜欢从电视新闻中获取信息,新闻也是聋青少年最喜欢的电视节目之一①。

20世纪90年代至今,中国学者开展了多次涉及手语新闻收视情况的调查。在北京,聋人收看电视手语新闻的有96.7%,其收视主要为"了解大事"和"增长见识"(83.9%),影响收视的前两位因素是"手语太快"(36.7%)和"手语很多没学过"(21.8%),表示对翻译员的手语可理解一半及以上的占40.0%②。另一项研究发现:聋人不喜欢电视手语新闻的占54.9%,对翻译员的手语理解一半及以上的仅34.3%,认为电视手语新闻还应增加字幕的有85.3%③。

在重庆,近20.0%的青年聋人不了解当地电视台是否开办有手语新闻,收看过手语新闻者占67.0%,其中68.0%对手语理解一半及以上、多数赞同节目中应使用中国手语(43.0%),认为节目质量应主要由聋人评价(33.0%)而非主管部门(23.0%)或健听人(15.0%)④。

在全国,聋人对手语新闻不满意的有53.7%,节目前三位突出问题是"手语看不懂""手语画面小而不清""语速太快";"能看懂""手势流畅"是好节目的前两项标准,与聋人的意见相比,健听人常常高估了"手语规范""信息完整"的重要性⑤。国家手语和盲文研究中心2012年调查的10532名聋人中93.1%收看过手语新闻;生产服务工作者没看过的比例(9.9%)显著高于机关办事人员(1.5%);对翻译员的手语"懂很多""懂一些""基本不懂"的比例分别是7.9%、56.4%、35.7%,随年龄增加,"懂很多"的比例下降,"基本不懂"的比例上升。

---

① 胡琳英.上海听障青少年媒介使用的实证研究.上海:同济大学硕士学位论文,2008;李东晓、潘祥辉.失聪的电视——媒介生态学视域下电视传播的生理歧视及其改进.鄱阳湖学刊,2012(4):5-11.

② 冉美华.手语新闻收视的调查与思考.中国残疾人,1998(9):11-13.

③ 江小英.北京市部分聋人和聋校教师对《中国手语》推广意见的调查报告.中国特殊教育,2004(7):33-37.

④ 锁轶.重庆市青年聋人对《中国手语》使用状况的调查.重庆:重庆师范大学学士学位论文,2011.

⑤ 肖晓燕、李飞燕.媒体传译的质量评估.中国翻译,2011(2):68-72.

第二部分

聋人与教育

第七章 聋教育的早期尝试

"养而不教"

"聋"字本身并不带有感情色彩，但是由于不同程度地误解了耳聋的原因，古代社会的健听人难免对聋人持有偏见，不利于聋人在社会中的生活、教育与发展。有的健听人认为聋人"令人憎厌""精神必有缺陷之处"①；有的健听人相信"既瘖且聋人道不通"②，将"聋"与昧、顽、嚚并称"四奸"，而"不逮人伦之属"③；还有健听人将耳聋视为灾祸征兆，提出"聋哑……五福同无"④、"耳聋，声不闻，音不辨……梦此兆者不祥"⑤的观点。在这样的社会环境中，因为耳聋，一些官吏"放归"⑥、许多女子"嫁之不售"⑦。

虽然古代中国社会对聋人有过迷信、宿命的思想，但在中华民族的传统思想上，灭绝、嘲弄聋人从来不是主流，与早期西方社会对残障者实施隔离甚至灭绝的政策有所不同，古代中国统治者大多提倡对聋人采取积极、宽容的态度，努力保障其生存权。典章制度的选集《礼记·礼运》中说："大道之行也，天下为公……使老有所终、壮有所用、幼有所长，鳏寡孤独废疾者皆有所养"。阐述治国政策的《管子·入国》记载，"聋盲喑哑……上收而养之疾，官而衣食之，殊身而止"。这种人人都应该有生存权、社会应当关心残疾人的思想成为古代中国人理想的"大同社会"救恤残疾人的理论依据，是相当进步的，指导着历代统治者设置"广惠院""悲田院""福田院"等机构专门救恤"老幼残疾"。

---

① [清]沈家本.寄簃文存.民国沈寄簃先生遗书本:卷五,答王仁山问笃疾废疾.
② 引自《文子》上篇,作者不详.
③ [汉]何休 撰,[唐]陆德明 音义.春秋公羊经传解诂:四部丛刊景宋本,昭公第十.
④ [三国]管辂.管氏指蒙.明刻本:卷下,通世之术第五十六.
⑤ [宋]邵雍.梦林玄解.明崇祯刻本:卷七,梦占.
⑥ [唐]李百药.北齐书:卷二十四,列传第十六.
⑦ [唐]李大师、李延寿.北史:卷七十七列传第六十五.

无声世界:中国聋人史略

古代社会连绵不断的战争是出现残疾的重要原因,军队士兵在征战中伤残,经济上也可得到必要的抚恤:士兵在战争中"若伤一目或两目……或两耳聋者,加银十两"①。赋税、徭役是维持国家财政、军事的重要途径,是古代人民生活负担的主要来源,在这些方面,聋人可得到减免的特权。《礼记·王制》记载:"八十者一子不从政(征),九十者其家不从政(征),废疾非人不养者一人不从政(征)"。唐代《通典》也说"满五旬者残疾免课"。赋税、徭役的减免,极大地缓解了聋人的生活负担。

司法活动中,聋人还可能得到一定的照顾和宽赦。刑罚方面,周代就出台了对弱势人群的宽赦政策,犯罪后从轻论处,唐宋时期,残疾人被怀疑有罪时,不允许拷讯(刑讯逼供),只能采取众证定罪原则②;随着时代的发展,享受宽赦的群体逐渐扩大,到清代时,法律已明确规定"凡聋哑人及满八十岁之犯罪者,得减本刑一等或二等"③。不过,聋人在司法活动中陪审、出庭作证等一些权利是受到限制的,如《大清光绪新法令》规定:"不应为陪审员之人……(包括)聋瞽及有废疾者"。

历史往往是当权者的历史。以上介绍的种种"抚恤"往往作为历代史学家标榜本朝统治者的一种方式,根据我在一些近现代文献中的发现推测,遗弃甚至虐待聋人的现象在古代中国社会或多或少是存在的。肖非的《共享阳光——共和国特殊教育报告》一书在残疾人古代史的研究中也总结道:这些政策虽然在很大程度上缓和了社会矛盾,但是统治者们所追求的只是仁义、和谐的政治原则,根本没有把残疾人当作一个独立的个体或者权利的主体来看待,政策规定的不是任何人的权利,只是表达君主恩赐的一种手段,因此也不可能从根本上解决残疾人的问题。

聋人学校的发端

中国的聋人学校教育萌芽于古代、兴起于近代、繁荣于当代。在古代中国社会,"尊师重教""有教无类"的思想深入人心,虽然一定程度上存在聋人"处下贱之地……了无所知"④、先天聋人"自来痼疾,不能承受教育,能力薄弱"⑤等偏向消极的看法,但聋人文化教育的尝试实际上已经零星地开展起来了,并且造就了一些博有才学的知名聋人。

北京大学的特殊教育史研究者郭卫东在其《中国近代特殊教育史研究》一书提出:"中国或许是世界上最早出现对残疾人施行特定教育的国度",不过早期的教育对象"主要集中在盲人,少见其他残疾类别",对残障者"养而不教"是主流;在漫长的中国古代史上,始终没有出现系统的、真正意义上的聋人学校,有机会接受文化教育的聋人以官宦、富贾子弟为主,家长态度开明、家庭财力雄厚是其接受教育的重要条件,平民百姓家庭里的聋人孩子常常是对教育望尘莫及的。

---

① [清]官修.大清会典则例.清文渊阁四库全书本:兵部卷一百一十,恩恤.
② 郭东旭、杨高凡.宋代残疾人法初探.史学月刊,2008(8):30-34.
③ [清]端方.大清光绪新法令.上海商务印书馆刊本.
④ [明]归有光.震川集.四库丛刊景清康熙本:卷七,答俞质甫书.
⑤ [清]端方.大清光绪新法令.上海商务印书馆刊本:第五十条.

例如:明代泰和县的杨茂"其人聋且哑",登门向儒学大家王阳明(1472—1529)(图7-1)求学,"先生以字问,茂以字答",记载这一过程的《谕泰和杨茂》是现存古代聋人教育的一个罕见片段,从中可以看出,王阳明从启发杨茂"知是非"开始,肯定聋人也有正常心智,进而激励杨茂朝着圣贤的人生目标前进,教导他认识人生价值,不要因为耳聋而自卑①,杨茂领悟颇深,"扣胸、指天、蹜地、稽首,再拜而别",后来他"为善终身,子孙有荣显者"②;还有明末先天聋人李公起,接受教育后能识字写字,且"尽取先世藏书纵读之,手自校雠……四方学士大夫亦乐趋之,宾主以案、相通以笔"③。

《谕泰和杨茂》原文

你口不能言是非、你耳不能听是非,你心还能知是非否?(答曰:"知是非")如此你口虽不如人、你耳虽不如人,你心还与人一般。(茂时首肯拱谢)大凡人只是此心,此心若能存天理,是个圣贤的心,口虽不能言、耳虽不能听,也是个不能言、不能听的圣贤,心若不存天理,是个禽兽的心,口虽能言、耳虽能听,也只是个能言能听的禽兽。(茂时扣胸指天)如今于父母但尽你心的孝,于兄长但尽你心的敬,于乡党、邻里、宗族、亲戚但尽你心的谦和恭顺。见人怠慢不要嗔怪,见人财利不要贪图,但在里面行你那是的心,莫行你那非的心,纵使外面人说你是也不须听,说你不是也不须听。(茂时首肯拜谢)你口不能言是非,省了多少闲是非,你耳不能听是非,省了多少闲是非,凡说是非,便生是非、生烦恼,听是非便添是非、添烦恼,你口不能说、你耳不能听,省了多少闲是非、省了多少闲烦恼,你比别人到快活自在了许多。(茂时扣胸指天蹜地)我如今教你但终日行你的心,不消口里说但终日听你的心,不消耳里听。(茂时稽首再拜而去)

图7-1 王阳明画像

到了近现代时期(1840—1949),中国与西方世界的联系日趋密切,先进技术与观念传到中国,使越来越多的中国人走出传统束缚,社会对聋人的态度也慢慢地发生着变化。

---

① 黄培森.中国特殊教育史略.成都:西南交通大学出版社,2015.
② [明]刘宗周.人谱类记.清文渊阁四库全书本:卷下.
③ [清]张潮.虞初新志.清康熙三十九年刻本:卷十六,李公起传.

目前所知,中国创办聋教育机构的最早设想见于清咸丰九年(1859年)的《资政新篇》(图7-2),作者洪仁玕(1822—1864)是太平天国运动的领导者之一,他曾在香港生活多年而见识广博,在这部书中他向太平天国统治者提出"兴跛盲聋哑院……请长教以鼓乐书数杂技,不致为废人也"的建议。"不致为废人"是中国聋人教育目标的最初阐述,从中也可以推测,在当时的时代背景下,聋人由于得不到合适的教育,成为"废人"的情况还是多有存在的。洪仁玕的设想无疑有助于为太平天国政权赢得民心,洪秀全眉批"是",然而很遗憾,随着1864年太平天国运动被清政府镇压,该计划也被迫终止,"跛盲聋哑院"并没有完全兴办起来。

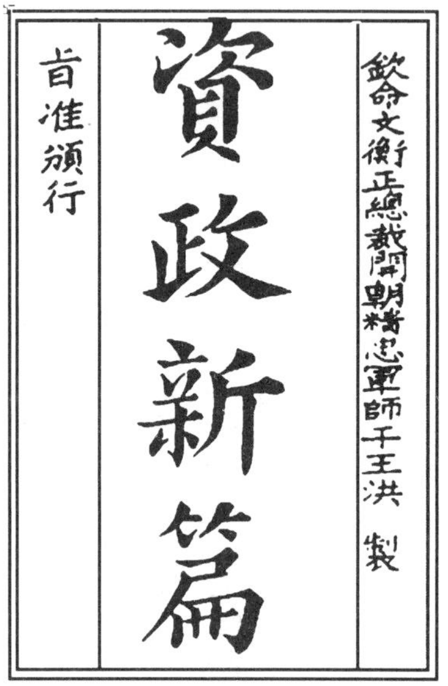

后来,《清经世文续编》(葛士濬)等一些文献对西方国家开办"训聋瘖院"的情况进行了简单的介绍,中国人游学海外,最早的一批官派留学生"留美幼童"就生活在美国聋人学校教育的发源地——哈特福德,他

图7-2 《资政新篇》书影

们进一步将西方聋教育经验介绍到中国,使国人眼界大开,例如:英国"若聋若瞽若哑,又别设一院以养之,其年少者则教之以力所能及之事"[1];德国聋哑学院"楼房百间、容人六百……至所学者,看书写字以及各种学业,大抵工于绘事者多,即算法、音乐、地理、史记、针黹各学亦有精能者"[2]。从此,中国人不再满足于以往对聋人生存权的保障,开始关注聋人教育权利,逐步推动聋人教育从零星尝试向专门化转型,并呼吁以这种方式彰显对聋人的尊重。

光绪十八年(1892年),启蒙思想家、实业家、教育家郑观应在其《学校》中提出,盲、聋等残疾人接受教育的目标,是要"使习一艺以自养其天刑之躯",即掌握一定的职业技能,实现自食其力。康有为在其撰写的《大同书》中指出,聋人教育要"教之识字读书,专学一艺,俾得营生……俾其快然生事之乐而无憾焉"。由此可以看出,清末中国聋人教育思想主要指向聋人个人层面,旨在培养聋人文化知识和职业技能,使聋人能够拥有自食其力、幸福快乐的人生。

聋人教育家何玉麟在《瘖铎》杂志1938年第3期上发表了一篇《我国聋哑教育发展的传说》,其中提道:"从几位聋哑前辈的口中,得知关于聋哑教育传入我国的情形和发展的经过……在前清光绪六年(1880),美国一位60多岁的教士贝利先生,首先想在北平筹办聋哑学校,这是我国聋哑教育的先声。可是那时的清廷不但昏聩糊涂,抑且少见多怪,抱定哑巴决不能开口说话的成见,把贝利先生当作妖孽。"以往的聋人教育史研究中从未引述过这一描述,虽然目前尚无足够的史料证实其中介绍的传教士究竟是哪一位,但从

---

[1] [清]蔡尔康.泰西新史揽要.清光绪二十二年,上海广学会刻本:卷十一,英国.
[2] [清]张德彝.五述奇.稿本:卷四,初八日戊午.

中我们可以看出,在相当长的时期里,清王朝的统治者对于聋人教育工作是持有怀疑和抵触态度的。

鸦片战争之后,西方列强通过1858年《天津条约》和1860年《北京条约》先后取得在中国"传授习学"和"建立教堂"的特权。"我国聋哑教育发展的传说"绝非空穴来风,西方传教士的确是创办中国近代特殊教育机构的先导。

1807年英国传教士马礼逊(Robet Morrison)横跨太平洋到达广州后,开启了基督新教在中国传教的先河。后来,越来越多的西方传教士来到中国,他们对中国的聋人教育问题颇为关注。从1835年《纽约聋人学校年度报告和文件》(Annual Report and Documents of the New york Institution for the Instuction of the deaf and dumb)中得知,19世纪三四十年代,美国纽约聋人学校教师Cary、Brown等作为传教士来到中国后发现,中国人从未听说过当时在各国教育聋人中广泛使用的"视话符号"(Visible speech),中国的聋人也极少参与社会活动。这一信息吸引国际传教组织开始关注到中国没有聋人学校的问题,希望以此作为在华拓展教势的一个突破口。

1853年,美国海外传教士委员会董事会(the American Board of Commissioners for Foreign Missions)一位未透露姓名的牧师有志于前往中国广东推动聋人教育的发展,他相信能够获得当地外国商人的经济支持,找到一位老师并从三四个聋人男孩教起①,不过在后续的文献从未发现对该计划实施情况的记载,大约迫于条件限制无果而终了。1867年,美国国立聋哑学院(the National Deaf-Mute College)校长爱德华·米勒·加劳德特确信中国尚没有聋人教育机构,他接受邀请计划前往中国建立一所聋人学校,但是中国爆发的内乱使他未能成行②。

1875年,在山东传教的美国长老会隋斐士牧师(J. Fisher Crossette)向西方世界发出呼吁,尽早"在中国建立一所聋哑学校"、这个目标只有依靠"来自基督教国家的基督教徒才能实现"③。几乎在同一时期,苏格兰传教士威廉·穆瑞(William Murray)来到北京,他曾接受过贝尔用于聋人教育的"视话符号"的学习,日常工作之余,他收留了几名盲孩子和一名聋孩子,利用有限的时间和经费,开设了简陋的教学点,将所有的中国语音转译为"视话符号"的形式,使盲、聋学生们学会了阅读。后来,穆瑞专注于盲人教育教学的探索,并根据"视话符号"的原理设计了一套供中国盲人和文盲使用的"瞽叟通文",建立了中国第一所盲人学校,他虽然只教育了一位聋人孩子,但开创了中国聋人在专门机构中接受文化教育的先河④。1885年《中法新约》签订之后,法国神父Azemar在清政府曾经

---

① J. A. Jacobs. Intruction of the Instruction of Deaf-Mutes into the Heathen World Inconnection with Christian Missions. American Annals of the Deaf and Dumb,1857(4):87-90.

② The Editor. Forty-Fifth Regular Meeting, November 1, 1881. Transactions of the Anthropological Society of Washington,1882(1):79-84.

③ The Editor. An Appeal from China. American Annals of the Deaf and Dumb,1875(7):191-196.

④ C. F. Gordon Cumming. The Inventor of the Numeral Type for China. London:Downey & Co. Ltd., 1898:20.

的外藩属国越南建立了当地第一所聋人学校——莱眺(今胡志明市北部)聋人学校①。

启喑学馆

19世纪末期,西方传教士帮助中国创办了第一批聋教育机构,其中创办时间最早的要数由美国传教士、神学博士查尔斯·罗杰斯·梅里士与其夫人安耐德·E. 汤普森于清光绪十三年(1887年)前后创办的烟台启喑学馆(现山东烟台特殊教育中心学校)了。安耐德·E. 汤普森在聋人史上习惯被称为"梅耐德""米尔斯""梅里士"或"梅师母"。

1853年,安耐德出生在一个普通的美国家庭,母亲在她5岁时便离开了人世。父亲再婚后,继母所生的孩子中有一个名叫林肯的男孩,幼年就失去了听力。为了帮助弟弟学习,她23岁时同10岁的弟弟一起走进了美国罗切斯特聋人学校。一年后,安耐德凭借对聋教育事业的极度热爱和在教育弟弟过程中积累的实践经验,成为罗切斯特聋人学校的一名正式教师,在那里,她结识了一位学生的父亲——身为传教士、神学博士的查尔斯·罗杰斯·梅里士先生。1858年,《天津条约》将登州(烟台)开放为通商口岸,许多外国人乘船从登州踏上中国的土地,1884年,安耐德追随梅里士先生远渡重洋来到这里,并组建了他们的家庭。

1880年以前,中国社会虽然已经开始了零星的聋人教育尝试,但专门的聋人教育机构还没有开办起来、聋人的教育权尚未受到充分尊重,甚至经济困难的聋人不能得到稳定的生活救助、基本生存权也难以保障。在中国庞大的人口中,聋人群体不在少数,如何理性地看待聋人、如何改善聋人的生活境况、如何对他们施以教育,是中国社会长期没能解决的问题。

离开美国前,梅耐德(安耐德婚后之名)曾对罗切斯特聋人学校许诺:"在中国继续为聋人做一些事情"。因此,在很快适应了中国生活后,梅耐德立即着手兑现自己的诺言。也正是这样一句简短的许诺,改变了梅耐德的一生,更改变了中国聋教育的命运。

1887年,梅耐德在完成一系列准备工作后开始招生,一位12岁的聋童答应来校学习,这在很多国内资料中都被誉为中国聋人学校教育的肇始。不过当时那位聋童由于家庭原因并未按时来校②,直到第二年6月学校才招收到第一名学生,因此即使是许多关心中国聋人教育发展的传教士也没有意识到1887年这所没有学生的"学校"日后会引起相当大的影响,当年,隋斐士牧师还再次写信呼吁去上海、北京、香港等地积极推动聋人学校的创建,他认为,1872—1882年100余位中国"留美幼童"生活在新英格兰地区的哈特福德市(美国第一所聋人学校1817年在当地成立)附近,他们之中有很多人目睹了聋人学校的情况,或许可以成为在中国创建聋人学校的合适人选③。

1888年7月4日,学校取名"登州启喑学馆",共招来2名学生正式开课,西方社会将这个时间节点作为中国第一所聋人学校成立的标志。

---

① The Editor. School Items. American Annals of the Deaf, 1912(5):317–321.
② 孙桂华,刘秋芳. 中国第一所聋校:山东启喑. 济南:山东电子音像出版社,2007:6.
③ The Editor. An Appeal for China. American Annals of the Deaf,1887(4):133–140.

为了"造福聋人"、让人们相信"聋孩子也可以变成有用的人",梅耐德走遍附近的乡村,走进农家、探访聋孩子,努力说服家长送孩子到学馆学习知识。大多数家长的保守、排外为梅耐德的工作增添了许多困难,面对家长们的拒绝、呵斥甚至驱赶,梅耐德始终保持宽容的胸怀,并且坚信:"让中国人去考虑聋人的问题还需要很长一段时间","我们只有耐心等待,等待他们帮助我们开展聋人工作的这一天"。

经过5年努力,1892年时学馆已招收聋生11人,梅耐德不仅为他们免除学费,还购置基本的学习、生活用具。随着学校招生规模的扩大,日益庞大的经费开支成为压在梅耐德肩头的重担。为了维系学校经费,她多方奔走、寻求赞助,通过书信、演说、义卖、展览、表演等多种形式募集资金,对每一笔零星的捐款,她都回以真诚的感谢(图7-3)。

学馆发展的过程中,梅耐德先后经受了丧夫、丧子之痛,经历了停办学馆、送别聋生的悲伤,承受着疾病对自己身体的折磨,目睹了残酷的战乱和逃亡……然而这一切,并没有迫使梅耐德背叛自己的诺言,反而激励她更加全身心地投入在工作中、始终坚守发展中国聋教育的梦想,努力为中国聋人送去知识和尊严、希望未来"中国的聋人工作能由聋人自己去开创"。

图7-3 梅耐德、启喑学馆的中国教师以及聋人学生(1900)

功夫不负有心人,学馆于1898年3月迁至山东烟台新校址,改称"烟台启喑学馆",财政状况也逐渐得到改善,陆续建起男童学校、女童学校、师生宿舍楼师范学校等。20世纪初,烟台启喑学馆获得永久开办权,因此得以一直传承至今。

在中国聋校教学法方面,梅耐德也颇有建树。学馆开办伊始,梅耐德即开始思考和研究聋人的汉语教学方法:她一方面注重口语教学,借助贝尔"视话符号"亲自开展聋生说话、看话训练,取得了明显的教学效果;另一方面借助手势与新生沟通,将国外先进的"赖恩手势"引入中国,并以此为基础开发了"中国第一代手指字母",对中国手语的发展做出了突出贡献;同时,她夜以继日编写的汉语教学图册《启哑初阶》,成为中国历史上的首部聋校教材。

在课程设置方面,启喑学馆进行了一些开创性的尝试,学校根据聋生语言和文字能力、生活自理能力、生活责任感和谋生知识三个方面,在幼儿园设置了国语、体操、工艺课程,在一至三年级设置了原音、看话、国语、写字、日记、人物学、算法、体操、工艺等课程,在四至七年级增加了地理、历史、自然科、蚕科、卫生学,在八九年级增设论说、读报、生物学和尺牍。黄培森认为,"这种以社会适应能力为导向的课程设置构成了现代聋校课程设置的基本框架"。

梅耐德热爱中国的聋教育、热爱中国的聋孩子，学生们亲切地称呼她"梅师母"。在这位先驱的指引下，学生们陆续奔赴中国各地开展聋人工作，建立起聋校数十所，使中国聋教育的星星之火发展成燎原之势，为中国聋教育的当代发展奠定了基础。

1929年，梅耐德与世长辞，她把自己生命中近40年的美好时光全部奉献给了中国——这样遥远的异国他乡——的聋人教育事业，她用自己全部的灵魂开创了这项工作，并通过自身的努力让更多人相信这项工作，直到聋哑学校成为"关爱饱受折磨的聋哑人解脱痛苦的化身"。梅耐德这种无私奉献的人道主义精神得到了全世界的赞誉。

私立聋校的发展

1890年，来华基督教会召开了第二次大会，决议支持开展特殊教育工作，并成立了"盲聋哑福利委员会"。1907年该教会召开了第三次大会，对中国的特殊教育议题进行了广泛研讨，与会人员普遍认同特殊教育的重要意义，呼吁特殊教育"对于每个残疾人、对于这个国家和教会，都有着无可估量的意义"，从教会发展的角度出发，在中国支持发展特殊教育，能够改善教会形象，发展教徒、拓展教势。

因此在山东烟台启喑学馆之后，近代外国人、传教士或教徒在中国创办的聋人学校还有很多所，它们改变了中国没有专门聋人教育机构的局面。张福娟等在《特殊教育史》一书中对这一历史现象评论说：从客观上讲，西方传教士也带来了西方文化中一些新思想、新观念和新方法，在一定程度上推动了近代中国特殊教育的兴起和发展。

通过多种文献的整理和考证，我将外国人、传教士或教徒在中国创办聋人教育机构的基本情况列在表7-1中，由于现有资料有限，内容不一定完整，还有待后来者继续补充、完善。

表7-1　外国人、传教士或教徒在中国创办聋人教育机构的基本情况

年份	名称	主要创办者	身份
1893	上海天主堂圣母会聋哑学校	马尔赛姆姆	修女
1898	福州曲城姐妹会附设聋哑学校	黄女士	基督教徒
1915	台南盲哑学校	台湾总督府	日本政府
1917	台北木村盲哑教育所	木村谨吾	日本人
1919	北平私立聋哑学校	杜文昌	基督教徒
1919	武昌瞽目女校聋哑部	艾瑞英	传教士
1922	成都中西慈善团盲哑学校	夏时雨	传教士
1923	杭州太庙巷惠爱聋哑学校	俞宗周	耶稣教自立会
1924	大连盲聋哑学校	木下、城户	日本人
1926	上海福哑学校	傅兰雅、傅步兰	传教士
1927	南京普育堂	俞友仁	基督教徒

续表 7-1

年份	名称	主要创办者	身份
1929	古田聋哑学校	雷静贞	教会学校毕业
1929	关东州盲哑学校	关东厅	日本政府
1932	武昌瑞英聋哑学校	艾瑞英	传教士
1932	哈尔滨私立聋哑学校	?	俄国侨民
1937	黔光盲哑学校	傅雅各、芮若兰	传教士
1939	满洲白十字会附设聋哑学校	于一宸	世界白十字会
1939	满洲赤十字社新京聋哑学院	田代清雄	满洲赤十字社

北平私立聋哑学校是一个有代表性的例子,它是民国八年(1919年)6月杜文昌先生在北京交道口福音堂创立的,是华北地区第一所聋哑教育学校,也是中国人自办保留至今的百年传统老校,除了"专教一般聋哑儿童说话读书,使其具有普通常识",还教授"生产之技能,以成为有用人才",现为北京启喑实验学校。在我收集史料的过程中,发现了一个特别引人注目的现象:民国二十五年(1936年)有关北平私立聋哑学校的资料特别多,这一年,学校的发展似乎达到了历史上的一个高峰。下面,我就把这些资料呈现出来,还原当时一所全国知名聋人学校的日常情景。

1936年前后,学校在《天津商报每日画刊》《良友》等刊物中对学校各方面情况进行了全面的图文介绍和宣传,又委托北平和记印书馆印制了一批《简章》,以求达到宣传聋人教育、扩大招生和筹集捐款的目标。以下都是1936年前后各个刊物中刊载的学校照片,基本上涵盖了校舍、教师、课程、学生、活动等详尽内容。用现在的话说,照片中既有"个别语训"又有"集体语训",还有丰富多彩的职业教育课程,教育教学中既有教师的"集体备课"又有教师编写的"校本教材",还组织了多种多样的"实践活动",体现出当时中国聋人教育水平之先进(图7-4~图7-30)。

图7-4 学校大门(引自《中国学生》杂志1937年第6期)

图7-5 升旗典礼(引自《良友》杂志1936年第123期)

图7-6　全体教职员工合影（引自《良友》杂志1936年第123期）

图7-7　教务办公室（引自《天津商报每日画刊》1936年第39期）

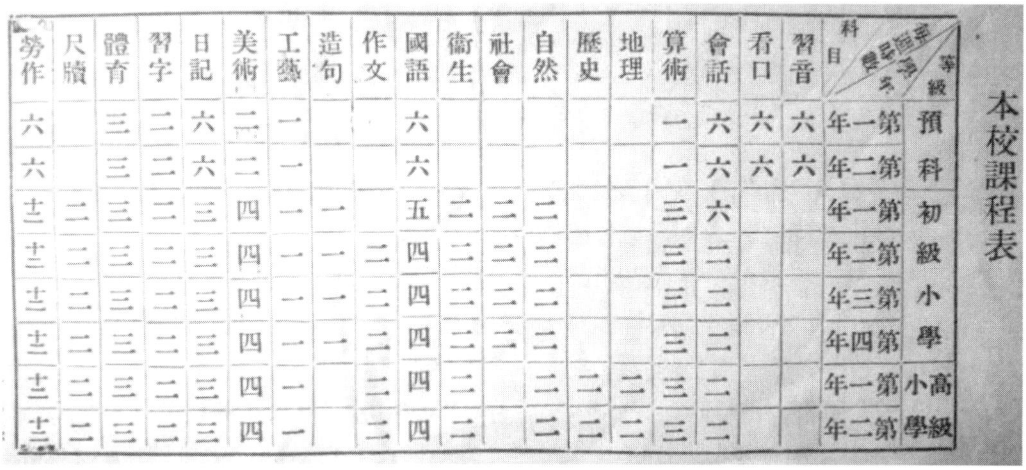

本校课程表	级年科目	习音	看口	会话	算术	地理	历史	自然	社会	卫生	国语	作文	造句	工艺	美术	日记	习字	体育	尺牍	劳作
预科	第一年	六	六	六	一						六			一	二	六	二	三		六
	第二年	六	六	六	一						六			一	二	六	二	三		六
初级小学	第一年	六	六	三				二	二	二	五		一	一	四	二	二	三	二	十
	第二年			二	三			二	二	二	四	二	一	一	四	三	二	三	二	十
	第三年			二	三			二	二	二	四	二	一		四	三	二	三	二	十
	第四年			二	三			二	二	二	四	二	一		四	三	二	三	二	十
高级小学	第一年					二	二		二		四	二			四	三	二	三	二	十
	第二年					二	二		二		四	二			四	三	二	三	二	十

图7-8　课程表（引自1936年《北平私立聋哑学校简章》）

图7-9　发音教学场景（引自《中国学生》杂志1937年第6期）

图7-10　集体训练课程（引自《良友》杂志1936年第123期）

图 7-11　个别训练课程（引自《良友》杂志 1936 年第 123 期）

图 7-12　教室一角（引自 1936 年《北平私立聋哑学校简章》）

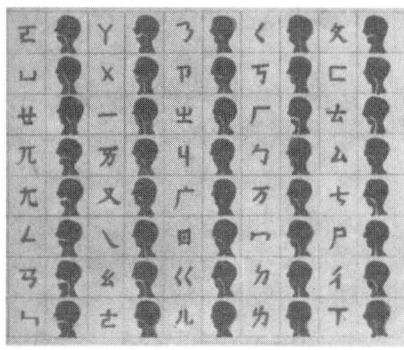
图 7-13　发音教学使用的音位图（引自《良友》杂志 1936 年第 123 期）

图 7-14　师生共同就餐（引自《中国学生》杂志 1937 年第 6 期）

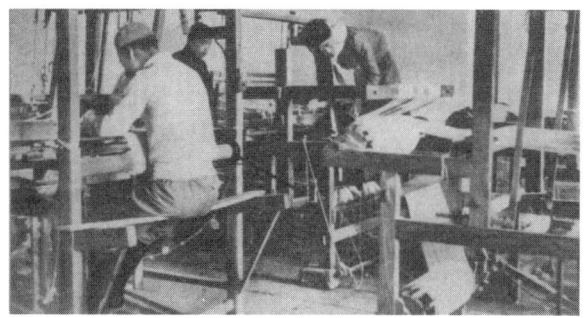
图 7-15　纺织课程（引自《良友》杂志 1936 年第 123 期）

图 7-16　玩具、模型制作课程（引自《中国学生》杂志 1937 年第 6 期）

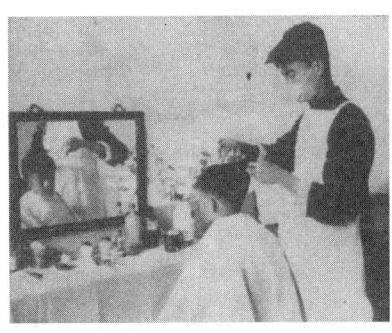

图7-17 学生理发实习（引自《良友》杂志1936年第123期）

图7-18 女生缝纫课程（引自《中国学生》杂志1937年第6期）

图7-19 木工实习（引自1936年《北平私立聋哑学校简章》）

图7-20 舞蹈课程（引自《天津商报每日画刊》1936年第39期）

图7-21 打排球（引自《天津商报每日画刊》1936年第39期）

图7-22 游戏设施（引自1936年《北平私立聋哑学校简章》，高宇翔收藏）

图7-23　图书馆（引自《天津商报每日画刊》1936年第39期）

图7-24　学生自治会（引自《良友》杂志1936年第123期）

图7-25　童子军（引自《良友》杂志1936年第123期）

图7-26　杜校长带两名学生南下表演募捐（引自《良友》杂志1936年第123期）

图7-27　表演信息（引自《国立中央大学日刊》1936年第1762期）

图7-28　课余泛舟（引自《天津商报每日画刊》1936年第39期）

图7-29 1936年《北平私立聋哑学校简章》

图7-30 1936年学校编印的《北聋半月刊》

教育家、实业家等有识之士是较早开办私立聋人学校的中国人,如张謇的南通狼山盲哑学校(1916)、吴燕生的辽宁聋哑职业学校(1923)等。这些早期聋人教育机构,除了少数规模较大的,其他美其名曰"学校""学院",实际规模大多很小,往往就办在民房里,学生人数也并不多,是无法与今天的聋人学校相提并论的,甚至有一种观点认为"对于聋哑学校,与其说它是个教育机关,毋宁说是个真正的慈善机关呢"①。虽然如此,当时创办聋人教育机构也并非易事,主要依靠不稳定的社会捐助维持运转,师资短缺也常常使学校工作捉襟见肘(图7-31~图7-33)。

有一部分机构是要收取学费的,这对于那些家庭条件困难的聋人孩子来说就非常不利了,有聋人在一份资料中回忆说:1930年,"因为他穷、他没有家,在学校中,他享受不到一般缴过学费来受教育的同学一样的待遇,每天,大部分的时间是被校长指派着拿锄头垦地、抬水、抬土"。后来,"他两只手掌因为劳动时间太长久,结了一层硬硬的厚膜,不能像平常人一

图7-31 1936年7月1日摄于上海福哑学校

---

① 吴志刚.聋哑学校访问记.每月科学画报,1943(3):34.

样的灵活了"。①

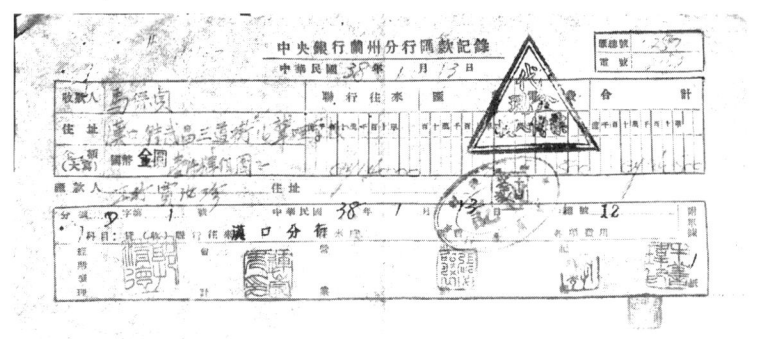

图 7-32　1949 年武昌解放前夕,瑞英聋哑学校的捐款收据

当时这 1400 金圆仅相当于 11 粒大米

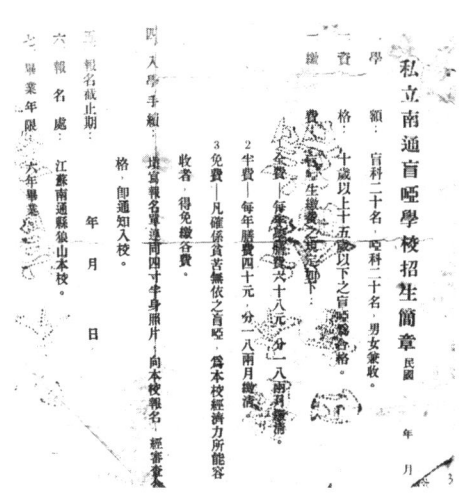

图 7-33　私立南通盲哑学校招生简章

聋人办学校

民国时期,中国有条件的聋童家庭会邀请有聋人教育经验的教师或者是接受过学校教育的青年聋人担任家庭教师,这种家庭式的教育规模逐渐扩大,演变为聋人家庭教育班和私立聋人学校,其中最有开创性、代表性的是周耀先。他是之江大学教授、一位聋孩子的父亲,之江大学是一所教会大学,因此,周耀先具有教会人员和聋人亲属的双重身份,这种特殊的身份促使他参考国外经验,于 1914 年创办了杭州哑童学校,既培养了自己的孩子也能惠及社会。

---

① 亢冗.聋哑同胞走向新生——新时代在召唤(下).平民日报,1950-03-01.

还有部分中国聋人是在聋人学校中接受了教育之后,一方面为了求得谋生,另一方面也是"考虑到聋哑教育不普及、聋哑儿童失学严重,而聋哑人掌握文化知识和一技之长,又是自立自强之本"①,为了将知识与技能传授给更多聋人,纷纷在各地创建起聋人学校,成为聋校的校长和教师,对聋教育的发展有重要影响,也使得中国的聋人社群真正形成。从1914年至1949年,中国先后私立或公办了数十所聋教育机构,其中有近40所由聋人或聋人的亲属创办,经过整理和考证,我把这些学校的信息罗列在表7-2里。

表7-2 聋教育学校

年份	名称	主要创办人	身份	备注	来源
1914	杭州石瑞亭哑童学校	周耀先	聋人父亲	中国人自办的第一所聋校	浙江省教育志(2004)
1923	安徽盲哑学校	杨积莲等			安徽省志(1997)
1931	杭州吉祥巷聋哑小学,1934改称杭州私立吴山聋哑学校	龚宝荣	聋人		浙江省教育志(2004)
1932	辽宁私立金州聋哑学校	于孝纯	聋人		《瘖铎》1938年第二期
1935	杭州吉祥巷私立启智聋哑学校	孙祖惠、余淑芬	聋人		浙江省教育志(2004)
1935	杭州私立致用聋哑学校	吴一鸣	?	1946年并入吴山聋哑学校	杭州市上城区教育志(1993)
1937	上海中华聋哑协会附属聋哑学校	何玉麟	聋人	上海第四聋校	《瘖铎》1939年第7-8期
1937	镇江私立胜天聋哑学校	尹印一、尹克骐、尹克骥	聋人父亲与其聋人		中国特殊教育史资料选(2010)
1938	西安县私立聋哑学院	潘志海	聋人	1946年改辽北县立聋哑学校	吉林省志(1992)
1938	上海哑青学校	林吉姆、胡文忆	聋人		《瘖铎》1938年第二期

---

① 宋鹏程.聋人世界寻旧踪.内部资料,2000:64.

续表 7-2

年份	名称	主要创办人	身份	备注	来源
1939	贵州安顺聋哑学校	杨继昌	聋人		
1940	无锡私立惠喑学校	钱天旭、陈祖耕	聋人	1947年改无锡县聋哑学校	无锡教育志（1992）
	太原聋哑职业学校	刘翔云	聋人		
	南京私立首都聋哑学校	孙祖惠	聋人		
1941	杭州聋哑学校，1945改杭州私立聋哑临时小学	周天孚、周洒真	聋人	1946年并入吴山聋哑学校	浙江省教育志（2004）
	沈阳私立聋哑学校	于诚中、王效英	聋人的兄弟、聋人		中国特殊教育史资料选（2010）
1942	上海光震聋哑学校	李定清	聋人		上海通志（2005）
1944	重庆聋哑补习班	中华聋哑协会	聋人组织		重庆民政志（1996）
	武进县民众教育馆聋哑教育班	戴目、费耀奇	聋人		戴目从事特殊教育六十周年纪念文集（2007）
	重庆安龙章聋哑家庭教育班，1947改私立扶青聋哑学校	安龙章、赵象明	聋人的父亲、聋人的丈夫	1950年改重庆私立聋哑学校	重庆民政志（1996）
1945	贵阳聋哑儿童补习班	余淑芬	聋人	现贵阳市盲聋哑学校	

续表 7-2

年份	名称	主要创办人	身份	备注	来源
1946	松江私立怀璎聋哑学校	戴病龙	聋人	1949年停办	松江教育志（2003）
	私立汉口福音聋哑学校	汪福荫、汪起兴	聋人母亲、聋人	1956年改江岸聋哑学校	武汉通览（1988）
	广州私立启聪聋哑学校	麦藻华	聋人	1956年创建广州市聋哑学校	广州经济年鉴（1983）
	开封聋人文化补习班，1947年改开封私立聋哑学校	郝梦林	聋人	开封市盲聋哑学校	开封市教育志（1991）
	沈阳中正聋哑学校	孙民生	聋人	1948年停办	沈阳市志（1998）
	内蒙古呼兰县聋哑学校	王治斌	聋人		
1947	宁波鄞县私立济暗聋哑学校	章春坡	聋人		浙江省教育志（2004）
	江都聋哑联谊会附设补习学校	陆君欧、王洪景	聋人	现扬州市盲聋学校	扬州市教育志（2000）
	私立汉口四知聋哑学校	杨智贤、杨时贤	聋人	1956年改江汉聋哑学校	武汉通览（1988）
	永嘉私立温州聋哑学校	陈希聪	聋人		温州文史资料——陈希聪自述（2003）
1948	芜湖聋哑进修班、芜湖县私立聋哑学校	周一诚	聋人	芜湖市聋哑学校	芜湖教育志（1996）
	私立安徽聋哑学校	张仲英	?		安徽省志（1997）

续表 7-2

年份	名称	主要创办人	身份	备注	来源
1949	吉林聋哑青年识字班	王祖谦	聋人	1951年成立吉林市聋哑学校	吉林省志（1992）
	私立公助嘉兴聋哑学校	朱礼贤	聋人		浙江省教育志（2004）
	私立华东聋哑工艺学校（杭州）	孙祖惠	聋人	1949年下半年改称杭州私立清泰聋哑学校	浙江省教育志（2004）
	私立浙东聋哑学校（永康县城关镇）	程铿	聋人父亲		永康文史资料（1990）
	西安聋哑教学班	李金良、肖学良	聋人	1950年改西安市聋哑学校	西安市盲哑学校发展纪实（2009）
	香港华侨聋哑学校	陈卓祥、黄振东	聋人		香港年鉴（1965）
1950	金华聋哑学校	王幽人	聋人		金华县志（1992）
1953	上海松江聋哑学校	叶子野	聋人	1956年停办	松江教育志（2003）

图 7-34　1946 年苏北私立聋哑学校筹备处发起人合影

收回教育权

传教士在中国创办第一批聋教育机构，以及中国人开办私立聋人学校的一段相当长的历史时期里,中国政府对聋人教育工作还没有进行专门的指导与管理。进入20世纪后,全国局势面临内忧外患、战事频发,国家的经济生产面临深刻变革,这样的时代背景对教育事业的发展提出了新要求。郭卫东《中国近代特殊教育史研究》介绍,从20世纪20年代开始,中国思想界逐渐从"崇西"向"非西"发展,教育也主张一切情事均与国家独立相关联。1921年,民国教育部长范源濂公开声明,外国教会在华设办的学校强迫学生做礼拜和读《圣经》,违反中国宪法。后来,很多教育专家都提出了"宗教与教育分离"的问题,"收回教育权运动"轰轰烈烈地开展起来,号召"反对丧失民族性的教会教育",政府多次颁布法令,对教会学校进行限制。从此,中国聋人教育的发展呈现转型,外国教会人员不再兴办聋人教育机构,国人逐步替代西人成为办校的主体,宗教因素也日益淡化。

《保定市教育志》(1994)记载:"1909年河北保定清苑知县黄国瑄(女儿是聋人)在保定城内七圣庵、养病堂、兴善寺旧址创办保定盲哑学堂,招收盲、哑学生各30名,分班教授,学生除学习文化知识外,还学习音乐、绘图、照相、木工等专门技艺。"这是目前掌握的资料中,中国第一所由政府官员创建的聋人学校,外国人将其称为"中国第一所公办聋人学校"①,但实际上当时它还不属于严格意义上的"公办"。

民国时期为了发展聋人教育事业,政府先后出台了一系列法令与规划,推动了聋人教育行政管理体系的建设,其中主要包括:

1912年1月中央教育部成立,在其当年9月颁布的《学校系统令》中有一《小学校令》,在中国历史上首次以法律法规的形式,对建立盲哑学校的条件做出了规定,标志着聋人教育开始纳入国民教育体系,其中提出:盲哑学校"初等小学校由城镇、乡设立之,乡之财力不能设立者,得以二乡以上之协助组织;高等小学校由县设立之;凡私立小学校之设置,须经县行政长官许可,其废止及变更时亦同。"

1914年,民国《教育部官制》第四条规定"盲哑学校及其他残废等特种学校事项"由教育部普通教育司负责,这标志中国政府开始构建聋教育行政管理体系。1918年,民国政府又规定聋教育事项改由教育部社会教育司第一科管理。也就是这一时期,中国的聋人教育的行政管理体系——国家各级教育行政部门对聋教育事业的领导和管理,包括实施聋教育法令、制定聋教育规章、编制聋教育发展和改革规划等②——开始构建,成为推动中国聋人事业后续发展的重要动力。

1915年颁布《国民学校令》,规定聋教育"以注意儿童身心之发育,施以适当之陶冶,并授以国民道德之基础及国民生活所必需之普通知识技能为本旨"。

1947年提交政府讨论的《改进全国盲哑教育案》与《改进全国盲聋哑计划草案》提出加强学校管理,五年内各省增设盲哑学校2至4所,重视职业技术训练课程和生活技能培养,统一发音教学并订定注音符号手势,加紧盲哑教育之研究,改造盲哑教育用具,提高师资等。

---

① Perciva Hall, George William Veditz, Thomas Francis Cox, Robert McGregor, Olof Hanson and Anton Schroeder. The World's Congress of the Deaf. *American Annals of the Deaf*,1910(9):205-215.

② 蒋云尔.特殊教育管理学.南京:南京大学出版社,2007:10.

1948 年颁布的《盲人学校及聋哑学校规程（草案）》规定聋教育“应授以生活上必须之特殊知识和技能，并注重国民道德之培养、健全体格之锻炼”，对聋生入学年龄、学校设置及管理、编制及课程等也进行了全面规划；同年（1948），国民参政会提交政府讨论的《为请政府提倡盲哑教育案》建议在西北边疆增设盲哑学校。

当时，特殊教育确定的“最高原则”是“化分利为生产，变消极为积极”，把对技术教育的关注从个人“生存”层面提到了国家“贡献”层面，在“供给盲哑适应生活上的知识”的基础上，提出“把分利的盲哑养成一种技艺，做生利的国民”，从而“变残疾为专材，贡献国家”“减少社会之负担”，“以造成抗战建国的建设人才”。要“注重国民道德之培养，健全体格之训练”，“增进聋哑者德、智、体、群四育”，从而“化聋哑野蛮为文明，能使社会治安稳定”，并“增进盲哑享受社会娱乐的幸福，以减少他单调乏味生活之痛苦”“使聋哑者与平常人之间毫无交际之隔阂”的思想。

随着“收回教育权运动”的开展以及聋人教育行政管理体系的初建，民国政府开始陆续接办或创办一些聋人学校。其中被誉为“我国第一所公立盲哑学校”的是南京市立盲哑学校（今天的南京市聋人学校、南京市盲人学校），该校前身是基督教徒俞友仁主持的普育堂，1929 年 4 月由南京市教育局接管，经费由教育局划拨，正式定名为“南京市立盲哑学校”。因为战争的原因，1937 年学校开始向西部省区迁移，是当时全国唯一一所跟随政府西迁的盲哑学校。抵达重庆后，学校于 1938 年复课，1942 年改为民国教育部直属，名称定为“教育部特设盲哑学校”，归社会教育司第一科主管，成为中国历史上行政级别最高的一所特殊教育学校。1946 年迁回南京，教育部将学校管理权归还南京市，学校改称“南京市盲哑学校”。

1929 年南京市教育局接管普育堂是中国公立聋人教育的起点。民国时期的公立聋人学校并非南京一所，还包括：1929 年如皋县教育局局长沙元榘创建如皋救济院盲哑学校；1930 年湖南省区救济院接办“长沙市导盲学校”并更名为“湖南省区救济院盲哑学校”，增收聋童入学；1933 年，绍兴县救济院养老残疾所的朱仲华、陈洁人在所内创建绍兴聋哑学校；1934 年北平市立聋哑学校成立，吴燕生担任校长，同年，甘肃省救济院院长杨继昌在救济院内附设聋哑训练班；1943 年广东、广西两省教育厅联合创办两广聋哑学校；1947 年资阳县将私立聋哑学校改为公立，等等。

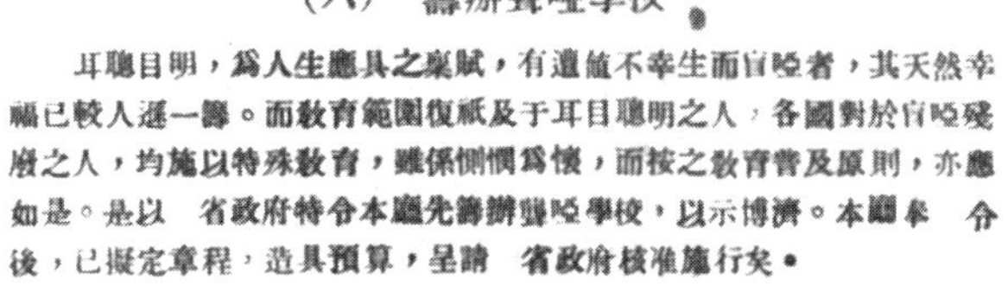
（六）　籌辦聾啞學校

耳聰目明，爲人生應具之稟賦，有遭値不幸生而盲啞者，其天然幸福已較人遜一籌。而教育範圍復祇及于耳目聰明之人，各國對於盲啞殘廢之人，均施以特殊教育，雖係惻憫爲懷，而按之教育普及原則，亦應如是。是以　省政府特令本廳先籌辦聾啞學校，以示博濟。本廳奉　令後，已擬定章程，造具預算，呈請　省政府核准施行矣。

图 7–35　《河南省政府教育厅民国十七年（1929 年）十二月份重要工作报告》

提出"筹办聋哑学校"①

1948年,教育部向河北省政府教育厅发出一份有关"取缔假借兴办盲哑学校名义募捐"的命令②,要求收紧政策,加强对各地私立聋人学校的审批和管理(图7-36)。一年之后,中华人民共和国成立,大多数聋人学校收归公办,私立聋人学校逐渐走下了历史舞台,至2018年,全国基础教育阶段的私立聋人学校仅存南昌市三联特殊教育学校、九江博爱聋人学校两家。

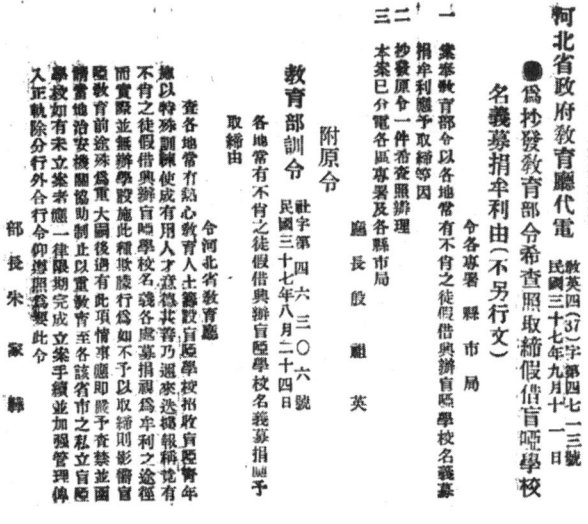

图7-36 1948年教育部训令

普校教科书对聋教育的宣传

民国老课本,以其内容极富教育性而著称,以至于在其出版了数十年后的今天,重新掀起了阅读民国老课本的浪潮,一些经典的老课本纷纷被出版社再版,出现在书店和网商的展架上(图7-37)。

《高小国语教科书(第二册)》是由当时的北京怀仁堂"教育总署"编审的,民国三十年(1941)出版,也相当于一种官方教材。根据"编纂大意"的介绍,书中选编的课文"除少数创作外,多选当代著作","以家庭、学校逐渐扩张到社会"。

引起我注意的是,书中有一篇分成两课的大课文,题为《聋哑学校》。据我所知,这是迄今为止中国官方普通学校教材中出现的、唯一涉及聋人教育的课文。课文是什么样的呢?

图7-37 《高小国语教科书(第二册)》封面

---

① 河南省政府教育厅.十七年十二月份重要工作报告.河南教育,1929(13):2.
② 朱家骅.教育部训令.教育部公报,1948(9):29.

文章是对话式的,篇幅很长,共使用了13个页面,足以见得教材编写者对这篇课文的重视。内容主要介绍陶先生(聋童父亲)、沈先生(聋童舅舅)到聋哑学校(大约是当时的北平私立聋哑学校吧?)看望陶惠儿(聋童,十岁)的事情。

陶惠儿"不晓得怎么,生下来就是聋的"。关于这句话我想做一个评论,作者用了"聋"这个字,而不是我们惯常认为的"聋哑",说明当时知识分子是明白"聋"和"哑"的关系的,"聋"可以是天生的,"聋哑"则不可以。

"她从没有说过什么、听过什么"。陶惠儿入学已经三年了,这期间,她从未与家人见过面。由此可见,寄宿制聋人学校导致亲子之间的疏离并不是近几年才有的事,它是伴随聋人学校的出现而出现的。有调查发现,当今聋人教育中面临家庭教育缺失的问题,看来如何更好开展家校合作的问题,在70余年后的今天仍然没有得到妥善解决。

在聋哑学校教员徐老师(女)的指导下,陶惠儿使用口语和家人交流,这让她的爸爸和舅舅惊喜万分。接下来,徐老师详细介绍了聋哑学校的教学方法,"用记号(估计是贝利字母)的是旧式,这里教的是新式口语法","她能够懂话,是看了别人口舌的样子悟出来的"……

课文不仅生动地展示了陶惠儿的看话、说话能力,还介绍"不但说话,还能写、能算,历史、地理也懂得一些","比起一个健全的孩子来,也不差什么了"。"照顾惠儿的是一个十五岁的孩子",当时的聋人教育中竟然已经开始采用同伴协同教学的方法了。

总的来说,《聋哑学校》这篇课文放在普通学校的教科书中,增进了听人对聋人和聋人教育的了解、具有一定的融合思想,不过受时代的局限性,它不可避免地过度宣传了口语教学的地位,过度神话了口语教学的作用。

《聋哑学校》并不是民国老课本中唯一有关聋人教育的课文。根据我目前掌握的史料,早在民国十七年(1928年)由大学院审定、商务印书馆出版的《新时代国语教科书(第四册)》中,就收录了《残疾院》这样一篇课文,其中提道:"凡是瞎子、聋子、哑子、跛子,都是残疾,我们应该可怜他们。但是单单可怜也没用。因此我们就设了残疾院,把他们收到院里去,教他们做各人能做的事,叫他们也能享到人生的快乐。"表达出了相当先进的人本主义聋人教育思想。

民国时期的普通教育,在日常教学中渗透了包容、全纳的思想,从小教育孩子们了解和尊重差异,对于改变公众对聋人的偏见来说极有助益,这一点是值得我们敬畏的。

聋哑学校(一)

聋哑学校的会客室。校役领着陶先生和沈先生从右边的门上场。

校役(向陶):请坐一会吧。陶惠儿正在那里游戏,我去通知先生叫她来。

陶:好罢!谢谢你。

校役下场。

陶:(向窗外望着,脸上现出切盼的神情)啊,三年没有看见她了!(回头看沈)要不是你说她近来很好,我就差不多不敢来看她。

沈:啊,足有三年了。我还记得我带她来的情景呢。

陶(感叹):她真是个可怜的孩子!不晓得怎么,生下来就是聋的!她从不会叫我爸爸;我叫她惠儿,她也不懂。她从没有说过什么,听过什么。

沈:但是,现在她能够说话了。你该怎样欢喜呢!

陶:只怕是断断续续、很难听懂的一些声音罢了。

沈:(摇头)完全不是,你听了就知道了。(指着窗外)她来了,那位徐先生陪着她来了!

一个女教师和一个十岁光景的女孩子互牵着手,从右边的门上场。

沈(向徐):徐先生,这是我的表兄,惠儿的父亲,特地从家乡跑来看惠儿的。

陶和徐招呼之后,呆看着惠儿,惠儿也呆看着陶。一会儿,他把她抱了起来,热烈地拍着她的肩背,吻着她的脸,一会儿,他又把她放下,从头到脚打量着她。

陶(大声,呼吸急促):啊,大了许多了,好看了许多了!可怜的孩子呀,现在你能够说话了,说几句给我听吧!

徐(微笑,低声,向惠儿):这一位来看你的是谁?

惠儿(清楚地):是我的爸爸。

陶(似乎吃了一惊):奇怪,真个会说话了,你的嘴巴已经变好了吗?你的耳朵已经能够听见说话了吗?再说给我听呀!啊,真个会说话了!(又把惠儿抱了起来,热烈地拍着她的肩背)

沈(向陶):此刻你才相信我说的话了。

陶:若不是亲耳听见,我哪里会相信呢?(把惠儿放下)那么,徐先生,不是用记号说话的吗?不是用手势传意的吗?这究竟是怎么一回事?

徐:请坐下谈吧。

陶沈徐三位都坐下来,惠儿靠在陶的身旁。

徐:用记号的是旧式。这里教的是新式的口语法。陶先生,不曾听说过吗?

陶:我很惭愧,完全不知道。(转向惠儿)那么,惠儿,你懂得我的话吗?听到我的声音吗?快回答我!

徐:陶先生,你弄错了。她是聋子,决不能听到你的声音。她的能够懂话,是看了别人口舌的样子悟出来的。她的能够说话,是我们一个字一个字把口舌的样子教会她的。她说一句话,颧颊和喉咙要费很多的力呢。

陶:(仍旧莫名其妙,把嘴凑近惠儿的耳朵)惠儿,爸爸来看你,你欢喜吗?(说罢,举起头来等候惠儿的回答,但是她回头来看着他,什么都不说,弄得他无办法了)

沈:(笑)你凑近她的耳朵问话,她没有看见你的口舌,怎么能回答呢?你正对着她,再问问看。

陶:(正对着惠儿牵着她的双手)惠儿,爸爸特地来看你,你欢喜吗?

惠儿:(直望着陶的口腔)爸爸特地来看我,我很欢喜。

陶:(满意地笑)你想念妈妈吗?

惠儿:怎么不想念的?有几年不看见她了。

陶:你记得哥哥吗?

惠儿:记得的。他每天到学校吧?

陶:他同你在家里的时候一样,每天到学校。你这学校叫什么名字?

惠儿:聋哑学校。

陶:我再问你,十的两倍是多少?

惠儿:二十。

陶:七十二分为八是多少?

惠儿:九。

陶:(感动得滴下泪来)你,你都说得不错!你都说得不错!

沈:(向陶)表兄,这是应该欢喜的事,有什么可哭的?你不怕把惠儿也引得流泪吗?

陶:(拭泪)我太快活了!我太快活了!

聋哑学校(二)

徐:惠儿她不但说话,还能写、能算,历史、地理也懂得一些,已经进本科了。再过两年,懂得的更多,比起一个健全的孩子来,也不差什么了。

陶:(感激)亏你们把她教得这样好。到底是怎么样教的呢?

徐:我去另一个预科的学生来。(下场)

沈:这为徐先生教学生很热心的,我曾经来参观过几次,总见她在学生群里跑来跑去。

徐:(领着一个七八岁的女孩子上场)这孩子才学初步的课程,请看我们是这样教她的。现在我教她发丫的声音。(她把自己的口舌装作发丫音的样子,给那女孩子看,然后挥着手叫她发音。)

女孩:(口舌模仿徐的样子)乙

徐:她还发不准呢。(拿起女孩子的双手,按在徐自己的喉间和胸部)丫,丫,丫……

女孩:(从手上明白了徐的喉间和胸部的运动)丫,丫,丫……

陶:(现出惊异的脸色)是这样一个音一个音教会学生的吗?

徐:当然呀。少教一个音,她们就少发一个音了。

陶:(十分感激)你们费了长久的年月,把这些可怜的孩子慢慢地教着,你们真是了不得的圣人!徐先生,我该说什么话感谢你们呢!

徐:(谦和地笑)这是我们的本分,不用什么感谢的。我想有一个人,你倒应该向她道一声谢。我们学校里,凡是年幼的孩子,都有年长的学生照顾着。照顾惠儿的是一个十五岁的孩子,她对于惠儿真是亲爱呢。这两年来,每天早上帮她穿衣服,梳头发,暇时又教她做针线,真是好同伴!(向惠儿)你的朋友叫什么名字?

惠儿:(微笑)谷一贞。(向陶)爸爸,她是一个最好的人呢。

陶:我应该感谢她。请她来见见吧!

徐:我去叫她来。(领着小女孩下场)

惠儿:一贞姐姐还教我看童话呢。她又说过,再过些时,就要教我写信给爸爸妈妈了。

陶:你能写信就好啦,再不必劳表叔传话了。

徐领着谷上场。谷差不多和徐一般高了,可是仍表现出孩子一般的神态。

惠儿：(迎上去牵着谷的手,走到陶的面前)爸爸,这就是一贞姐姐。

陶：(站起来想和谷握手,却又把手缩了回来)好一位端正的姑娘！啊,谷小姐,惠儿承你把她同亲妹妹一样照顾,我真说不尽心里的感激！我特地向你道谢！

谷：(抚摸着惠儿的头发)惠儿待我也同亲姐姐一样的。

陶：她家里只有一个哥哥,现在又有了亲姐姐了,真是难得！(向徐)啊,徐先生,我可以领惠儿出去一天吗？我要和她玩一天,我要和她谈一天的话。

徐：家长带出去当然可以的。(向惠)惠儿,你爸爸要带你出去,去穿上那件花布衫吧。

谷：我替你穿去。(很高兴地牵着惠儿的手下场)

陶：(欢喜之极)十年来从不曾听见过她说话,我要听她说一个畅快呢！

沈：(站起来)我在信上不是说过吗,你一看见她,就一定乐不可支的？

陶：(感叹)啊,徐先生,你们是圣人！

徐笑而不答。

第八章 聋人基础教育

各地普遍开设聋校

经历了长期战乱,1949年新中国成立时特殊教育的"家底"只有42所盲哑学校(其中聋人学校26所、盲聋合校9所)、2380名在校生、60名教职工,且大多数学校由宗教或慈善机构主办,"长期处于不正规状态,有的设备简陋,而又采用多级的复式教学"[①],办学规模与教学水平远落后于发达国家。百废待兴的聋教育受到党和国家高度重视,1949—1980年,国家通过出台一系列相关政策,为聋人教育的恢复和发展奠定了良好基础。

1951年《政务院关于改革学制的决定》规定,"各级人民政府应设置聋哑、盲目等特种学校,对生理上有缺陷的儿童、青年和成人施以教育",将聋教育纳入到了国民教育体系当中。1953年教育部设盲聋哑教育处,陆续接管私立、宗教和慈善机构主办的聋校,并在《教育部关于盲哑学校方针、课程、学制、编制等问题给西安市文教局的复函》中提出以"整顿巩固、改进教学、创造经验、提高质量"为目标,恢复和发展聋教育。1957年《教育部关于办好盲童学校、聋哑学校的几点指示》提出:"随着我国社会主义建设的发展,广大的盲童和聋哑儿童的入学要求将会愈来愈迫切,我们必须努力做到逐步地满足他们的学习要求。因此,在目前对现有学校进行整顿的同时也应逐步地作适当的发展,特别是现在还没有盲童学校和聋哑学校的省份,应及早筹备开办。"

此后,甘肃兰州(1958年)、青海西宁(1958年)、河南郑州(1958年)、新疆乌鲁木齐(1959年)等各省区省会、首府城市普遍开办了聋人学校,为聋人学生接受教育创造了条件。至1959年末,全国聋人学校达到106所,1958年,"为了使聋哑教育能适应工农业生产大跃进的形势需要",上海市第二聋哑学校开设了"全国第一所聋哑幼儿园,使聋哑儿童也能和正常儿童一样受到学前教育,并解放妇女的劳动力,这是一个创举,为我国推行聋哑儿童学前教育开辟了道路"[②](图8-1、图8-2)。

1958年,教育部盲聋哑教育处专员洪雪立(聋人)表示:"应使受教育者在德育、智育、体育几个方面都得到发展,成为有社会主义觉悟的有文化的劳动者。这是我国教育的根本路线,也是聋教育的根本路线。"这一观点也体现在1962年国家颁布的《全日制十年制聋哑学校教学计划(草稿)》之中。

为了配合做好聋人教育工作,国内出版的第一套聋人学校教科书,要数1957—1958年人民教育出版社组织洪雪立、沈家英等聋人教育专家和相关学科教育专家编写、出版

---

① 中华人民共和国教育部关于聋哑学校学制和教学计划问题指示中的若干有关问题的补充说明.见顾定倩、朴永馨、刘艳虹.中国特殊教育史资料选(下卷).北京:北京师范大学出版社,2010:1565.

② 佚名.办全国第一所聋哑幼儿园.解放日报,1958-09-05.

的官方教材《聋哑学校识字课本》《聋哑学校阅读课本》和《聋哑学校算数课本》了,这套教材印刷质量十分精良,部分页面甚至使用彩色印制,随书还配有大幅全彩的教学挂图,但是书和图的发行量并不大,因而今天已经很难见到了,国家图书馆藏有相对完整的一套,有兴趣的读者可以查阅。

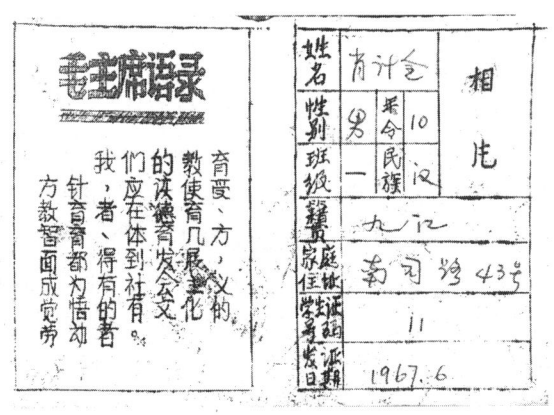

图8-1　1967年江西九江市立新(聋哑)小学学生证

图8-2　1950年河南开封聋哑学校铜章

聋人义务教育体系趋于完善

1980—2000年,国家公布的一系列法律法规,使聋教育走上制度化、体系化、法制化发展的新时期,推动了聋人基础教育的普及,其中:《中华人民共和国宪法》(1982年)确定"国家和社会须帮助安排盲、聋、哑和其他有残疾的公民的劳动、生活与教育",首次将聋教育问题列入根本大法;《中华人民共和国义务教育法》(1986年)规定"国家、社会、学校及其他教育机构应当根据残疾人身心特性和需要实施教育,并为其提供帮助和便利",开始将聋教育纳入义务教育体系;《中华人民共和国残疾人保障法》提出"国家保障残疾人享有平等接受教育的权利;残疾人教育,实行普及与提高相结合、以普及为重点的方针,保障义务教育,着重发展职业教育,积极开展学前教育,逐步发展高级中等以上教育"等;《关于发展特殊教育的若干意见》(1989年)归纳出发展聋教育的基本方向,即"实行普及与提高相结合、以普及为重点的方针,着重发展义务教育和职业教育,积极开展学前教育,逐步发展中等以上教育"。

20世纪90年代,国家组织专业人员推出了一套义务教育"全日制聋校实验教材",由人民教育出版社出版,其中包括语文、数学、思想品德、思想政治、语言训练、理科、社会常识、自然常识、美工等课程,可以说这是新中国成立以来聋校第二代官方教材,这套书在很多学校里一直使用至今(图8-3)。

为了贯彻落实《中华人民共和国义务教育法》《中华人民共和国残疾人保障法》,1992年国家教委委托北京、江苏、黑龙江和湖北等省市率先开展聋童随班就读的尝试,让具有一定能力的聋童就近进入普通学校同普通学生一起学习、一起活动、共同进步。在积累了两年的经验之后,1994年国家发布了《关于开展残疾儿童少年随班就读工作的试行办法》,并在"全国残疾儿童少年随班就读工作会议"上提出,"我国大面积开展随班就读工作是可信的、可行的,有良好的办学效益和社会影响"。

图8-3 人教版全套聋校义务教育语文教科书

进入新千年之际,全国聋人学校、盲聋合校以及综合特殊教育学校的数量超过1100所,普通学校附设聋生班1070个,在校聋生70352人,普通学校随班就读聋生39215人。

2000年后,几项特殊教育专门政策明确了聋人教育的发展战略并推动我国聋人教育基本体系的形成、促进聋人教育质量的提升。《国务院办公厅转发教育部等部门关于进一步加快特殊教育事业发展意见的通知》(2009)要求"在人口30万以上或残疾儿童少年相对较多,尚无特殊教育学校的县,独立建设一所特殊教育学校;不足30万人口的县,在地市范围内,统筹建设一所或几所特殊教育学校",拉开了新中国历史上第二次集中建设聋人学校的序幕;《特殊教育学校暂行规程》(2010)对聋人教育实践提出了细节性的要求;《国家中长期教育改革和发展规划纲要(2010—2020)》《特殊教育提升计划(2014—2016)》《特殊教育提升计划(2017—2020)》推动了聋人教育的普及和质量提升;1994年颁布的《残疾人教育条例》修订版于2017年5月1日起施行,其内容上强调保障教育机会平等、积极推进融合教育、加强对聋人教育的支持保障,体现了对聋人平等受教育权的尊重。

聋人教育是特殊教育的重要组成部分,党和政府历来对特殊教育事业高度重视,在历次政府工作报告中,从十六大提出"发展残疾人事业",到十七大的"关心特殊教育"、十八大的"支持特殊教育",再到十九大提出的"办好特殊教育",充分体现出国家对特殊教育认识的不断深化、目标的不断明确、支持力度的不断加大。

在党和政府的关心下，经历60余年的发展，中国聋人基础教育逐步形成了"以特殊教育学校为龙头、特殊班为骨干、大量随班就读为主体"的教育体系。截至2010年①，以听力语言训练为主的聋儿学前教育正在全国推广；义务教育阶段设有聋校651所、普校附设聋生班882个、聋生合计83847人；全国义务教育阶段随班就读的聋生有94028人，占当年在校聋生人数的54.9%，随班就读成为大多数聋童的就学选择。最近几年，各地普遍设置了省、市、区一级的"听障教育资源中心"，在一些普通学校设置了资源教室，为随班就读聋童提供更多支持。

聋人高中的发展

国务院办公厅《中国残疾人事业五年工作纲要》（1989）显示，20世纪80年代末期中国聋童基础教育的入学率不到6%，虽然聋人基础教育普及、发展过程中还有诸多困难，但在这份文件中，国家已经颇具前瞻性地开始规划聋人高中教育了："大、中城市和经济、文化比较发达的沿海地区，以及经济、文化中等发达地区中经济条件较好的县（市）……在继续发展、巩固、提高初等教育的基础上使初级中等以上的残疾人教育有适当的发展……大、中城市应积极创造条件发展残疾人的初级中等以上的职业技术教育和普通教育。"1990年颁布的《中华人民共和国残疾人保障法》进一步提到"逐步发展高级中等以上教育"的要求。

在这些文件精神的指引下，国家开始了探索聋人高中的发展道路。1992年和1993年国家教委和中国残疾人联合会委托青岛盲人学校成立了我国历史上第一所盲人高中、委托南京市聋哑学校成立了我国历史上第一所聋人高中。南京聋校至今珍藏着1993年1月8日国家教委、中残联下发的《关于委托试办聋人高中班的函》，其中要求"通过试办聋人高中班探索聋人高中的办学路子，为听力残疾学生继续接受高等教育或成为具有高中文化程度的社会主义建设者和接班人打下良好基础""从1993年秋季起，每年招收新生一个班，经过严格考试，择优录取""学制暂定四年（含补习初中课程）"。

当年秋季开学之际，首批12名聋人高中生（平均年龄18岁）被录取，拉开了我国聋人高中教育的序幕，为大规模建立和推广聋人高中教育总结了经验。从此至2016年，全国聋人高中的规模实现了翻天覆地的变化：学校数在2011年达到峰值145所后略有回落，在校生人数持续增长，自2011年以来稳定在6000人左右。聋人高中教育的发展提升了我国聋人的整体文化层次，为更多聋人接受高等教育打下了基础，在中国聋人史上功不可没（图8-4）。

---

① 2011年至2018年初，中残联网站没有公开聋人接受义务教育的统计数据。

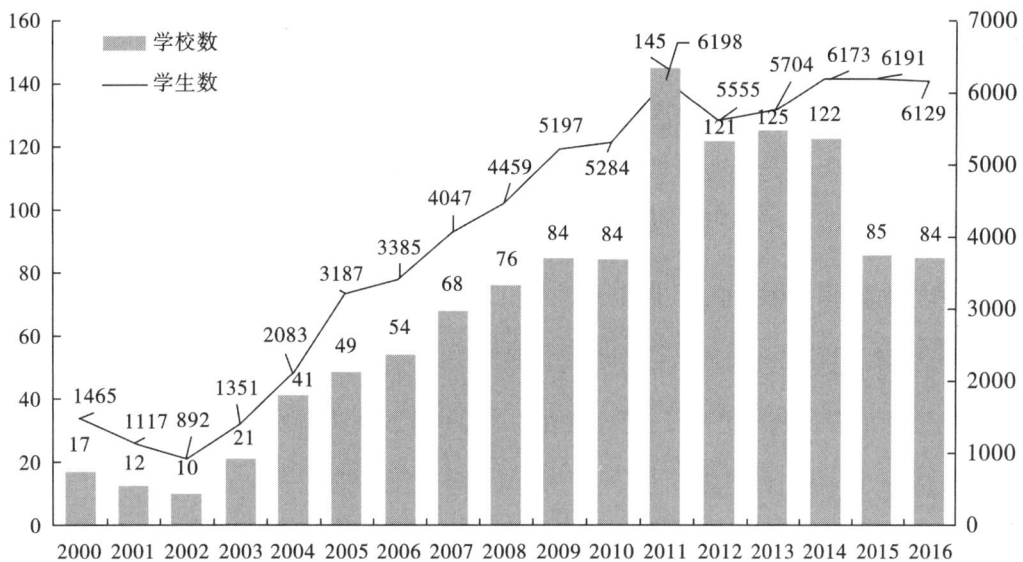

图 8-4 中国聋人高中数和在校生数

资料来源:中残联网站年度数据(高宇翔绘图)

为了支持更多聋人学生能够通过全纳教育的方式接受普通高中教育,2013 年 11 月,湖南省发出通知,规定聋人参加中考"免试听力"或"使用助听设备和播音设备","免试听力学生英语听力成绩=英语听力部分总分×(非听力部分得分÷非听力部分总分)"。①

2015 年,教育部和中残联印发了《残疾人参加普通高等学校招生全国统一考试管理规定(暂行)》,对聋人考生参加普通高考过程中申请合理便利提供了政策依据,极大地拓宽了聋人接受高等教育的途径,引起了社会的广泛支持,经过了一年多的试行之后,2017 年 7 月,两部门正式发布《残疾人参加普通高等学校招生全国统一考试管理规定》。既然聋人参加高考可以申请合理便利,那么在中考时也应当可以,但是有关中考的政策当时还不够完善,有些残疾考生无奈地"失去很多升学机会","希望国家能参考高考模式予以考虑,给残疾中考学生更多合理便利","希望国家出台相关政策给予扶持,给残疾青少年平等入学的机会"。② 很多初中阶段的聋人学生、家长和聋人教育工作者提出了这一诉求引起了主管部门的高度关注。

2016 年 12 月,广东省广州、佛山等市的教育主管部门参考《残疾人参加普通高等学校招生全国统一考试管理规定》,以文件的形式明确 2017 年起,聋人参加中考时可申请"优先进入考点、考场""携带助听器、人工耳蜗等助听辅听设备""设立无障碍通道,设置

---

① http://www.gov.cn/hudong/2017-10/08/content_5230041.htm.

② http://people.rednet.cn/PeopleShow.asp?ID=1783985.

文字指示标识、交流板等""免除外语听力考试"以及适当延长时间等合理便利。① 随后，福建等省区也出台了相似的规定，与 2013 年湖南省的最初方案相比，聋人参加中考过程中可以申请的合理便利内容大大丰富了。②

2017 年 12 月 14 日，北京市教育委员会发布《关于听力及言语障碍考生参加 2018 年中考英语听说计算机考试有关事项的通知》，指出："为了维护残疾考生的合法权益，保障残疾学生享有同等接受高中阶段教育的机会，为残疾考生提供合理便利。凡持有第二代中华人民共和国残疾人证的听力、言语残疾考生或听力言语多重残疾的考生参加中考时，可不参加英语听说机考，听说部分按满分计入英语成绩。"同时明确"各类学校均应按规定录取符合录取条件的听力及言语残疾考生"。③

至此，聋人参加中考不仅能够申请多样化的合理便利，免考的听力成绩还能按照满分记录，聋人升学的选择更多了、社会融合的道路也更加平坦。

扫除聋人文盲的历程

中国曾是世界上文盲最多的国家。根据相关的资料，新中国成立之时，全国 5.5 亿人口中有 4 亿多都是文盲，文盲率高达 80%（聋人的文盲率甚至可能超过 95%），扫除文盲（也称扫盲、脱盲）成为当时的一项重要工作。

1953 年 11 月 24 日，政务院扫除文盲工作委员会发布《关于扫盲标准、扫盲毕业考试等暂行办法的通知》，其中规定扫除文盲的标准是：干部和工人，一般可定为认识 2000 个常用字，能阅读通俗书报，能写二三百字的应用短文；农民一般定为能识 1000 个常用字，大体上能阅读通俗书报，能写常用的便条、收据；城市劳动人民一般定为能识 1500 个常用字，读、写标准参照工人、农民的标准。

从此，全中国开始了一场轰轰烈烈的"扫除文盲运动"。扫除文盲，聋人不能落下。1960 年前后恰好是很多省市新建聋人学校的时间节点，甚至有很多东部地区的聋人前往西部地区帮助当地聋人学校开展教育工作，聋人学校自然也就首当其冲担负起了聋人"扫盲"的重任（图 8-5、图 8-6）。

例如：1953 年，湖北宜昌市私立聋哑学校成立以后，就设置了聋哑儿童小学班和聋哑成年人业余扫盲班；1958 年，北京第一聋哑学校全体教师为了配合扫盲运动，"决定充分挖掘学校潜力"，成立了北京市聋人扫盲夜校，全部教学工作都由学校教员义务承担，他们提出，"不要政府补助一分钱，一定要办起一个适合聋人文盲具

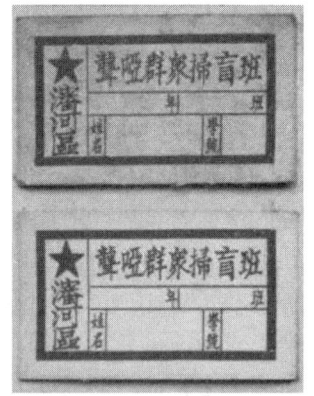

图 8-5 1955 年沈阳沈河区聋哑群众扫盲班布标

---

① http://www.exam8.com/zhongkao/zixun/dongtai/201612/3864364.html, http://gd.qq.com/a/20161203/008766.htm?qqcom_pgv_from=aio.

② http://www.mnw.cn/news/fz/1708477.html.

③ http://www.cndcm.cn/html/zhenglan/falufagui/12483_1.html.

体对象的夜校"①,显示出扫除聋人文盲的决心;我所在的新疆乌鲁木齐市聋人学校成立于1959年,根据一些老教师的口述,20世纪60年代学校招收的聋人学生大多数是成年人,学校的教学任务就是对他们开展扫盲教育。

图8-6　1960年定西县盲聋哑人文化技术学校一年级全体师生

还有一些省市专门开办了聋人扫盲培训班,这些机构有的在后来逐渐销声匿迹,有的则改建成为当地的聋人学校。例如:内蒙古包头市在1958年先成立了聋哑人俱乐部,组织聋哑人进行文化学习,1959年又办起了青壮年文化扫盲班,在此基础上改建形成了今天的东河区聋校;江西上饶市1981至1983年,举办盲聋哑人业余夜校三期,先后吸收53名盲聋哑人入学;江苏常州市1959年为扫除聋哑文盲,专门成立了两所聋哑扫盲学校。

还有一些聋人扫盲班是开设在聋人相对集中的工厂里的,例如:福州盲人聋哑人协会协同各个福利工厂举办盲聋哑人业余文化学校,开展扫盲工作,帮助在职的盲聋哑人摘掉了文盲的帽子。

聋人扫盲班有全日制和业余夜校两种形式,吸收15～50岁聋人入学,主要教授简单的看图识字、日常用语和阅读一般文章,由于通用手语草图于1959年才绘制出来,此前聋人使用的大部分都是家庭手语、自创手语,为了消除聋人之间的沟通障碍,聋人扫盲班也教授通用手语。

20世纪70年代的特殊时期使全国扫除文盲工作受到了影响。1982年,"扫除文盲"被写入我国《宪法》,这项工作又被重新重视起来。1983年民政部调查发现,聋人文化程度仍然"普遍偏低",福利厂中有近一半的聋人职工"至今还是文盲或半文盲",70年代从

① 韩朴,李诚.北京成人教育史志资料选辑(第2辑).北京:中国建材工业出版社,1992:762-763.

聋校毕业参加工作的聋人职工,"多数人达不到高小毕业程度"①。

这一现象严重限制了生产发展。于是,民政部下达了对福利厂聋人职工开展集中扫盲工作的任务,要求"在1985年以前,对盲人、聋哑人职工中的文盲应完成扫盲工作;对盲校、聋校毕业的职工要达到高小毕业程度;文化程度较高的盲人、聋哑人职工,要提高到初中毕业以上水平"。1980年,中国盲人聋哑人协会编印了一册《聋人识字课本(试用本)》,专门用于广大成年聋人的扫盲教育。

通过几年的努力,聋人的文化水平在总体上实现了明显提高。其中,新疆于1984年开办了8个扫盲班和高小补习班,1985年底61%的聋人文盲职工实现了脱盲。1987年全国残疾人抽样调查数据显示,全国6岁及以上聋人文盲、半文盲的比例下降到69.7%(表8-1)。

表8-1 1987年全国残疾人抽样调查中聋人的文化水平

	文盲或半文盲	小学	初中	高中	大学
比例/%	69.7	22.6	6.0	1.5	0.3

1990年是"国际扫盲年"。中残联对残疾人扫盲工作进行了再部署。同时,1993年《中国教育改革和发展纲要》提出:在20世纪末,全国基本扫除青壮年文盲,使得青壮年文盲率降到5%以下。

聋人扫盲的热潮被重新掀起来了。2000年第五次全国人口普查结果显示,全国青壮年文盲的比率的确已下降到了5%以下,基于这一数据,2001年1月1日,江泽民向全世界宣布:中国如期实现了基本普及九年制义务教育和基本扫除青壮年文盲的战略目标。然而,从2006年第二次全国残疾人抽样调查数据中我们可以看到,6岁及以上聋人不识字、未上学的比例仍然高达47.0%(表8-2)。

表8-2 2006年全国残疾人抽样调查6岁及以上聋人文化水平

	不识字	未上学	小学	初中	高中	中专	大专	本科
比例/%	45.4	1.6	34.8	12.3	3.9	1.5	0.8	0.6

今日,聋人孩子们可以通过普校随班就读、特教学校就读、教师送教上门等多种方式接受教育,聋人义务教育趋于普及,高中、中专毕业后,很多聋人学生还可以通过单考单招进入全国近30所聋人高等院校,或者通过普通高考以融合教育的形式进入普通高校,聋人接受教育的层次和广度与以往相比实现了空前的扩展。相信在不远的将来,全国聋人整体的文化程度会登上一个新台阶。

---

① 民政部法规办公室.中华人民共和国民政工作文件汇编1949—1999:下卷.北京:中国法制出版社,2001:3272.

口语、手语及双语双文化

聋教育界历来存在"口语法"和"手语法"的争论。1954年8月24日—30日,教育部召开"改编聋哑学校低年级语文教材小型座谈会",借鉴苏联经验,明确了"我国聋哑学校教学改革的方向应当是口语法的方向""口语法是现代聋哑教育最进步最科学的方法",聋校"教学方法的改革不仅要革掉手语法,同时也要改革手口并用和文字发音的方法"[1],主张"继续进行口语教学实验,全面地总结口语教学经验,逐步推广口语教学"[2],后来相应编制了《聋哑学校看话教材》《聋哑学校口语教学班级教学计划》等。在一般文化课教学的同时,大批医务人员来到聋人学校为学生们治疗耳聋、开展语言训练,医教结合实际上在当时已经广泛开展起来了。科技手段的应用也受到了人们的关注,一个较早的例子是:1958年,上海永固无线电器材工业社发明了一套"结晶式骨导传音器",使用一台扩音器、六十部骨导传音震动器,就能在一个60人的聋生班开展发音教学(图8-7)。

图8-7 借助结晶式骨导传音器,聋人喊出了"毛主席万岁"

北京、江苏等地的一些聋人学校在开展"口语法"试验的过程中积累了很多经验、取得了一定的成绩,但限于各地医疗技术、教学水平、聋生的个体差异以及来自一些聋教育专家的争议,"口语法"在20世纪50年代末期以后新建的聋人学校中执行得并不"理想"。与此同时,手语却得到了深层次的改革和发展。为"改革聋哑人手势语,使之成为一套完整的通用手语",1959年中国盲人聋哑人协会以"手语与现实生活相一致,手势与手指字母相结合,手语与口头语、书面语相一致或接近,保持形象化和清晰易辨"为原则整理和修订了《聋哑人通用手语草图》,1963年《汉语手指字母方案》将手指语体系确立

---

[1] 教育部关于印发"改编聋哑学校低年级语文教材小型座谈会综合记录"的通知.见顾定倩、朴永馨、刘艳虹.中国特殊教育史资料选(下卷).北京:北京师范大学出版社,2010:1554.
[2] 办好盲童学校、聋哑学校的几点指示.见顾定倩、朴永馨、刘艳虹.中国特殊教育史资料选(下卷).北京:北京师范大学出版社,2010:1598.

下来，通过一系列的教学活动，手势语和手指语都在聋人学校得到了推广。

因此有研究者认为，虽然国家政策曾提出"口语法"的发展方向，但纵观各地聋教育实践不难发现，1949年以来中国的聋人教育既不是完全的口语法，也不是纯粹的手语法，更多的是将口语和手语（手势汉语）结合起来进行的，有的地方、有的学校以口语为主导、手语为辅助，有的地方、有的学校则以手语为主导、口语为辅助。

1980年德国特殊教育会议提出了"聋人要面对两个世界：一个是健听人的世界，二个是聋人的世界，教育必须要做到口语法和手语法并重，以便聋人能面对两个世界适当沟通"①。从此，强调在"充分肯定聋人手语和聋人文化"的基础上，让"聋人掌握两种语言和学习两种文化""用聋人手语作为聋童的第一语言，将本国语言作为聋童的第二语言学习"的双语双文化教育成为国际公认最为先进的聋校教学法②，中国也顺应时代潮流，于1995年起在一些聋校开展双语双文化教学实验。进入21世纪以后，中国爱德基金会在推进双语聋教育方面做出了巨大贡献，2004年5月至2009年6月，它与江苏省特殊教育专业委员会、挪威聋人福利基金会等机构合作开展了"中挪SigAm双语聋教育实验项目"，2010年，在重庆、四川等西部省市启动了"SigAm西部双语聋教育实验项目"，中挪合作项目之后，又与德国机构合作，在山东、徐州等省市开展了"NMZ-爱德双语聋教育项目"。

几乎在同一时期，口语教学的思想与方法也得到了进一步发展。1995年，美国华盛顿大学言语病理与听力学博士黄昭鸣在上海成立泰亿格康复医疗科技股份有限公司，专门研发和销售特殊儿童康复训练设备，2004年起，华东师范大学引进黄昭鸣作为言语听觉科学专业的学科带头人，成立了中国内地第一个"言语听觉科学"本科专业、建成了言语听觉科学实验室，于2007年开始特殊教育学校"医教结合、综合康复"体系的构建与实施计划。黄昭鸣教授及其团队研发的"启聪博士""启音博士"等康复训练设备，培养的言语听觉科学专业人才为各地聋人学校的口语教学提供了有力支持（图8-8）。

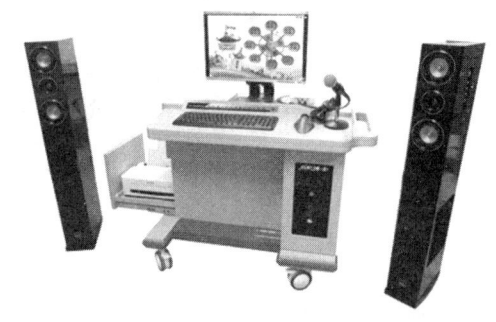

图8-8 启聪博士听觉康复设备

21世纪以来"口语法"和"双语双文化"在中国发生的碰撞，引起许多聋人教育专家的讨论和思考。在2016年发布的《聋校义务教育课程标准》中，"双语双文化"思想得到了较多体现，例如语文课程强调聋生掌握"口语、书面语和手语表达方式上的异同和转换的方法"。

聋教育师资培养

1887年以前，中国没有聋人学校，聋教育师资培养自然也无从谈起。烟台启喑学馆

---

① 赵锡安.聋人双语双文化教学研究.北京：华夏出版社，2004：9.
② 吴安安.SigAm双语聋教育项目在中国的实施.中国特殊教育，2009(3)：98-100.

成立后，多次组织聋教育师资培训班，在1898年至1941年间，先后培训聋教育师资44人，学员来自杭州、南京、上海、北京、成都、香港等地，其中还有一位来自朝鲜平壤。学校制定了《烟台启喑学校师范班通启》，编写了师资培训参考教材《聋哑教育讲义撮要》《聋校教师指导用书》，师范生"每日除随班上课见习或自己试教一班"，免费或自费学习一年后"彼等亦皆分赴各地设立聋哑学校"，成为当地聋人学校的创始人或骨干教师。

不少由启喑学馆师范班毕业生创办的聋人学校在当地继续开展聋人教师教育，成为传递聋教育思想性与方法的星星之火，例如李绿华女士在陈丽芳小姐协助下，于1935年9月在香港建立香港真铎启喑学校，学校开班有师范班，张颖仪经过两年的学习后留校任教积累了一定的实践经验，后来在广州花县创建了私立启聪聋哑学校，是为现在广州市聋人学校的前身。

师资培养是近现代中国聋教育发展的关键问题，教师不仅需要才学丰富，"苟无慈爱心与忍耐心者皆不可胜任"①。单靠传教士难解决中国聋教育师资严重短缺的困境。20世纪初，政治家、实业家、慈善家张謇考察了烟台启喑学馆和日本东京盲哑学校后，产生了创建盲哑学校的念头。不过，兴办学校，师资是首要问题，当时中国"盲哑累累，教育无人，将欲延聘西师乎⋯⋯计有师范传习以供合格之选，更以实地练习，以试其慈爱忍耐心之有无与厚薄，甄陶焉、推勘焉，或不致误我至可悯之盲哑，而儿童教育可期其发展乎？"，"盲哑学校未办之先"，"必设师范传习"培养能够胜任教育教学工作的教师②（图8-9）。

招愿习盲哑教员者启事

民国四年（1915.6.16）

窃以人生幸福，系于官骸，盲哑之人，得天独缺。同属胞与，能不闷然？泰西善士多崇宗教，体人道，乃以人为济天命之穷，以专学神废人之用，于是乎有盲哑学校。

下走善其意而欲有所事者有年矣。近始得营校于狼山之阴，行落成矣。惟是盲哑之人，平时既有所缺憾，与社会交接不多，视听之能，囿于方隅。打字繁简，别乎中外。故教育之师，非本县或邻县之人，不能便捷而收效。

顾无素习者，又不得不从学习教习员人手。兹拟招愿习盲教员者二人，愿习哑教员者二人，分遣就学于烟台、上海。所有学膳各费，先由校中垫付。如有慈祥恺恻，热心教育，愿应斯选者，请先函示或至南通师范校与于、顾二君接洽可也。

张謇白

图8-9 1915年6月16日《海通新报》刊载的
张謇《招愿习盲哑教员者启事》

1915年10月，中国第一所专门的盲哑师范培训机构——盲哑师范传习所正式开办，学制一年，启喑学馆教师毕庶沅被聘为聋教育教员，第一期招收9名学员，他们在1916年南通狼山

---

① 曹从坡，杨桐. 张謇全集. 南京：江苏古籍出版社，1994：106.
② 曹从坡，杨桐. 张謇全集. 南京：江苏古籍出版社，1994：108-109.

私立盲哑学校正式成立之际转至该校任教。学校师范科为中国聋人教育培养了一批优秀教师和管理者,根据马建强在《中国特殊教育史话》中的记载,盲哑师资科首届毕业生戴贡山、1929年毕业生李淑萍先后出任南通盲哑学校校长,1927年毕业生王振音则先后担任过南京市立盲哑学校教师、吴县救济院盲哑学校校长、台北盲哑学校哑科主任等职。

此后一段时期,中国聋教育师范学校尚少但聋生入学人数增长,各地师资更显短缺。以北平为例:1939年两所聋校共计教职员20人、学生106人,师生比约1∶5;1946年两校教职员26人、学生159人,师生比超过1∶6①。为补充北平聋校师资,国立北平师范学校于20世纪40年代在三年级设"聋哑教育选修班"。

民国教育部1916年时规定聋校教师"须有国民学校教员之资格,或经检定合格者充之"②,不过总体上看,近现代中国聋校师资并不乐观:"各盲哑学校教师资质至差,大多数非但事前未曾受过盲哑教育师资训练……多系先有爱护聋哑残废之热心,且个性喜研究此种特殊教育之心理者",更"缺乏眼界,实难担此特殊教育工作"③。

1929年,华林一撰写的《残废教育》一书在"万有文库·师范教育小丛书"中发行,是中国最早的特殊教育师范教材之一,其中"聋哑儿童教育发达史""聋哑学校之实际问题""聋哑儿童教授法"三章介绍了国外聋人教育的经验与方法(图8-10)。1933年,同一丛书中的《盲聋女子克勒氏自传》中也谈到了既盲又聋人士的教育经验。马宗荣在1936年出版的《社会教育事业十讲》中专有一讲"盲哑(聋哑)教育院的设施与教育",其中包含"盲人及聋哑教育院的意义""盲哑教育的沿革""盲哑教育的理想及其时期""盲哑教育院的组织""盲哑教育院的课程""盲哑教育的方法""盲哑教育的师资"七个章节。1936年,李万育出版《特殊学校》一书,对聋人教育的课程与教学进行了较为系统的论述。

图8-10 华林一《残废教育》

聋人学校的教师除了要具备一般的专业理论知识外,还要拥有足够的耐心、爱心、热心和恒心。新中国成立后一段时间里,中国聋教育师资少量来自旧有学校、大量来自普通学校教师和普通师范毕业生,为鼓励教师从事聋教育,1956年国家规定聋校教师"应按评定之等级工资,另外加发15%"④。目前,部分省市的特殊

---

① 北平市社会教育概况统计表.见顾定倩、朴永馨、刘艳虹.中国特殊教育史资料选(中卷).北京:北京师范大学出版社,2010:1244,1257-1258.

② 国民学校令实施细则.见顾定倩、朴永馨、刘艳虹.中国特殊教育史资料选(上卷).北京:北京师范大学出版社,2010:54.

③ 改进全国盲哑教育案.见顾定倩、朴永馨、刘艳虹.中国特殊教育史资料选(上卷).北京:北京师范大学出版社,2010:72.

④ 关于1956年全国普通教育、师范教育事业工资改革的指示.见顾定倩,朴永馨,刘艳虹.中国特殊教育史资料选(下卷).北京:北京师范大学出版社,2010:1564.

教育津贴比例已增至50%。

20世纪50年代末期,为了解决聋校师资短缺的迫切问题,"多、快、好、省地培养特殊教育事业的专业人才",上海、青岛、沈阳、武汉、绥化、西安等地纷纷设立盲哑教育师资短期培训班,教育部、内务部也于1959年12月成立了聋哑教育师资讲习所,其中结业的许多学员后来成为各地聋人教育的骨干力量。

20世纪80年代中国提出"发展特教,师资先行"方针,为适应聋教育发展的需要,"逐步建立符合中国国情的特殊教育师资培养、培训体系,建设一支数量足够、质量合格、学科配套、相对稳定的特殊教育师资队伍"①。1988年全国特殊教育工作会议进一步要求,每个省都要有一所中等特殊教育师范学校。1989年国家教委颁发《中等特殊教育师范学校教学计划(试行)》《高等师范院校特殊教育专业教学计划(草案)》。一系列政策推动中国聋教育师资培养进入全面发展的新阶段,越来越多的中等特殊教育师范院校建立起来,据相关资料的介绍,到1993年,全国中等特殊教育机构达24所②,这些机构可以分为四种类型。

一是在普通师范院校内开设的特殊教育部,如1981年全国率先开始特殊教育师范教育的黑龙江肇东师范学校特殊教育师范部。二是专门的新建特殊教育师范院校,如1982年开始建设的南京特殊教育师范学校(2016年更名为南京特殊教育职业技术学院),该校目前仍是中国唯一一所独立设置的、以培养特殊教育师资为主的普通高等学校。三是由普通师范院校改建的特殊教育师范院校,例如1985年山东省将原昌乐师范学校改建为特殊教育师范学校、1986年辽宁省将原营口市幼儿师范学校改建为特殊教育师范学校等。四是挂靠在普通师范学校内的特殊教育师资培训机构,比如成立于1989年的山西省特殊教育师范学校,与平定师范学校一套机构、两块校牌、同址办公。

20世纪80年代,国家在发展中等特殊教育师范教育的同时,也开始布局高等特殊教育师范教育,以提高人才培养的层次。1986年到1993年,北京师范大学、华东师范大学、华中师范大学、西南师范大学、陕西师范大学等教育部直属院校相继开设特殊教育本科专业,此后,特殊教育硕士、博士点也陆续创立。2007年起,多所部属师范大学开始面向基层培养特殊教育专业免费师范生。

20世纪初,中国首批聋教育师范生分赴各地担当起聋教育任务,其学生后来也多有走上聋教育岗位者,使中国聋教育的星星之火渐成燎原之势。以吴燕生、杜文昌等为代表的早期聋教育一线教师同时也是聋人权利的倡导者、聋教育研究的实施者、聋教育政策的制订者。借鉴历史经验,未来聋教育师资培养不仅要重视硕士、博士等高水平科研人才,更应通过提高聋教育教师的社会地位和待遇,吸引优秀教师长期从事一线聋教育工作;通过提升聋教育专科、本科师范生的教学质量,培养一批兼具良好人格品质、教学能力、研究能力和坚定职业信念的教育家。

---

① 朴永馨.特殊教育.长春:吉林教育出版社,2000:326.
② 朱宗顺.特殊教育史.北京:北京大学出版社,2011:240.

聋人教育研究

中国聋教育研究伴随聋教育的发展而初步开展起来,研究者以受过聋教育训练的教育工作者为主。在聋人生理学、聋人心理学、聋人教学法、聋教育史等领域均有突破。

马天鹤《菲律宾教育考察日记》(1923)介绍了国外盲哑教育学校的基本情况;陈鹤琴《特殊儿童:耳聋和口吃》(1925)介绍了国外聋生记忆、智力、学业的最新研究,对聋教育有指导意义;米尔斯夫人的《启哑初阶》(1907)、吴燕生的《聋教育常识》(1935)、杜文昌的《聋哑习音教授法》(1936)是当时聋人口语教学法研究的代表;广东省政府"对各省市盲哑教育概况调查"(1933)将问卷调查法运用在聋教育研究中;1936年、1948年教育部发布《全国盲哑教育概况》,提供了当时盲哑教育发展情况的官方资料;聋教育史的研究以华林一《聋哑儿童教育发达史》(1929)、金汝逊《我国聋哑教育》(1948)等文章为代表;戴病龙《聋哑在法律上之研究》《一个残废者的供状》(1948)讨论了聋人权利与生活情况;教育杂志社《特殊教育之实施》(1926)、华林一《残废教育》(1929)、马宗荣《社会教育事业十讲》(1936)和李万育《特殊学校》四部著作中对盲哑教育的意义、历史和方法进行了较为系统的阐述。

朴永馨、银春铭曾赴苏联学习聋人教育理论与方法,回国后成为中国聋人教育研究的"拓荒者"(图8-11)。20世纪80年代以前,中国学者翻译了几部国外聋人教育理论书籍,国内聋教育研究的专门开展以1980年北京师范大学特殊教育研究室、1988年中央教育科学研究所特殊教育研究室的成立为标志。此后,国内各大院校、各地教育研究部门的聋人教育研究工作也陆续开展起来了。为了了解1949年以来中国聋人教育研究的开展情况,我在CNKI中国知网上检索全文同时包含"聋"和"教育"的论文资料,发现:总的来说,历年有关聋人教育的研究数量呈现增长趋势;在20世纪50年代末,发表的相关文章数量曾达到一个小高峰,这个现象大约与当时流行的针灸治疗耳聋有关;2000年以后,文章数量呈井喷式的增长,其中2004年发文接近750篇,是1954年(约50篇)的近15倍之多,2008年文章数量产生了一些波动,但2012年前后又达到了新的历史高点(图8-12)。

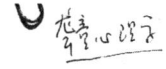

图8-11 银春铭《聋童心理学》手稿

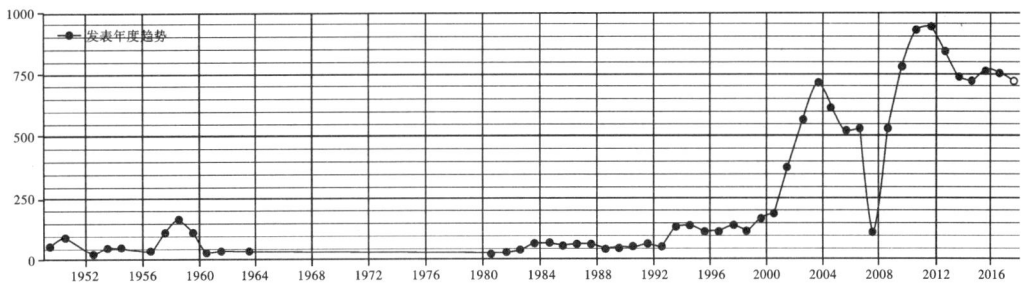

图 8-12　1949—2017 年国内刊物发表聋人教育相关论文的数量

现代中国聋教育研究不仅实现了由少到多、由浅入深的快速发展,还表现出四个方面的特点。

第一,聋教育研究队伍不断壮大,其中包括五个层次:专门的聋教育研究机构、设有聋教育专业的高校研究机构、聋教育相关学科的研究单位、聋教育有关的学术团体、基层聋人教育机构①。从 CNKI 中国知网的统计数据上我们可以看到,全国历年发表聋教育相关论文总量在前 10 位的单位不仅包括南京特殊教育师范学院、华东师范大学、北京师范大学、人民教育出版社这样的高校和专门研究机构,正如特教界所说"全国特教看江苏",江苏省的 5 所市、县级基层特殊教育学校也榜上有名(图 8-13)。

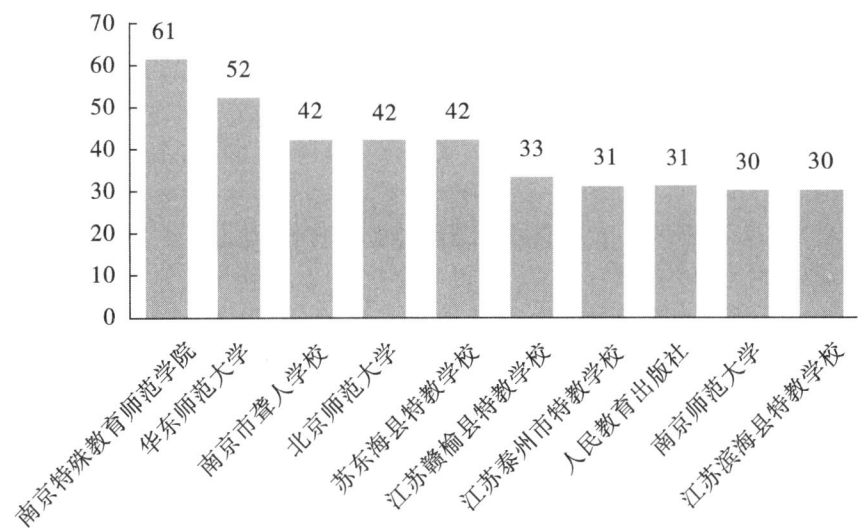

图 8-13　聋教育论文前十的单位

第二,聋教育研究内容不断扩展,涵盖了聋人基础教育、聋人高等教育、聋教育基本理论,聋教育方针、政策和管理,聋教育诊断、评价与鉴定,一体化教育与随班就读,聋教育史,聋儿早期干预,聋人心理学,聋校教学法,聋教育师资培养,手语等十余个领域,各

---

① 方俊明.我国特殊教育研究的回顾与展望.中国特殊教育,2000(1):1-4.

领域的研究也日趋深入。

第三,聋教育研究方法多元化,文献研究、调查研究、实验研究等方法综合运用在聋教育研究中。

第四,多层次的学术刊物为聋教育研究搭建了交流平台:1994年创刊的《中国特殊教育》已成为全国社科、中文类核心期刊,在聋教育界有较大影响;《北京联合大学学报》《现代特殊教育》《绥化学院学报》《贵州工程应用技术学院学报》等专业期刊在国内公开发行;《北京特殊教育》《上海特教》《辽宁特教》等地方学术刊物日益发展成熟。与此同时,众多普通教育刊物也刊发了大量聋教育研究论文,从历年统计数据来看,发表聋教育类论文数量排在前列的刊物分别为《江苏教育》《考试周刊》《天津教育》等(图8-14)。

聋校校史的研究是聋教育研究中的一个特殊的组成部分。

"史"为历史学,要求史论结合,在占有大量资料的基础上,对历史事件、人物进行分析研究,总结历史发展规律。"志"为编纂学,重在把多方面的资料搜集、整理、考证,然后分门别类地记载下来,保存真实可靠的资料。编纂史志,并不一定是

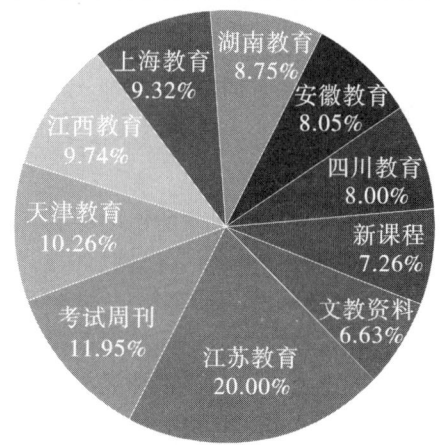

图8-14 刊发聋教育论文最多的10本期刊

专业人员才能完成,近代以来,众多中小学校、高等院校也纷纷为自己出史立志,纵观中国聋校编纂史志的历程,大概可以分为"为了筹集资金""为了宣传学校文化""为了提升学校内涵"三个主要阶段。

中国早期的聋人教育,主要依靠社会各界的捐资助学,因此编写学校发展历程、展示学校发展成果,对于筹集捐助资金来说显得尤为重要,也正是由于这个特殊原因,聋人学校编纂史志,往往早于其他类型的学校。

从目前的资料来看,较早开始编写史志,并且有实物书籍保存至今的聋校,当属北平私立聋哑学校。它在建校十七周年(1936)、建校三十周年(1949)分别编写了两本校庆纪念特刊,图文并茂地展示了学校的发展情况,分发给出席校庆活动和关心学校发展的各界名流,印刷量很大。作为一所老牌聋校,北平私立聋哑学校后来又出版了一册《史料选编》,系统地梳理了学校86年的办学历程。

另一所在校史编纂方面成果颇丰的聋人学校是烟台启喑学馆,它的创办时间远早于北平私立聋哑学校,但是由于早期编写的一些历史方面的资料都是用英文撰写和出版的,在国内流通的比较少。1987年在其建校100周年之际,烟台启喑编纂了几部史志书籍,其中《烟台启喑》的编纂水平可以成为中国聋校史志中的一个标杆。

新中国成立后,聋人学校的办学逐渐脱离了对社会资助的依赖,在许多聋人学校创建、发展的初期阶段,校史资料的收集与编纂还未受到重视。20世纪80年代以后,编纂史书并在校庆期间发行,成为宣传学校文化、展示学校风貌、彰显办学思想的一种手段。

其中有代表性的聋人学校既包括杭州聋校、常州聋校、福州聋校、聋青技校、长沙聋校、昆明聋校这些历史较长、规模较大的聋人学校，也包括一些县级的聋人学校。

最近几年，聋人学校的内涵建设问题得到越来越多的重视，编纂史志迎合了这一需要，很多学校在"寻根"的过程中，不仅出了书，更建成了校史馆，使学校的历史融入校园文化，甚至聋人文化之中。2015年，我所在的新疆乌鲁木齐市聋人学校就开始了校史馆的建设工作，为了收集史料，学校组织人员采访退休老教师，收集他们的"口述史"，我则自告奋勇前往乌鲁木齐市和新疆维吾尔自治区两家档案馆查找文献资料，并且通过一些网络手段，拿到了记录1960年学校第一次开学典礼的《新疆日报》、学校教师开发的维吾尔语全套手语书等珍贵资料。在学校教师的努力之下，学校校史馆于2016年建成，成为学校接待来宾、展示学校文化的一张名片。

港、澳、台聋人基础教育

1949年前，香港有两所由教会资助的聋人学校，分别是创办于1934年的真铎启喑学校和1938年的路德会启聋学校，由于不能满足全港聋人学生的教育需要，慈善组织"扶轮社"于1960年新建一所启声学校，天主教修女会"嘉诺撒仁爱会"又于1973年新建一所明爱达言学校，这四所聋人学校成为20世纪中后期香港聋人基础教育的中流砥柱。

戴目认为，从四所聋校校名中的"启喑""启聋""启声""达言"可以看出，香港聋教育注重聋人的听觉、语言训练[①]。实际情况也是如此，香港1994年加入《联合国儿童权利公约》，2001年制定《残疾歧视条例》，在一系列文件的引领下，政府开始积极推行聋人融合教育，以保障聋人学生的教育公平，越来越多的聋人学生在经过听觉语言训练康复之后融入普通学校接受教育。2004年真铎启喑学校转为普通学校，"启喑"二字从校名中去除了；2006年，启声学校关停；2008年，一所名为圣方济各的普通学校搬入明爱达言学校的校舍，标志着香港第三所聋人学校关停。目前，香港仅存一所路德会启聋学校（图8-15），2016年，该校在校生67人，均为听力残疾比较严重者。

融合教育带来了聋人文化的危机，据香港特区政府统计处2014年发表的第62号专题报告书，全港15.5万名听觉有困难人士中，只有3900人懂得手语，仅为2.5%。为了应对这一挑战，香港中文大学手语及聋人研究中心早在2006年就开始了一项名为"手语双语共融计划"的研究，以期支持聋人学生、健听学生在语言和学习

图8-15　路德会启聋学校教学楼

---

① 戴目.香港聋校印象.中国残疾人，1998(12):37-38.

上共同受益。

香港的聋童学前教育机构以宣美聋童语言练习中心为代表。香港的聋人高等教育是相对开放的。除了香港中文大学手语及聋人研究中心,符合条件的聋人学生有机会进入全港任何一所高校、任何一个专业攻读学位,为了保证教学无障碍,高校往往会为聋人学生提供课堂手语实时传译支持。

澳门的聋人教育始于20世纪60年代的路德会圣保罗学校附属聋哑夜校,1973年增办日间学校,命名为路德会圣保罗聋哑学校,为弱听、弱言儿童提供教育①,是澳门第一所特殊教育学校。1988年,澳门协同福利及教育会在教育司将该校重新注册为"协同特殊教育学校",教育对象转为弱能儿童②。1990年,澳门伤残人士社会服务中心开办语言训练班,开展聋童早期康复训练,后来该中心更名为启聪中心,隶属于澳门聋人协会。

1991年开始,澳门政府在公立学校推行融合教育,2006年以法律形式确定特殊教育应优先发展融合教育③,因此目前澳门的聋人学生主要以融合教育的形式在普通学校接受教育。

最后我们把视线转到台湾,当地现有三所公办聋人学校,学段普遍覆盖幼稚园到高职,但它们并非是完全单一的聋人教育机构,其中也招收健听学生,甚至在一些学校中健听学生的人数比聋人学生多得多。

台北市立启聪学校的校名经历了多次变化,其前身是1917年成立的木村盲哑教育所,1920年改称台北州立台北盲哑学校,1945年改称台湾省立台北盲哑学校,1962年改称台湾省立台北盲聋学校,1967年改为台北市立盲聋学校,1975年盲聋分校,聋生部定名为台北市立启聪学校(简称北聪)④。

台南大学附属启聪学校的校史可以追溯到1890年,原为盲聋合校,1968年分校,改名为台南启聪学校,2009—2011年期间学校爆发了震惊社会的"集体性侵事件",2012年并入台南大学,成为台湾第一所附属于大学的聋人学校,台南大学也因此成为台湾第一所从幼儿园到博士班的"全学员制"大学。

台中市立启聪学校成立于1956年,原为台湾省立台南盲哑学校丰原分部,1960年更名为台湾省立丰原盲哑学校,1962年改称台湾省丰原盲哑学校,1968年盲聋分校,成立台湾省立台中启聪学校,1990年改称台中启聪学校⑤。

此外,高雄还有一所成立于1951年的私立启英聋哑小学,台湾也顺应国际融合教育的发展潮流,在普通学校开设了大量启聪班、支持聋人学生在普通学校就读。在高等教育阶段,根据林宝贵的介绍,"台湾不像大陆有专为聋人大学生开设的院校或系科,台湾的聋人大学生是分散在各大学、各科系就读的"⑥,高校会为聋人大学生提供一定的支持性服务。

---

① 冼权峰.澳门的聋童教育与聋人服务.现代特殊教育,2004(1):36.
② 黎小江、莫世祥.澳门大辞典.广州:广州出版社,1999:517.
③ 肖玲、刘全礼.澳门特殊教育的发展及启事——以2015年为例.绥化学院学报,2016(10):5-9.
④ http://www.tmd.tp.edu.tw/index.php.
⑤ http://www.thdf.tc.edu.tw/ischool/publish_page/0/.
⑥ 林宝贵.台湾聋人大学生的学习现状与支持性服务需求.现代特殊教育,2013(9):49-51.

第九章　聋人高等教育

聋人在艺专

清末民国时期,虽然中国聋人基础教育刚刚"蹒跚学步",但是从那些不起眼的聋人学校中走出的毕业生已经开始仰望高等聋人教育的星空了。从《武昌艺专与聋生的情缘》《回眸国立艺专》《中国早期聋人学校教育发展概况综述》等史料的零星记载中可知,1949年前中国就已经有一批聋人在大学或专科学校接受了高等教育(图9-1)。

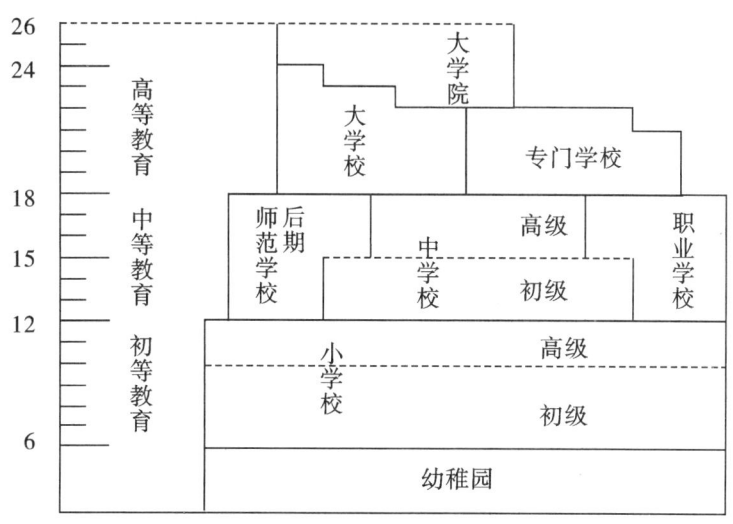

图9-1　1922年以后的民国学制系统

其中,中国近代历史上第一位聋人大学生,也是第一位在国外高校毕业的聋人大学生当数许超峰了。美国罗彻斯特聋人技术学院1923年11月号学报记载,1909年烟台启喑学馆的负责人安妮塔·米尔斯夫人保送中国宁波聋人许超峰赴该校学习,许超峰先后在该校读完预科、中学、大学课程,1923年毕业并回到中国,许超峰在美国学习的这14年中,是当时唯一的中国聋人留学生。

1937年南京市立盲哑学校西迁重庆之后,中国有机会接受高等教育的聋人学生人数达到了一个历史高峰。南京市立盲哑学校——也就是后来的教育部特设盲哑学校——校长陈光煦社会关系广泛,在重庆期间多次到中央大学、社教学院等高校演讲,宣传特殊教育,与内迁的一些高校建立了良好的关系,他又利用学校直属教育部的条件,将本校有意继续深造的学生情况反复呈报教育部。聋人学生接受高等教育的要求得到了教育部的支持,并且由于民国时期高等教育体系中公立学校、教会学校、私立学校并行,教育体制相对开放,学校大多是自主招生的,因而很多聋人中学毕业生根据成绩优劣及专业技能水平,被保送到有艺术、体育类专业的大专院校,他们"升入艺专暂为特别生,到学期终了,如成绩很好,再转为正式生"。

通过这种保送的方式,许多聋人学生得以有机会进入高等院校学习,这在民国时期也算是难得的好事。众多院校之中,接收聋人学生最多的是当时共同西迁的私立武昌艺术专科学校(与北平艺专、杭州艺专并称中国最早的三所艺专之一)、私立正则艺术专科学校和国立艺术专科学校(北平艺专和杭州艺专在四川合并成立)(图9-2)。

●雕　塑
谭铸尧　黎庄珍　张毓琛(女)　　曾令瑞　沈士庆　刘传孝

●应用美术
胡明德　王达吉　王心田(女)　徐中干　曾悦音(女)
尹诗铭　黄开麟(女)　　方冰美　杨令德(女)　安德新
陈福珠(女)

图 9-2　国立艺专 1940 级 5 年制专科学生名单
方冰美、沈士庆与听人同班①

不过在 20 世纪 40 年代,聋人的"保送制"发生了一些变化,聋人美术家米文模在《武昌艺专与聋生的情缘》②一文中回忆,他在毕业之际学校提供的不是"予以保送入学"的通知,而是"予以介绍参加考试"的公函。他拿着公函到国立艺术专科学校参加考试,通过了专业笔试,但口试时有考官打了"零分"而未被录取。这件事得到《新华日报》《中央日报》《时事新报》等媒体的关注,"指出不应歧视聋哑人",聋人"不幸失聪,考试成绩及格,又不让他入学,未免落井下石"。经过广泛争取,最终被武昌艺术专科学校录取,因为这段入学的波折,他也算得上是中国争取高等教育入学权利的第一位聋人。

聋人入学后被高校编入普通班级接受教育,教学形式类似于今天的全纳教育。学校教师不仅没有对聋人另眼相看,还会在学业上给予他们更多指导,其中有代表性的一位要数时任武昌艺专校长、著名美术家张肇铭先生,他"对聋生比较关爱,教聋生较之于教健听生付出较多",他的学生、美术家米文模曾向他送诗一首:

　　　　当年艺专谒良师,教我观摩教我思;
　　　　语带春风谈练笔,言犹温厚责生痴;
　　　　先生才调称三绝,画名字内世皆知;
　　　　不嫌聋生官能缺,言传身教不嫌迟。

米文模介绍,同一时期武昌艺专在校的"手语族"聋人学生有十几人,他们不像健听生那样仅仅出于对美术、体育的兴趣来混一张大专院校的文凭,他们在学业上相当勤奋,

---

① 《信摘》辑.回眸国立艺专:国立杭州艺术专科学校 1928—1949 年校友珍藏照片展览.内部资料,2000.
② 戴目、闻大敏.百年沧桑话聋人.上海:上海教育出版社,2003.

希望获得一技之长从而在社会立足。这一时期的高等教育也的确培养了许多聋人精英，胡家岱、闻大敏、宋鹏程等都成长为后来聋人教育事业的领路人，方冰美从国立艺专毕业后赴台湾指导聋人教育教学，祖振纲在武昌艺专学习后远渡重洋，在美国加劳德特大学获得了学士学位，成为该校第一位中国留学生（表9-1）。

表9-1　1949年前接受高等教育的聋人

姓名	院校	备注
许超峰	罗彻斯特聋人技术学院	保送
吴铭均	上海新华艺专、上海艺专	
胡家岱	武昌艺专、正则艺专	1951年毕业
张主荣	正则艺专	1952年毕业
方冰美	国立艺专	毕业
沈士庆	国立艺专	毕业
米文模	武昌艺专	毕业
刘大桂	武昌艺专	毕业
闻大敏	京华美术学院	因贫辍学
祖振纲	武昌艺专、加劳德特大学	学士学位
李有庆	武昌艺专	肄业
周棠英	正则艺专	一年后退学
姚建雄	？艺专	
董金洪	昌明艺专	
孙克明	武昌艺专	
肖瑞稚	武昌艺专	一年后病逝
彭锡庚	武昌艺专、国立艺专	
朱立本	国立体专	肄业
宋鹏程	新华艺专	
李少英	武昌艺专	半年后退学
张允	武昌艺专	1950年毕业
余成源	武昌艺专	旁听
施稚鹤	苏州美专	
韩不言	京华艺术学院	

聋人升学途径多元化

中国高等教育的发展本身就晚，聋人高等教育的起步更晚。新中国成立初期，只有极个别聋人有机会接受高等教育,在这之中,出生于1937年、8岁时因病耳聋的陈光复是目前所知新中国的第一位聋人大学生,他1962年毕业于四川大学中文系后留校任教,成为史学家、教授,先后担任四川大学档案馆、校史办负责人,中国残疾人联合会主席团委员等职(图9-3)。

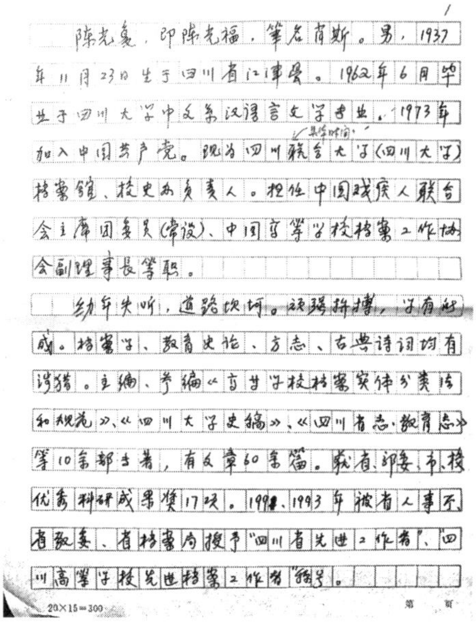
陈光复，即陈光福，笔名肖斯。男，1937年11月23日生于四川省江津县。1962年6月毕业于四川大学中文系汉语言文学专业。1973年加入中国共产党。现为四川联合大学（四川大学）档案馆、校史办负责人。担任中国残疾人联合会主席团委员（常设）、中国高等学校档案工作协会副理事长等职。

幼年失听，道路坎坷。顽强拼搏，学有所成。档案学、教育史论、方志、古典诗词均有涉猎。主编、参编《高等学校档案实体分类法和规范》、《四川大学史稿》、《四川省志·教育志》等10余部专著，有文章60余篇。获省、部委、市、校优秀科研成果奖17项。1992、1993年被省人事厅、省教委、省档案局授予“四川省先进工作者”、“四川高等学校先进档案工作者”称号。

20×15=300　第　页

图9-3　陈光复简历手稿

1977年,国家恢复了因为“文化大革命”中断十年的高考制度,重新迎来了尊重知识、尊重人才的春天。但是此后的一段时间,由于参加普通高等学校招生全国统一考试的考生需要符合一定的体检标准,残疾人接受高等教育是非常困难的,相比之下,国外发达的残疾人高等教育却让中国残疾人深受触动。1984年3月,中国残疾人福利基金会成立,中国盲人协会主席、吉林艺术学院教授甘柏林即向邓朴方会长反映了残疾人报考大学被拒之门外的事。针对这一问题,1985年教育部和卫生部放宽了体检标准对残疾考生的限制,不过,当时能被高校录取的残疾人仍如凤毛麟角,从1987年第一次全国残疾人抽样调查数据中可以看到,当时全国聋人之中拥有大学学历的仅占千分之三。为了进一步解决残疾人接受高等教育的困难,国家决定在吉林省试办一个专门招收残疾人的高等教育实验班。

1987年,国家教委正式批复由中残联和吉林省人民政府共同创办长春大学特殊教育部,当年9月,长春大学特殊教育部成立,并迎来了45名盲、聋、肢残大学生。从此,中国聋人高等教育蓬勃发展起来,天津理工大学、北京联合大学等院校也相继开设了专门招收聋人学生的院系,经过初步统计,截至2018年这类院校的总数达到22所。它们主要是通过单独命题、单独组织考试、单独录取的“单考单招”模式进行招生、录取的,每年都有一批聋人学生在“单考单招”中脱颖而出(表9-2),入读本科、专科,“单考单招”成为他们拓宽眼界、培养技能、谋求职业、改变人生、实现梦想的一个重要途径。与此同时,也有一部分在普通学校就读的聋人高中毕业生能够通过普通高考,进入普通高等院校就读。

除了在全日制高等院校就读外,聋人也可以通过函授和业余大学(夜大)接受高等教育。函授是成人高等教育的一种学习形式,聋人考生通过国家统一举办的成人高考(聋人班单独命题)被录取后,在教师指导下进行有计划、有目的的自学并完成作业,利用寒、暑假或假日参加函授站组织的面授和考试,最后完成毕业论文,颁发毕业证书。目前我国开展聋人函授高等教育的主要是上海徐汇区业余大学,该校设有装潢艺术设计、动漫设计与制作、摄影与摄像、绘画四个专业的成人大专(聋人)班,并与上海戏剧学院合作,举办一个艺术设计专业聋人专升本班。与此同时,2012年揭牌的国家开放大学以原先的中央广播电视大学和地方广播电视大学为基础,单独设置残疾人教育学院,招收聋人并通过远程教育的方式为他们提供本科、专科学历继续教育和非学历继续教育,逐步构建起比较完整的聋人远程教育体系。

表9-2 2017、2018年聋人高等院校"单考单招"概况

（本科、专科层次分别按照拼音首字母排序）

名称	专业	层次	招生人数
北京联合大学	视觉传达设计、计算机科学与技术	本科	120
滨州医学院	口腔医学技术	本科	10
长春大学	视觉传达设计、绘画、动画、工商管理	本科	120
重庆师范大学	特殊教育	本科	25
金陵科技学院	计算机科学与技术	本科	25
南京特殊教育师范学院	服装与服饰设计、公共事业管理、艺术设计	本科 专科	92
上海应用技术大学	视觉传达设计	本科	20
绥化学院	计算机科学与技术、环境设计、电子商务	本科	80
天津理工大学	服装与服饰设计、产品设计、自动化、电子信息工程、工程造价、财务管理、环境设计	本科	120
西安美术学院	工艺美术	本科	60
郑州工程技术学院	视觉传播设计与制作、艺术设计、摄影摄像技术、电子信息工程、动漫制作技术	本科 专科	170
郑州师范学院	计算机科学与技术、音乐学、美术学	本科	120
长沙职业技术学院	广告设计与制作、视觉传播设计与制作、汽车运用与维修技术、计算机应用技术	专科	80
福州职业技术学院	广告设计与制作、计算机应用技术	专科	40
广东培英职业技术学院	计算机应用、计算机动漫与游戏制作、美术绘画、服装设计与工艺	专科	90
广州大学	艺术设计、计算机应用技术	专科	未公布
乐山师范学院	特殊教育	本科	20
辽宁特殊教育师范高等专科学校	艺术设计、口腔医学技术、园艺技术	专科	未公布
山东特殊教育职业学院	工艺美术品设计、服装设计与工艺	专科	未公布
天津城市职业学院	数字媒体艺术设计	专科	未公布
云南特殊教育职业学院	工艺美术、计算机应用技术	专科	未公布
浙江特殊教育职业学院	工艺美术品设计、数字媒体艺术设计、中西面点工艺、电子商务	专科	未公布

高等教育的发展支持了聋人学历的整体提升,2006年第二次全国残疾人抽样调查发现,大学专科以上学历的聋人比例达到千分之八,比1987年提高了一倍多。虽然如此,中国聋人群体接受高等教育的比例仍然偏低,可以说"聋人高等教育任重而道远"。

聋人高等教育招生制度改革

从上面提供的资料来看,中国内地目前仅有北京联合大学、天津理工大学、长春大学、南京特殊教育师范学院(图9-4)、西安美术学院、重庆师范大学、郑州师范学院、郑州工程技术学院、绥化学院、浙江残疾人职业技术学院、广东省培英职业技术学校等二十余所高校开展聋人"单考单招",开设的专业局限在美术、计算机、园艺等少数领域,每年招生总人数不超过1000人。

图9-4　南京特殊教育师范学院正门

可供聋人选择的高等院校数量远远不足,专业设置和招生人数难以满足聋人学生的学习需求,不仅如此,上述学校的地域分布还存在"东部多西部少"的现象,仅有的个别高校甚至标明不招收西部地区的考生,如此一来,很多聋人——尤其是西部省区的聋人——接受高等教育的质量并不理想。正如聋人小洁在访谈中对研究者谈道:

因为在大学没学到适合自己的专业,很多聋哑人大学毕业好工作不好找啊,要靠父母与大官的关系啊可以走后门有好工作啊。我心里不太喜欢这样的话,但这个是聋哑人在社会中的现实呢!我遇见过的聋哑人,每个人似乎说过这句话,聋哑人大学毕业没好工作。这句话仿佛一段魔咒在我耳边不停地响起来,我想挥也挥不去。我甚至对未来有一丝丝的绝望呢!

聋人参加高考为什么要花那么多钱、聋人为什么不能和健全人一样参加普通高考、聋人的前途为什么这么狭窄?这是很多聋人内心的疑问,也是他们迫切需要解决的问题。研究者在微信公众平台中对全国109名聋人调查发现,75%的聋人表示"愿意和健全人一起参加高考"。支持这一观点的聋人阿俊进一步对研究者解释说:

面对现实,我是心有余而力不足,我放弃了,外面的世界依然没有我想象的那么完美,这个世界少了平等,存在了歧视,我以后毕业踏入社会怎么办,想到这里我总是提心吊胆,我相信不只是我一个人,包括中国大多数聋哑人。我希望有一天,聋哑人与健全人一律平等,无论是经济、文化、政治,都不能有太大的差距,我梦想所有的聋哑人能够团结,不平等的问题要向政府反映,而不是满足于享受政府提出的一点优惠,我们要的是没有分区聋哑学校,我们要的是和健全学生一起学习,相互平等,这是我们最大的希望。我的一个朋友现在是工程师,他是兰州大学本科毕业的,而我们呢,我们学校从来没有参加过正常高考,因为我们和外面的世界隔离了,造成我们今天的局面。

"单考单招"和隔离式的聋人高考招生模式不仅不符合聋人的学习、发展需要,也违背了聋人平等参与社会生活的基本权利诉求,面对现实,参加普通高考成为很多聋人渴望而难以触摸的梦想。

2015年国家颁布的《残疾人参加普通高等学校招生全国统一考试管理规定(暂行)》是聋人教育、聋人权利工作中的一件大事,它首次从政策上为聋人参加普通高考打开了虚掩已久的大门。在这份文件中,我们看到"合理便利"这个词,当时,看到很多朋友在网络上对中国实施"合理便利"讨论得很激烈,而很多聋人和从事聋人相关工作的人士此前却对"合理便利"一无所知。

"合理便利"是联合国《残疾人权利公约》提出的一个概念,是指根据具体需要,在不造成过度或不当负担的情况下,进行必要和适当的修改和调整,以确保残疾人在与其他人平等的基础上享有或行使一切人权和基本自由。

《残疾人权利公约》于2006年12月13日由联合国大会通过,我们却在2015年5月第一次听说"合理便利",而更多的中国政府官员、中国残障人士、中国残障事业工作者甚至在多年以后才能接触到"合理便利"这个概念,这就意味着,我们所处的社会环境中,残障理念的发展程度与其他国家相比至少有10年的差距,那么,残障事业在实践层面的差距就更加难以测算了。

"合理便利"为残障者权利工作提供了一种新的思路和工具。根据"合理便利"的原则,社会有责任为残疾人的充分发展创造条件,消减环境对残疾人生活、学习等各个方面造成的障碍,尊重和保障残疾人的权益,强化残疾人与主流社会的沟通。

在中国的残障人圈子里,盲人和法律界率先开始合作,使用"合理便利"的武器争取自己的权利,正如2014年轰动全国的"盲人要求参加普通高考"事件,在这件事的直接倡导下,2015年国家推出了为残疾人参加普通高考提供"合理便利"的办法——《残疾人参加普通高等学校招生全国统一考试管理规定(暂行)》,不得不承认,盲人走在了当今中国残障人权利运动的前沿。

世界许多国家的残疾人早已享受到了"合理便利"为他们学习、生活、就业等领域带来的福利。在聋人教育领域中,很多特殊教育工作者、特殊教育研究人员以及众多的听力残疾人士,从未听说过"合理便利",或者对此知之甚少,那么,我们应当对"合理便利"、对这种未来的社会趋势保持敏感,保持开放的态度,加强宣传和学习,与其他学科、其他领域的研究者,与其他类型的残疾人形成合力,把"合理便利"的理念逐步融入我们的日常工作并推进实践,这样才能推动中国的聋人权利事业走向新的高度。

《残疾人参加普通高等学校招生全国统一考试管理规定(暂行)》提出的为聋人考生参加普通高考提供"免除外语听力考试","优先进入考点、考场","考点、考场配备专门工作人员(如引导辅助人员、手语翻译人员等)予以协助","允许听力残疾考生携带助听器、人工耳蜗等助听辅听设备"等合理便利,作为来自国家层面的决策,"破除了残疾人参与高考的坚冰,给无数残疾人点亮了希望,也释放出一个国家关爱残疾人、追求公平的价值理念"①,让我们看到未来聋人参与普通高考、走向社会融合的希望。

新政策很快见效:2015年全国多个省市第一次为残疾人参加普通高校招生考试提供了便利措施,478名残疾考生在高考时受益,其中391人超过了录取分数线②。以上数据之中,普通学校随班就读的残疾考生占有较大的比例。

在特殊教育学校就读的聋人学生报名、参加普通高考的较早一篇报道,是在2015年12月20日"新疆维吾尔自治区普通高校2016年美术类专业统一考试"中,有10名来自残疾人职业中专学校的聋人考生报名,为了保障考生顺利完成考试,考务人员首次安排了邻近考务办公室的专门考场和休息室、提供轻便的绘画设备、配备一名熟悉聋人的美术专业讲师和一名精通手语的专门工作人员进行沟通和协助等合理便利。

2016年1月,广东省惠州市教育局和残联组织的个别聋人学生参加高考考前体检,作为向他们提供合理便利的准备③。随着越来越多的案例和实践积累,我们满怀信心:聋人高考的藩篱终将被突破,参加普通高考、考取普通院校,在最少受限制的环境中接受高等教育,聋人一定也是可以的。也正是因为政策行之有效,2017年,中残联、教育部正式发布了《残疾人参加普通高等学校招生全国统一考试管理规定》。

《管理规定》的公布以及聋人参加普通高考权利的落实,将会在未来几年重建中国的聋人教育,那么具体会表现在哪些方面呢?

第一,政府残疾人事业的公信力将大幅提振。在早前发布的《特殊教育行动计划(2014—2016年)》中有这样的说法:"高等学校要按照有关法律法规和政策,努力创造条件,积极招收符合录取标准的残疾考生,不得因其残疾而拒绝招收。"按照传统的思维,"努力创造条件""积极招收"这些字眼都是些政府文件中的"套话",因为努力不努力、积极不积极实在不好衡量,政策往往起不到实质性的作用。没想到第二年(2015年)政府就拿出《管理规定》这个重磅的文件,残疾人高考招生制度改革的力度和决心可见一斑。如果政策执行的力度和政策发布的力度一样大,将大幅提升公众(特别是残疾人士)对政府残疾人事业的信心。

第二,聋人平等接受高等教育的权利将得以彰显。聋人参加高考有困难,这是不争的事实。以往,国家仅在少数几所高校为聋人开辟了"单考单招"的通道,名义上聋人也获得了参加高考的权利,实际上,这种权利给的并不大方。当然,社会经济水平在制约,我们应予理解。《管理规定》发布并真正落到实处后,聋人、听人的高考之路将最终殊途

---

① 潘跃.残疾人高考彰显公平价值.人民日报,2015-10-8.
② http://www.cdpf.org.cn/yw/ldjh/201601/t20160105_538253.shtml.
③ http://www.cdpf.org.cn/dfdt/201601/t20160121_539287.shtml.

同归,体现出对聋人权利的尊重。

第三,聋人基础教育将打上"强心针"。过去,聋人参加少数几所高校的单考单招,成也萧何、败也萧何,中小学阶段的聋人教育缺乏动力,缺乏激励性的评价指标,聋校老师普遍感觉工作没奔头、没目标,于是成天混日子者甚众。《管理规定》真的落实起来,高考的升学情况将成为评价聋校教学质量的重要标志,也将从根本上撼动聋人基础教育,激励学校和教师提升教育教学质量,进而提升聋人学生的知识基础,让他们更有底气地参与高考竞争。

第四,手语翻译学科将迎来空前机遇。根据《管理规定》的要求,有聋人参加高考时,考场有义务配备中级以上资格的手语翻译员。同时,当越来越多的聋人考入普通高等院校,他们无障碍学习的问题也将突显,解决这一问题的一条路径就是为他们配置手语翻译。这样一来,在高考考场上、在大学课堂中,我们将会看到手语翻译员的身影。有需求就有市场,在当前众多特殊教育专业高校毕业生难就业的形势下,手语翻译学科将迎来一个新的发展机遇期。

第五,全纳教育将突破瓶颈。"全纳"和核心,通俗地说就是残疾人和健全人在一起。为什么一定要在一起?在一起意味着接触、了解、理解和接纳。过去,残疾人和健全人不怎么交往,很多健全人凭着自己对残疾人的偏见去看待残疾人,这样当然不利于社会公平、谈不上尊重和平等。从20世纪80年代开始搞的随班就读,到现在的全纳教育,教育质量一直很难提高,一个重要的瓶颈就是:毕业生没有升学通道。所以,在普通学校随班就读的残疾学生有很多又回流到特殊学校。《管理规定》出台后,将打通普通中小学和普通高等院校之间的通道,将显著提升普通中小学随班就读对残疾学生的吸引力。那么,特殊教育学校的职能也不得不加速向指导中心、资源中心转型以求生存。

2007年,"高等聋教育国际网"的研究者在《中国特殊教育》杂志上就撰文指出,聋人"单考单招"存在诸多弊端,其中包括:由于各高校试题内容和难易程度不同,考生为了应付高考,不可避免地忽视了基础知识的学习;由于没有统一考试,考生要准备所有高校的考试,压力很大。

2015年,国家出台了关于残疾人参加普通高考的相关规定之后,一段时期内能够有机会参加普通高考的仍主要是在普通学校随班就读的残疾学生,对于特殊教育学校的聋人毕业生来说,参加各个高校组织的"单考单招"仍然是继续深造的唯一途径。

关于聋人高考,以往我们了解更多的是学校数量的缺乏、专业范围的狭窄,在印象中,聋人对"单考单招"的反对意见好像并不强烈。其实,在最近几年关注并参与聋人学生的高考报名以后,我发现,聋人高考另一个大的问题是"单考单招"带来的诸多不便。

第一,"单考单招"给聋人高三毕业生及其家庭带来了沉重的经济压力。虽然有些高校在一些大城市的特殊教育学校设置一些合作的考点,为周边城市的聋人考生提供考试的方便,但是依然有相当多数的、特别是一些边远地区的聋人学生需要赴各地高校参加考试。这样一来,往返的交通费用就可能成百上千元。

一场考试少说也得两三天,聋人学生还要支付一定的食宿费用。又因为缺乏统一的考试和招生政策,很多聋人考生不得不转战于各大高校参加考试。按照报考三所高校计算,聋人考生一出门就得将近半个月,不花掉几千元恐怕考不回来。上面的数额还不包括各个大学收取的报名费、考试费呢。

很多聋人学生的家庭条件本来就不好,沉重的高考费用加剧了家庭经济负担,可面对梦想的召唤,聋人学生和他们的家庭硬着头皮也得把这些钱花出去。据了解,听人毕业生参加高考的费用大约也就百十来块,那么,聋人参加高考花的钱凭什么比听人多几千块?

第二,"单考单招"助长了聋人教育机构的封闭式办学,不利于聋人教育教学水平的提升。没有比较就没有差距,没有差距就没有危机感。正是因为"单考单招"模式的存在,各个地区的聋人学校很难了解自己的教学水平、自己学校的聋人学生的学业水平在全国处于一个什么样的位置。大家都是闭门造车,都觉得自己不错——因为学生考上大学了呀——可是考得怎么样却难以有一个统一的、量化的标尺。聋人学生考上大学就行了,至于考了多少分,排在多少名并不重要。于是,很多聋人教育工作者就会产生一种自满、倦怠的职业心态:反正高考也检验不出来自己的教学水平,何必全身心地去搞好教学呢? 还不如自己搞点副业来得实惠。

在普通学校,这种情况可就不一样了,因为有全国统一高考,学生成绩决定学校声誉,老师们都跟打了鸡血似的去工作,谁在工作上不上心,考试成绩不好面子上可就过不去了,这样一来教学质量当然也要好一些。

第三,"单考单招"给赴外地参加考试的聋人学生带来了一定的安全隐患,这一点很容易理解。

第四,"单考单招"对于高等院校来说也是一项费时、费力、低效的工作,费时、费力好理解,至于低效,则是因为很多聋人学生同时报考多所高校,最后考上了也不一定去,这样会浪费高校的很多资源。

通过上面的讨论,我认为聋人高考需要呼唤"统考统招"。实现"统考统招"是教育公平的一种体现、是对聋人权利的尊重。如果改变现行的"单考单招"模式,不仅减轻了聋人学生的经济负担,为每一位聋人学生提供平等的竞争平台,让他们轻松、安全、方便地实现大学梦,还整合了各个高校的资源,提高招生、录取的效率和质量。更重要的是,"统考统招"所产生的成绩反馈,可以成为各地聋人学校评价自身教学质量的一面镜子,激励聋教育工作者持续努力地提升自己的教学能力,让聋人学生有机会享受更优质的基础教育。

2017年、2018年全国政协委员蔡国伟等陆续提出"应统一组织残障学生高考及录取"的议案,教育部在《关于政协十二届全国委员会第五次会议第3290号(教育类330号)提案答复的函》中表示,"将深入调研、论证,加强规范和引导,不断完善残疾人高考招生相关政策,使更多的残疾人可以接受更高质量的高等教育"。

聋人攻读硕士、博士学位

随着我国聋人高等教育的发展,越来越多的聋人有机会接受本科层次的教育,使聋人的社会地位有了较大幅度的提高,也培养了一批聋人精英人才。不过,在快速发展的时代浪潮之下,聋人群体开始不再满足于本科学历。

《从聋到龙》一书的作者陈少毅告诉聋人:"硕士以上高级学位是你是否成为高端人才的分水岭……聋人朋友,社会在发展,你的学历也要紧紧跟上时代。聋人,你要冲击硕士研究生!"这句话表达了很多聋人的心声。然而,在现有的教育体制之下,英语考级、专业课成绩、手语沟通这些因素都成为聋人取得研究生学历的拦路虎。由于在国内求学艰难,像关雪松、芦苇、胡晓姝这些优秀聋人不得不选择出国留学。

聋人接受研究生教育是一个"权利"问题。近几年,社会文明逐渐进步,研究生招考制度改革初现,其中推荐优秀应届本科毕业生免试攻读研究生(简称"推免")的方案减少了很多笔试环节,对聋人来说是一个利好。

从教育主管部门的官方文件看,在招聋人高等院校之中,西安美院于 2014 年以前就率先取得了"推免"资格,但是由于各方面条件的限制,鲜有聋人毕业生能被"推免"。

2017 年,在教育部办公厅发布《关于 2017 年新增推荐优秀应届本科毕业生免试攻读研究生普通高等学校予以备案的通知》中,另一所招收聋人的高等院校——天津理工大学新增进入具有"推免"资格的高校名单。随后,天津理工大学聋人工学院立即做出决定,在其发布的:"2018 年聋人单考单招简章"中明确提出"2018 年起,符合天津理工大学及聋人工学院有关文件规定,并获得免试攻读硕士学位研究生资格的优秀应届本科毕业生,经过报名学校(含本校)资格审查、复试、审核合格,可直接攻读硕士学位研究生。"

这是国内高校首次公开确认聋人毕业生的"推免"资格,不仅如此,天津理工大学为了配合做好未来的聋人"推免"工作,还专门拿出了针对聋人的"推免研究生遴选推荐条件",内容包括:

聋人工学院普通专业申请者,所有已修读的必修课加权平均成绩要求排名位于本专业同年级前 10%;聋人工学院全纳教育专业申请者,所有已修读的必修课加权平均成绩要求排名位于本全纳教育专业第一。

外语水平要求:非艺术类专业(含全纳教育专业)学生申请推免研究生,要求全国大学英语四级考试成绩在 425 分及以上;艺术类专业(含全纳教育专业)学生申请推免研究生,要求全国大学英语四级考试成绩在 390 分及以上。

这些条件乍一看遥不可及,但是,它已经尽可能地为聋人进行了"量身定制"。2017 年 12 月,天津理工大学全纳教育财务管理专业的代诚豪同学因为学习成绩优异,获得了推荐免试研究生的资格,并顺利通过了云南大学复试,成为我国第一位"聋人推免研究生"。

不过,现行"聋人推免研究生"政策条件过高、聋校毕业的聋人大学生难以企及等受到了来自聋人教育领域中的一些质疑,但毕竟在目前条件下,大范围地放开聋人"推免"是不现实的,这项工作还需要方方面面的条件保障,因此,适当地加高难度也是无可厚非的。虽然如此,高校确认聋人"推免"资格已是聋人权利方面的一次飞跃,相信在不远的将来,这项政策一定能够有所成效、让更多聋人实现读研梦想。

第一位中国聋人博士生是唐英。1971 年唐英出生于江西抚州,5 岁时因外伤导致耳膜破损,后来又因为注射药物导致严重的听力损失。他从小在普通学校上学,1990 年以高分考入江西大学（现南昌大学）图书情报系，本科毕业后因为表现优秀，免试留校就读应用数学的计算机信息专业硕士研究生，于1997年获得硕士学位。1998年他进入上海交通大学攻读博士学位。唐英现任江西省南昌大学信息工程技术研究中心助理研究员、江西省残联主席团副主席、省聋人协会主席。

第一位在国外获得博士学位的中国聋人是李颖。李颖1973年出生于大连，童年时因病致聋，曾就读于大连盲哑学校，1991年9月，被保送到营口的辽宁省特殊教育师范学校，成为该校的第一批学生，与健听人一起接受高等教育。大学期间，她学习分外努力，尤其是克服重重困难通过了英语测试。毕业后，她进入美国加劳德特大学攻读硕士学位，并于2001年毕业。2002年，李颖进入美国得克萨斯州拉玛大学攻读聋教育博士学位，经过三年苦读，她在2005年顺利通博士学位论文答辩，成为一名专攻聋教育的聋人博士，实现了中国聋人博士"零"的突破①。

第一位在国内获得博士学位的中国聋人是郑璇。郑璇两岁半时因病致聋，在父母和老师的教育下，她经过漫长的语言康复训练，克服辨音、发音等重重困难学会了说话，并依靠助听器和读唇，学会了与健听人交流。从小学开始，郑璇一直在普通学校就读，由于学习异常勤奋刻苦，成功考取武汉大学，完成了本科和硕士阶段的学习，2005年考进了复旦大学中文系语言学与应用语言学专业研究言语障碍，于2009年获得博士学位，现在重庆师范大学任副教授。

除了以上三位"里程碑式"的聋人博士外，取得博士学位或博士在读的中国聋人还有杨军辉（美国加劳德特大学博士学位）、周婷婷（美国波士顿大学博士学位）、贺熹蓉（英国诺森比亚大学博士学位）、姚登峰（清华大学博士研究生）等。通过他们的经历，我们更加相信：只要给予聋人充分的平台和机会，聋人一样可以在学业上取得高成就；除了听，聋人什么都可以做！

---

① http://blog.sina.com.cn/s/blog_601329e10102v0o8.html.

第十章 聋人职业教育的发展

近现代聋人职业教育的探索

中国对聋人职业教育的早期探索见于1859年洪仁玕在《资政新篇》中的记载:"兴跛盲聋哑院……请长教以鼓乐书数杂技,不致为废人也"。中国的聋人学校开办职业教育,较早的可以追溯到1899年烟台启喑学馆的"编发带"课程。其实为了使聋人学生获得一技之长、毕业后能够自谋职业、自立于社会,早在学馆创建之初米尔斯夫人就已经"充分意识到开设工艺部门的必要性",但是苦于"不知道哪一种工艺操作起来不会花费太多的费用"。当时,发带是中国各阶层男士的必需品,只要有束辫的风俗,发带就有市场。米尔斯夫人意识到了这是一个机会,1899年2月学馆专门聘请教师来校教学,编发带的工序和工具都非常简单,适合聋人操作,学生们都很喜欢,年龄大一点的学生一个人就能完成。①

民国时期,聋校课程大体上是以参照普通学校的课程为主,辅以一些适合聋人特点和需要的课程。朱冲涛在1940年前后对九所聋人学校调查②发现,三民主义、国语、发音、看嘴、手势、日记、说话、常识、社会、历史、地理、自然、算数、珠算、英语、手工、美术、缝纫、体育课在聋人学校小学、初中学段中比较常见,但国家对于聋人学校的课程设置尚无统一要求,各地聋人学校的课程并非完全一致。在中学高年级或者职业班,聋人学校往往加开绘画、打字、雕刻、印刷等职业技术类课程。

到了民国时期,普通教育的职业化盛行,聋人教育领域也有类似的趋势,帮助学生掌握谋生的本领,"解决他的生活问题",成为聋人教育一项极其重要的目标,按照当时的说法叫"变分利为生产"。于是,各地聋人学校普遍开设了职业教育课程,根据中华盲哑教育社的发起人、南通狼山盲哑学校代理校长朱冲涛的调查,规模较大的上海聋哑学校、北平私立聋哑学校、南通私立盲哑学校哑部、南京市立盲哑学校哑部、辽宁私立聋哑职业学校、烟台启喑学馆、广州贫民教养院盲哑残废股哑部、湖南省区救济院盲哑学校哑部、上海群学会聋哑学校主要开设有藤工、缝纫、织造、摄影课程,聋人学生对这些职业教育课程是很欢迎的,他们工作的效率和普通人相差不多,敬业态度、注意力、模仿力却优于普通人,朱冲涛建议,绘画、抄写、摄影、刺绣、印刷、土木工程、织物工程、化学工艺、机器工业之分工管理、畜牧、园艺、育蚕、养蜂、农业织造、缝纫、理发、烹饪、打字等内容都适合聋人学习。

---

① 孙桂华,刘秋芳.烟台启喑.烟台:山东电子音像出版社,2007:49—51.
② 朱冲涛.中国盲哑教育状况.见顾定倩,朴永馨,刘艳虹.中国特殊教育史资料选(上卷).北京:北京师范大学出版社,2010:729.

的确在聋人职业教育的后续发展过程中,很多聋人学校都开设了相关课程,使很多学生在毕业后有能力从事教员、排字、司账、缝纫、贩卖、书记、织工、摄影等职业谋生。而1934年北平私立聋哑学校破天荒开设的"化学科"在其中独树一帜。关于"化学"方面的生产,即便是教育水平高度发达的今天,很多聋校甚至都没有开设化学课,还谈何生产呢?从目前掌握的资料看,这里也是中国最早的聋校"化学工厂"。

几十年前聋校的化学科能生产些啥呢?如果没有史料佐证,大家还真难猜到答案。原来就是这个:龙牌牙粉。"龙牌"既使用了中华民族的图腾"龙",又以谐音的方式表示出生产者的"聋"。商标中,一条长龙环绕汉字"亚",表达出龙牌牙粉畅销亚洲的理想(图10-1)。

图10-1　龙牌牙粉包装袋

牙粉是做什么的呢?包装袋的背面做出了简单的介绍:

龙牌牙粉真高,选用国产原料。
杀菌除垢去臭,牙齿洁白坚牢。
又能爽身敷面,兼治痱子斑癣。
不但容量加多,而且价值低廉。

由此可见,龙牌牙粉在市场上应当是有一定竞争力的。牙粉的销售收入,对于聋人学生的生活和聋人学校的发展来说,都是一种有力的补贴。为什么北平私立聋哑学校当时选择生产牙粉呢?缘由大概有二:第一,它是日常生活的常用品,需求量大。第二,它的原料和制作工艺简单,便于在学校里操作。由此可见,当时我国聋校的职业技术教育还是相当先进的,遗憾的是,随着数十年时间的流逝,过往的这一切已经少有人知了。

聋校的校办工厂

"文化大革命"时期,学生除了学习文化科学知识,还必须学工、学农,为此,许多学校办工厂,叫"校办工厂",有条件的,还到农村办农场。

学校里面办工厂,是聋人教育的历史传统,既锻炼了聋人学生的劳动谋生能力,又能产生一定的经济效益维持学校运转,这方面的资料可以参考北京私立聋哑学校的"化学工厂"。

下面两张照片勾起了我对"文化大革命"以来我国聋人学校校办工厂的兴趣。东北的两所聋人学校,在1980年前后利用当地的山楂特产开设校办工厂,竟然形成了产业(图10-2)!

图10-2 法库县和榆树市聋哑学校校办工厂生产的罐头标签

1970—1990年间,聋人学校校办工厂还有很多,比如:山东青岛聋哑学校,生产小型平刨机;无锡聋哑学校,生产五金灯具;天津聋哑学校,开展汽车、机械维修;沈阳市开平县聋哑学校,生产被服、食品、印刷品;湖南湘潭聋哑学校,生产电器产品和书本;抚顺市新宾满族自治县聋哑学校,铸造锅炉杂件;石家庄市聋哑学校,生产标牌、分装农药。

根据辽宁省税务局1988年的《产品税、增值税、营业税实用法规手册》,政府给予聋哑学校的校办工厂一定的税收优惠。

那个时代,国家条件有限,对聋人教育的经费支持远没有今天这样多,各地聋人学校纷纷自谋生路、自给自足,通过类型繁多的校办工厂,解决了聋人毕业生的就业问题、补充了办学经费的不足,可以说,聋人学校的校办工厂在聋人历史上发挥了重要意义(表10-1)。

校办工厂的利润还经常用于补贴聋人学生和教师的生活费。不过,随着时代的发展,校办工厂逐渐退出了历史舞台,聋人学校的办学经费基本上由政府支付,聋人毕业生的职业生涯则多半要靠他们自己去闯荡了。

表10-1　1988—1990年沈阳市聋哑学校校办工厂产值、利润及补助教育经费统计表[①]　　元

校名	年度	产值	利润	补助教育经费
皇姑区聋哑校	1988	34700	26817	18034
	1989	534000	106296	79957
	1990	315200	72632	60709
大东区聋哑校	1988	1700000	320000	120000
	1989	1840000	350000	130000
	1990	2100000	380000	100000
铁西区聋哑校	1988	500000	60000	23000
	1989	490000	50000	20000
	1990	365000	40000	16000
苏家屯区聋哑校	1988	厂长个人承包		9000
	1989	厂长个人承包		9000
	1990	厂长个人承包		9000
合计		7878900	1405749	594700

当代聋人职业教育的管理体系

中国的职业教育是与基础教育、高等教育和成人教育地位平行的四大教育类型之一。基础教育分为学前教育、小学教育(6岁开始持续5～6年)、初中教育(3～4年)和高中教育(4年)，小学和初中阶段称为9年制义务教育。高等教育和成人教育在高中阶段之后实施。职业教育独立实施或与基础教育、高等教育和成人教育一起实施。

职业教育以培养技术型、应用型人才为目标，以就业为导向，传授某种职业或生产劳动知识技能。学习职业技术知识是个体成为负责任公民的一种准备、终身学习的一个方面、促进消除贫困的一种方法[①]。

聋人职业教育是中国职业教育的重要部分，通过培养职业技能、提供谋生手段，有利于减轻聋人家庭负担、促进社会发展，更关注对他们人权的尊重，帮助他们与健全人"共同享有人生出彩的机会、梦想成真的机会"[②]。

随着人权意识的觉醒和职业教育观的进步，近几年，中国的聋人职业教育取得了显著的发展成就，初步建立了"一、二、三、四"式的中国特色的残疾人职业教育体系(表

---

① 董仁忠.演变、内含界定及类型：职业教育概念再探讨.职业技术教育，2008(1)：5-8.
② http://news.xinhuanet.com/2013lh/2013-03/17/c_115052635.htm.

10-2)。

表 10-2 中国残疾人职业教育体系

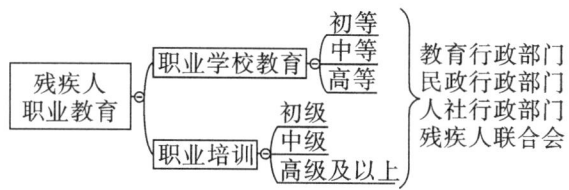

"一"即各级各类聋人职业教育秉持同一个目标:培养聋人适应社会、掌握生存技能、过有尊严的生活、为社会发展做贡献。

"二"即普通职业教育机构和残疾人职业教育机构共同实施聋人职业教育培训,其中前者采取普通职业教育方式,主要针对符合条件的轻度听力残疾人,将他们安置在普通班级随班就读。后者采取特殊职业教育方式、设置特殊班级,学员可根据自身残疾类型和程度选择最少受限制的学习环境。职业培训也可由接收聋人职工的单位实施,或采用远程教育方式①。

"三"即聋人职业教育的三个层次:职业学校教育由国家规定学制、实施较系统的教育、颁发学历证书,分为初等、中等和高等三个级别;职业培训不限学制,是以就业、转岗或在岗提高为目的非学历职业教育,完成培训者可获得结业证书,符合条件并通过考试者可获得相应等级的职业资格证书,分为初级、中级、高级及以上三个等级,三个层次相互衔接、逐步延伸,并与普通教育互相沟通,建立起从初职到高职、从初级工到高级工的残疾人职业技能成长通道②。

"四"即各级各类聋人职业教育机构由教育、民政、人力资源和社会保障、残疾人联合会四个部门依法管理,它们彼此协作又各有侧重,在不同社会层面、用不同视角,共同探索聋人职业教育的发展路径、推进这项事业又好又快发展。具体而言:

国务院领导的教育、民政、人力资源和社会保障、残疾人联合会四部门负责管理各级各类聋人职业教育学校和培训机构,指导各级各类职业教育学会、研究机构参与决策咨询和科学研究。

教育行政部门负责制订职业教育具体政策、发展规划和规章制度,指导、督促、检查职业教育工作,指导所辖地区的特殊学校、普通学校、职业技术学校的聋人职业教育发展与改革。

民政行政部门负责聋人群体的保障工作,管理各级民政技术学校和民政培训机构招收聋人学生开展职业教育和培训,指导福利企业吸纳聋人职工并做好职业培训。

人力资源和社会保障行政部门负责完善职业资格制度、建立面向城乡劳动者的职业

---

① 教育部.《中华人民共和国职业教育法》释义.北京:红旗出版社,1996.
② 罗秋月、孔德伟.残疾人职业培训促进就业实现新进展.中国残疾人,2012(2):48-49.

培训制度,指导技工学校、就业训练中心、民办职业培训机构开展招收残疾人的职业教育和培训,实施职业资格鉴定工作。

残疾人联合会主要负责促进聋人教育、开展聋人职业培训工作,各地残疾人中等职业学校、残疾人职业技能培训中心、残疾人就业服务中心等隶属于残疾人联合会管理。

当代聋人职业教育的主要类型

一是初等职业学校教育。职业教育是残疾儿童九年制义务教育的重要组成部分(刘全礼,1997)。由于身体的缺陷和早期成长环境的限制,残疾儿童的劳动与职业能力发展往往滞后于同龄的普通儿童,在他们进入整个教育体系的小学阶段时,不论特殊学校还是附设有特殊班或招收残疾儿童随班就读的普通学校,都要开展低年级的职业启蒙和高年级的职业教育内容渗透(刘俊卿,1998;张务农,2012),通过日常的生活指导和专门的劳动技术课程,培养残疾儿童具有基本的劳动能力和职业意识,为他们接受初等职业教育和未来发展奠定基础。目前,中国职业学校教育以初、中等职业教育为发展重点,适当发展高等职业教育,已构建了"初职为主体、中职为骨干"的体系框架(刘俊卿,2011)。

在普通职业初中随班就读,是残疾人接受初等职业教育的形式之一。职业初中的招生对象为小学毕业或至少有小学文化程度的青少年,学制3~4年,培养具有初中文化基础、掌握一定初级职业技术的人才,如初级技术工人、农民技术骨干等。从统计数据看:约96%的职业初中位于县城及农村,专业与农业生产相关,如农作物种植、家禽饲养等;近15年来全国职业初中的数量呈递减趋势,从1997年的1469所缩减至2011年的54所(教育部,2005、2013)。

在特殊学校的初中阶段增开职业教育课程或设置专门的职教班,是当前残疾人职业学校教育的常见形式,旨在培养学生的劳动习惯、形成初步的劳动能力,并利用职业教育优势将教育和康复结合起来,从而有利于显著提高毕业生的就业率,或为他们进入高一级的教育和培训机构打好基础(王峥,1999)。多个省市调查发现:相当多的特殊学校正在开展初等职业教育;专业涉及编织、烹饪、家政、美发、缝纫等数十种(李玉向,2004;赵小红,2011),部分学校还结合地方特色办有花卉种植、玉器雕刻等专业;学制3年,个别培智学校为弹性学制,与传统学制相比,这种学制允许智力残疾学生根据自己的情况选择学习方式和时间(赵小红,2009)。

二是中等职业学校教育。中等残疾人职业学校教育在初中教育基础上实施,为残疾学生就业和继续深造创造条件,是中国残疾人职业教育体系建设的重点。残疾人可在高中阶段的特殊学校,残疾人职业中专学校,普通职业中专学校、技工学校的普通班或残疾人班接受中等职业教育,并以前两者为主要形式。

2012年全国开展视力残疾人和听力残疾人高中阶段教育的特殊学校分别有22所和121所,在校生7043人(中残联,2013),其中大多设置职业高中班(部)或开设职业教育课程。学制3年。学生不仅学习语文、数学、英语等基本课程,还要学习一些专业技术知识,如盲校的推拿按摩,聋校的工艺美术、服装设计、机械维修、烹饪、计算机应用等。学生毕业后颁发普通高中毕业证书,可选择就业或参加高考进入高等学校。

中国31个省、自治区、直辖市均设有至少1所省级和若干所市级及以下的残疾人职业中专学校。这类学校的招生对象包括生活可以自理的肢体残疾人、视力残疾人、听力残疾人等;对于初中文化程度者学制3年、高中文化程度者学制1年;专业涉及中医康复保健、工艺美术、机电维修、电子商务、装饰设计、酒店服务等;学校大多具备校内实训场地和校外合作企业;学生毕业后颁发普通高中毕业证书,在校期间也可考取职业资格证书;优秀毕业生有机会根据合作企业的需要推荐就业,或直升高等层次的职业教育学校。

2006—2010年,残疾人职业中专学校与开设高中阶段教育的特殊学校数量比在1.48∶1~1.78∶1,其中残疾人职业中专学校的招生数和获得职业资格证书的毕业生人数比例呈逐年递增趋势(刘俊卿,2012)。截至2012年底,残疾人中等职业学校(班)152个,在校生10442人,毕业生7354人,其中5816人获得职业资格证书(中残联,2013)。2012年全国有残疾人职业中专学校152所,在校10442人,毕业7354人,其中5816人获得职业资格证书。

三是高等职业学校教育。随着经济发展、科技进步,生产过程中的技术含量不断提高,职业教育的层次也会产生向上延伸的趋势,推动残疾人职业教育逐步进入高等教育范畴。自1985年山东滨州医学院开始招收肢体残疾大学生算起,中国残疾人高等职业学校教育的历史还不到20年,尚处于发展的起步阶段。

残疾人高等职业学校教育相当于大学专科层次,是高等教育体系的组成部分、义务教育后残疾人教育的重要形式,在高级中等教育的基础上实施、学制2~3年,专业与中等职业教育阶段相衔接并有所扩展,毕业生可获得全国普通高等学校毕业证书,旨在培养一批具有大学知识的高素质技能型专门人才、实现残疾学生毕业后高质量地就业(马树超、范唯,2008)。

中国残疾人高等职业学校教育主要有以下四种形式。

第一,职业大学、职业技术学院等1280所普通高职院校招收各类轻度残疾学生随班就读(教育部,2013)。2012年,全国本科、专科层次的普通高校合计招收残疾学生仅7229人(中残联,2013),残疾人随班就读接受高等职业教育的人数有限。

第二,单独建立(如南京特殊教育职业技术学院)或在普通高校内设置专门招收残疾学生的学院、系、专业(如天津理工大学聋人工学院),根据学生情况实施"单考单招",即单独命题,单独组织考试,单独录取残疾考生。

第三,实施残疾人中等职业教育的学校与普通高校合作开办大专班。各地盲校与医学类普通高校联办推拿按摩大专班最普遍,例如,1993年起南京盲人学校和南京中医药大学联合、1993年起乌鲁木齐市盲人学校和新疆医科大学联合。2012年底,全国有13735家盲人推拿中心,这种职业已得到了社会广泛认可,成为视力残疾人接受高等职业教育的主要形式。毕业生从事推拿按摩工作的就业率高、收入乐观,是实现他们有尊严地生活、为社会创造财富的有效途径。

第四,通过高等教育自学考试、远程教育等多种渠道接受高等职业教育。前者采用学生自学,参加考试,学分累计的方式完成学业;后者以国家开放大学残疾人教育学院为代表,它在全国建立了31个地方学院和教学中心,累计招收学员近万人,以基于网络的远程教育方式和函授方式为主,专业有数字媒体设计与制作、会计、英语等(国家开放大学,2012)。

四是职业培训,包括岗前培训、在岗培训、转岗和创业培训等,在农村和城镇呈现不同特点。

残联部门举办的中短期实用技术培训是农村残疾人职业培训的主要形式,注重与生产扶贫相结合,帮助残疾人成为"技能明星、致富能手"。自然、文化环境不同的各个地区提供因地制宜的培训内容,如安徽的工艺剪纸、云南的民族刺绣、西藏的唐卡绘画、江苏的龙虾养殖、新疆的玉器雕刻等。

城镇残疾人职业培训注重与就业相结合。职业培训机构开展以实用技能为主,以集体就业、分散就业或个体就业为目标的培训,内容包括面向视力残疾人的心理咨询师、推拿按摩、计算机基础,面向听力残疾人的网络客服、来料加工,面向肢体残疾人的话务员、电子商务等。2012年清华大学举办了首期残疾人企业家培训班,内容涉及宏观经济与政策解读、企业家战略思维等,探索了残疾人商业精英的培训模式,对残疾人职业培训发展创新有借鉴价值。

2010年全国各级残疾人培训机构有4704所,其中残联部门下属2504所、其他部门下属2200所,培训城镇残疾人274367人次、农村残疾人558137人次,共有116389人获得职业资格证书。2011年中残联发起"加强残疾人职业培训促进就业年"活动,使残疾人培训机构增至5254所、新就业残疾人稳岗率不低于80.0%。截至2012年底,全国残疾人职业培训基地达到5271个,其中残联兴办1927个,依托社会机构兴办3344个,29.9万人次城镇残疾人接受了职业培训(中残联,2011、2012)。

福利企业等吸纳残疾职工的单位开展以生产安全和职业道德教育为主的岗前培训、以生产技能为主的在岗和转岗培训,促进残疾职工适应职业生活、提高职业技能。培训"动用各界力量、多种形式并举",既可推荐残疾职工到职业培训中心学习,也可请专业教师来企业做专题培训(高红梅,2011)。残疾人职业培训根据个体的技能水平可分为初级、中级、高级及以上三个等级,符合相关标准,并通过国家职业技能水平考试者可以获得相应等级的职业资格证书。

第三部分 聋人职业与文化艺术

第十一章 聋人职业

1949年以前聋人职业的基本情况

中国古代社会倡导"人尽其才"的理念,能有意识地为聋人提供适宜的劳动机会、鼓励聋人从事力所能及的工作。《礼记·王制》记载,"喑、聋、跛、躃断者、侏儒、百工,各以其器食之";《荀子·王制》介绍,喑、聋、跛、蹙断者、侏儒"五疾,上收而养之、材而事之"。聋人"善于视,遗耳专目,所以致其明"①,聋人利用做事专注认真、观察能力卓越的优势,适合司火、磨砻、守护、驾车、瞭望、传信等"粗学工作而操业为生"②;由于聋人听不到别人说话,在军队中"宜左右使唤,可免泄漏军情"③;具备一定知识、技能的后天聋人也有行医、作画、修史者。聋人被"材而事之"的过程首先促进了聋人职业教育萌芽:基本技能教育是聋人胜任职业的必要条件,通过教育与自身努力,聋人"造诣高者,颇有新制,一时擅名;其水平低下者,亦能勉强糊口度日"④。

手语翻译是聋人接受教育、从事职业、参与社会生活的重要辅助。在古代中国,翻译被称为"通事",可以毫不夸张地说,自有聋人就有手语翻译,古代的手语翻译的雏形不仅包括聋人的家人、朋友,"通事"也早已兴起,不过这方面的史料仅见元代僧人释行秀编纂的《从容庵录·卷一》中的一句"缘思净尽无余事,半夜星河斗柄垂,此两句如哑人作通事,指似向人吐露不出……"对于如何做、在什么场合做却没有更详尽地介绍了。

新中国成立前夕,有人曾对云南城市聋人的职业情况进行了简单的调查,除去在聋人学校担任教师或从事商业活动的少数聋人,当时聋人的常见职业被分为手工业、艺术人才、劳动工人、技术人员四个大类。

---

① [唐]张果.黄帝阴符经注.明正统道藏本.
② [清]丁韪良.西学考略.清光绪九年同文馆本:卷下,聋聩学.
③ [清]陈龙昌.中西兵略指掌.清光绪东山草堂石印本:卷一.
④ 陆德阳、[日]稻森信昭.中国残疾人史.上海:学林出版社,1996:128.

具体而言,手工业包括有制鞋的、制帽、做纸盒的、纸卷烟的等,艺术人才包括从事油画、广告、雕刻等创作工作的,劳动工人包括一切出卖劳动力的工作,如苦力、佣工等,技术人员则包括一切工厂里设计师、技术员等。从事手工业的聋人大概占30%,艺术人才及技术人员占20%,佣工、厨师等在内的劳动工人占40%。在业聋人的受教育水平普遍偏低,受过专门技术训练的占10%,中等以上文化程度的占15%,中等以下文化程度的占30%,文盲占45%。从家庭经济条件来看,10%的聋人家庭富裕、20%的聋人基本小康、50%的属于普通工薪阶层,20%的是赤贫。

聋人生活的困难和社会地位的低下"绝不是他们不肯争取上进,也不是他们愿为社会上的寄生虫,更不是他们本身的罪恶"。在职业生活中,聋人往往受到压迫和歧视,受到不合理的待遇,更有甚者,"统治阶级不给他们劳动的机会,不给生存的条件,致使盲聋哑人白天街头流浪、哀叫乞讨,夜里横卧檐下、悲泣呻吟"①。有这样一个例子:一位男性聋人"在某农场中曾经工作了十年以上,每天的劳动时间是与他一样工作性质的正常人多上三四小时,可是工资上,他拿的却比正常人少一倍以上,后来农场歇业了,所有的佣人均被遣散,每人都得到一笔遣散费,可是聋哑人没有,十数年来出卖劳动力,只是被人认为可欺的来无厌剥削,一旦失业后,沦为乞丐,终于饿死在沟渠"②。

正是由于聋人在主流社会中面对的这种严峻的职业形势,很多聋人的"寿命比正常人一般平均要短三分之一以上"。

民国时期聋人还有机会在政府机构担任"公职"。残障者担任"公职",自古以来就是一个争议的热点,时至今日仍然没有得到完全解决,甚至2017年在新闻上还看到一则《残疾小伙教师招考获头名一度被拒录》的新闻,幸运的是,经过几番周折和努力,他最终被录取了。残障权利的实现,就是需要这样几经波折,从无到有、从少到多。在这方面,1932年前后发生了一件意义重大的历史事件,当时北平市政府宣布选举区长,有盲人要求竞选。北平市政府拿不定主意,于是事情闹得越来越大,只好把这个争议报送内政部和司法部咨询,两个部门做不了主,又递交给行政院处理。③

行政院认为:盲人是否可以当选区长,在法律中"无明文限制"。不过,在当时的《市长组织法》中,所规定区长的任职资格是"非瞽目之人所易取得"的,也就是说,一般而言盲人很难达到竞选条件、没有资格竞选区长。但是,"按立法原意,自系指自幼盲目者而言",而对于一些后天失明的人来说,"取得资格在先,失明在后,其资格可以当选"。

这样一来就承认了具备任职资格的(大多是后天盲人)盲人可以被选举,甚至当选区长。但是这种权利也不是无约束的,"若当选后不能执行职务",则应依法进行处置。后来,针对盲人的这一项决议扩展到"瘖哑或疯癫者"群体中,使他们也一样拥有了被选举权。④

---

① 佚名.盲聋哑人的昔哀今乐.哈尔滨晚报,1963-12-20.
② 尢冗.聋哑同胞走向新生——新时代在召唤(中).平民日报,1950-2-28.
③ 引自法律汇刊,1932(1):28-2.
④ 引自法令周刊,1933(144):1.

虽然如此,由于长期以来残障者社会地位极低、公众对残障者持有刻板印象,政府对残障者被选举还是存有很多疑虑,"如停止其当选势必引起种种纠纷,如认为合法,事实上恐不免种种流弊",因此,对被选举的残障者自身条件需要进行严格的筛选,"中途盲哑或中途疯癫、时发时愈者"达到了任职条件才行。

1933年的这件小事只不过是历史长河中的一个小片段,时至今日,残障者能够担任公职已经越来越不是新闻了。从这个权利实现的过程中,我们可以得到一些启示:残障者实现自己的权利,一定要去主动争取;盲人群体始终站在主动维权的风口浪尖,不仅改变了自身境遇,还带动了整个残障权利的发展;对于聋人以及其他残障者来说,现在的社会环境以及逐渐改善,"打铁还需自身硬",现在最欠缺的就是提高自身的整体素质。

聋人主动参与职场竞争——尹圣千的故事

江苏镇江县尹印一,有对双胞胎儿子——尹克骥和尹克骐——1920年前后出生,两位都是聋人。父亲为了孩子的学业和工作可谓操碎了心。

民国二十三年(1934年),为了解决自家孩子的就学问题,尹印一"经个人之宣传呼吁,策动省民教馆,组织聋哑工读班",但是"以经费所限未成"①。

民国二十五年(1936),尹印一自费将孩子送入南京市盲聋哑学校学习。当时,该校设哑科一个年级"职业班",教授文化知识和绘画、打字等技术。近几年,尹家的一批老旧资料流入市场,我们得以在中国特殊教育博物馆见到尹克骐、尹克骥当时的成绩单。

民国二十六年(1937)7月,兄弟二人从南京毕业,与此同时,父亲尹印一正在镇江筹备开班"镇江私立圣天聋哑学校",一来可以扶助、教育聋人,二来也可以帮助孩子找到合适的职业。然而天不遂人愿,当时中日战事已起,"抗战军兴,局人离散,遂又告停顿!"那么,这一段时间兄弟俩在做什么呢?根据《瘖铎》1938年第10期的介绍,二人此时正在镇江一所照相馆学习照相和写真技术的学习,大概是想未来在这领域有所发展吧。

当时的社会环境中,聋人的就业形势远不如今日,"除建筑在工艺上,其他皆非出路",很多聋人因为难以就业,转而选择创办聋校赖以为生。当时上海有一家康元制罐厂,声誉近乎现在的腾讯、阿里。

尹克骐、尹克骥一心想去康元厂工作,在民国二十七年(1938)七、八、九月就接连寄出自荐信,得到的回复却是"战后范围缩小,一时难以进用新人",不过企业予以承诺"容俟复原,自当从盲哑者尽先录用"。

我这里收集到一封民国二十九年(1940)"尹圣千"再次写给上海康元制罐厂的求职信,从信中人物的履历和住址"白莲巷1号"来看,其人必为尹克骐或尹克骥之一(图11-1)。

---

① 郭卫东.中国近代特殊教育史研究.北京:高等教育出版社,2012:361.

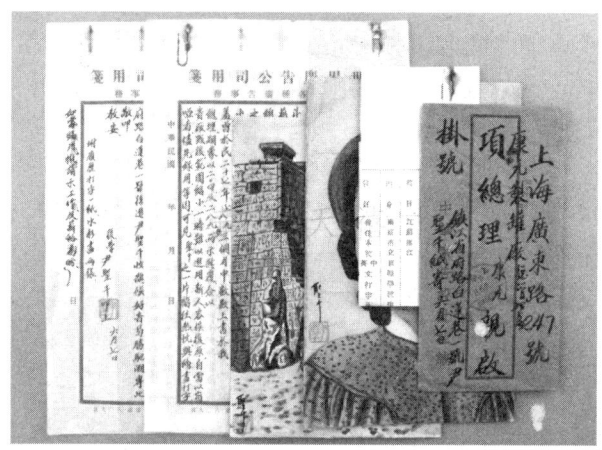

图 11-1 尹圣千求职信札

信是写给康元罐头厂的创始人,总经理项康元的。信中言辞恳切,文采优美,看得出"尹圣千"有非常好的文化修养,这一点对于当今的很多聋人来说都是很难企及的。每个人在求职时与领导表达心声不都是战战兢兢?想必尹君提笔时也如其所言"不揣毛遂之羞",多少有些忐忑吧。但毕竟他跨出了这一步,跨出了聋人与听人职场交往的第一步,他勇敢,主动,满怀希望,明确地表明了自己的愿望:想从事厂里"秘书科之打字、美术课之绘画"的工作,并且盼望经历能够给予回信,并告知岗位和薪酬。

不过,从已有资料看,他的此次求职并未如愿,民国三十四年(1945)即与家人回乡办校,走上了那条那个年代聋人惯常的职业生涯。

尹氏兄弟一波三折的求职故事距今已有70余年了。在今天,聋人学生有机会坐在高校课堂,学习设计、绘画、计算机技能,毕业后从事相关工作的聋人更不胜数。当我们这个时代的聋人拿着画笔,敲着键盘就拿到了薪水时,可曾记得,尹老先生为了这个梦想几十年前落笔时的忐忑,盼信时的焦灼,以及最终失望的苦涩?为了让社会认同聋人在打字、绘画领域的工作能力,聋人前辈付出了太多。

聋人在职场辗转打拼——林吉姆的故事

他是聋人社会青年,却与听人女孩私奔、拘留两个月、成为电影明星、参加抗日救国、创办聋人学校、重新流落街头、被批斗为流氓……民国以来,除了一些家喻户晓的聋人名人,生平事迹能从零落的史料中拼凑出一些线索的普通聋人,恐怕只有林吉姆了。

林吉姆,男,1910年生,广东中山县人,从他"吉姆"这个名字,就能看出他身世不一般。根据上海聋人谢世英的回忆[①],林吉姆的父亲是葡萄牙来华游荡的"浪人"。林吉姆出生后,父亲"从没尽过一天做父亲的责任,并抛弃了林吉姆母子",所以,林吉姆是完全

---

① http://blog.sina.com.cn/s/blog_4fe7fbea01018qqv.html.

依靠母亲辛苦养大的。

林吉姆寄居上海邢家桥三乐里。由于当时聋人教育尚不发达,林吉姆成长到十几岁时仍是"未进过聋校的社会聋哑青年",仅学过打字以期谋生。平日里,他与同乡吴郭氏之女、尚在上海正德女校就读的吴爱容(健听人)素有交往,两人同岁,慢慢地,吴爱容爱上了林吉姆,他们的关系在1928年底发展至热恋。

两人的亲密关系被吴家察觉后受到了阻拦,"家长坚决不同意女儿和一个聋人相爱"①。无奈之下,林吉姆带着吴爱荣私奔了。他们住在旅馆、藏匿林家,躲藏了近十天后被前来寻人的吴母发现,吴家随即以"妨害家庭罪"将林吉姆告上了法庭。1929年,经江苏高等法院刑事第二庭审判,林吉姆以"连续意图引诱未满二十岁女子"罪被判处"徒刑二月,缓刑二年"②。

健听女孩与聋人相爱?没想到,这一案件经过新闻媒体的报道,发展成为一件"力争婚姻自由"③的典型,聋人林吉姆和听人吴爱容的感情被赞为"神圣之爱"④,二人竟也因此成为轰动上海的公众人物。

林吉姆恢复自由后与吴爱容完婚,不久后儿子出生。他们的故事被一家小规模的"时事影片公司"颇具商业头脑的导演陈掘民设计成一部纪实电影《哑情人》(The Mute Lover),"该片述说女学生吴爱容爱上了哑巴林吉姆,却被其父告上法院的故事,其内容与当时的真实事件无异",为了增强影片的号召力和真实性,影片由该事件的当事人吴爱容、林吉姆主演,林吉姆演技出色、名声大振。

婚后,面对养育孩子的压力,林吉姆一家生活"窘到极点",他"不得已投身电影界",加入时事影片公司,1930—1931年,《哑情人》不但在上海公映、远播广州等地,二人还在南阳各地做现场表演。由此一来,无业游民、成长在单亲家庭的聋人林吉姆实现了人生逆袭,摇身成为一位广受欢迎的电影明星,甚至载入了中国无声电影的发展史。从这个角度来看,林吉姆或许还是中国第一位聋人电影明星呢!(图11-2)

林吉姆是有机会在影视圈里闯一番天地的。但是《哑情人》开映不久,"主演吴爱容即发生变卦,她托其庶母及兄长要求时事公司停映"并销毁影片,由此引起了公司与吴家的一场官司。时事影片公司不堪重压,不久之后就宣告歇业了。

那个时代,恰逢无声电影行将末路,有声电影开始

图11-2 林吉姆一家
《电影月刊》,1930

---

① 宋鹏程. 聋人世界寻旧踪. 内部资料,2000:113.
② 引自江苏高等法院公报,1929(9):129-131.
③ 引自图画时报,1929(588):3.
④ 山茹. 神圣之爱的结晶品:哑吧林吉姆君爱子林森. 南针(上海1930),1930(1):13.

崛起，这使得林吉姆倍感惆怅，的确，《哑情人》之后林吉姆再未接到演出邀请，再也没有得到发展的机会，他的电影梦就这样破灭了。

为了生计，林吉姆摆过擦鞋摊、做过小生意，随后投入施殿清麾下，在私立上海聋哑学校里担任助教和体育老师，开启了他的教学生涯。然而好景不长，林吉姆与吴爱容的感情又出现了裂痕，屋漏偏逢连阴雨，1937 年，日本发动"八一三"事变，上海陷入战火。林吉姆赖以谋生的私立上海聋哑学校的工作被迫停顿。无奈之下，林吉姆与友人报名要上前线去参加抗战，因为是聋哑人，他们最终加入中国红十字会野战救护队，"随军出发前线，由苏、锡辗转至溧阳一带，后因战势西移，遂由汉口经南昌返申"。

回到上海后，1938 年，林吉姆与友人胡文忆等七八个人创办了"上海哑青学校"，收容失学及清寒聋哑学子。20 世纪 40 年代，林吉姆又赴南京"私立首都聋哑学校"任教。40 年代末期，动荡的社会让林吉姆再一次失业。50 年代，在聋人"卖画"的浪潮中，他成了一名"聋哑流动漫画家"，周游各地推销时事漫画（图 11-3），谁料得"卖画"风潮愈演愈烈，一些聋人趁机诈骗敛财，这种行为被民政部发文明令禁止了。

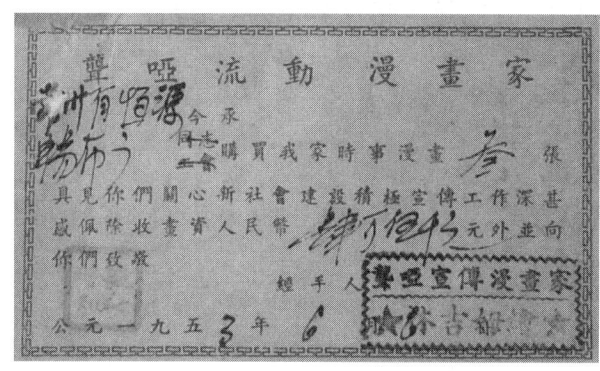

图 11-3　林吉姆"聋哑流动漫画家"收据

"文化大革命"期间，林吉姆已年届六十，当时极"左"思潮泛滥下，"四人帮"控制下的上海公、检、法举办了一次聋哑人学习班，学员们在政治压力下绞尽脑汁地交代自己的问题和揭发他人，林吉姆过去的一些问题遭到了批斗，"幸好学习班的领导是合理分析问题的，只是在批判中问了他一下，并没有对他无限上纲"。20 世纪 80 年代以后，似乎再也没有了林吉姆的消息，"大概他的确已经死了"。

在完成这篇文章之后，我有幸与林吉姆的外孙取得了联系，据他所述，林吉姆 1972 年 11 月 21 日因癌症治疗无效去世，家人并不认同林吉姆为爱判刑一事，他们指出"这是电影编剧为吸引人的眼球而编造的"。时光早已抹去了记忆，孰是孰非已经不再重要。在那个动荡的时代，林吉姆玩世不恭地与命运搏斗，他是追求婚姻自由的楷模，是中国第一位聋人电影明星，是聋人学校的联合创始人，是抗战救国的士官，他以卑微的身份，在健听社会中闯出了聋人的天地。然而，他终究逃不过命运的折磨，离异、失业以及梦想的最终破灭，都在摧残着他的意志，漂泊、流浪、被批斗和耻笑成为他的归宿。这就是林吉姆，一个普通聋人的人生。

聋人卖画引起风波

网上有卖一些"聋人漫画推销组"的老发票,这是以前被聋史研究者所忽略的一类史料,最近仔细看了看这里面真的有些故事可写,于是全部买下。我查看了以往的交易记录,类似的发票竟然还从来没人买过,那么,这些老发票背后有些什么故事呢?(图11-4)

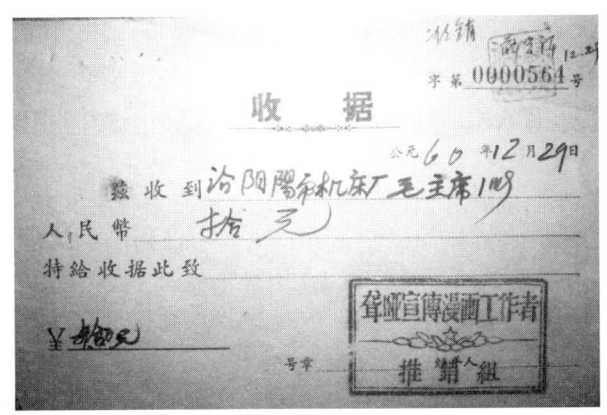

图11-4 聋人漫画推销收据

卖画自古就是聋人谋生的手段。在《世界名人大辞典》(2001)这本书中,我看到了两个例子:清代嘉道时期的江苏人彭兆祯,童年耳聋,擅长山水画,曾在上海以卖画为生,后来将绘画心得编写成为《画话》一书传世;清末浙江人葛尊,幼年耳聋,自学绘画成才,擅长渔家生活及农民生活风俗画,中年后在上海卖画为生,参与创办《点石斋画报》,是中国第一个聋人美术编辑。这些聋人画家在成长的过程中都经历了一段卖画为生的过程,一边练习、一边谋生,卖画支撑他们走向越来越高的艺术层次。

1949年中华人民共和国成立之际,国家满目疮痍,人民生活极为困难。虽然当时国家、政府给予聋人尽可能多的关怀,但是聋人在一定程度上仍然受到社会歧视和冷遇,就业和谋生都比较困难,只有靠卖画糊口。还有一些聋人虽然已经由国家安排了工作,刚开始"工作得好好的",但是由于逐渐受到"一切向钱看"不良社会风气的影响,变得好逸恶劳,又受到无业聋人的引诱,就也参与到卖画的队伍中来了。

根据赵锡安的著作以及其他的相关资料记载,聋人组成的卖画团体(也称集体、团伙)一般由三四个人组成,他们所卖的主要是国画、油画、牌匾等工艺品,有的确实是自己制作的,有的则是从他人处收购而来的,大多做工低劣。当然,其中也不乏一些从艺术家手中高价购买的精品,只是卖出的价格要高得多。

从一张发票上我们看到,聋人宣传队给一家企业推销了3张时事漫画,合计人民币旧币制4.5万元(平均每张15000元),相当于1955年新币制的4.5元,别看数字不大,要知道当时理发每次只要0.1元,即使按照今天10元(100倍)理发的最低价计算,当时的这3画也相当于现在的450元了。同样还是这个推销团体,卖给另一家企业两张画,合计3万元,平均每张价格也是15000元,看来当时聋人对美术作品的定价是比较固定的。

他们还私刻印章、自制发票、伪造证件和介绍信,云游全国大中城市,进入机关、企业、事业单位,上门推销美术作品。推销时通常由女性聋人或者年龄较小的聋人出面,利用人们对聋人的同情心理、以提供发票可以报销为借口,鼓动单位领导购买他们的美术品。看到单位有钱,聋人卖画团体就漫天要价;看到单位没钱,他们几十上百块也卖。如果哪个单位的领导不愿意购买,他们就"上纲上线"要挟企业不关心聋人会有什么后果,或者赖着不走和领导死磕。

1958年,中国聋哑人福利会专门发布了《关于制止各地少数聋哑人假借卖画名义到处骗钱的通知》,将部分聋人团体的卖画行为定性为诈骗。这并没有遏制住聋人卖画的风潮。卖画不费劲、来钱快,深受聋人追捧。从20世纪50年代初一直到70年代末,聋人卖画的现象在中国大地上愈演愈烈,一些团体从北京、上海、武汉、沈阳这些中心城市开始,走遍了全国的大中城市,开始向城镇和农村渗透。他们的强行推销行为让企事业单位苦不堪言,在聋人群体中滋生出好逸恶劳、招摇撞骗的恶习,也影响了社会对聋人的看法。

1980年前后,各地聋人协会进一步加强了对聋人卖画行为的宣传教育和管控,这一风波才逐渐平息下来。时至今日,如果我们换一个角度来思考当时的聋人"卖画风波",即便确实有个别聋人有欺诈的动机,但其实这也是当时聋人主动接触社会、主动参与社会竞争的一种途径,表达了聋人融入社会、与听人相互接触、与聋人相互交往的美好愿望,社会对聋人卖画的贬损只是囿于特定的社会环境罢了。

不过,当今社会上的一些"聋人"推销、乞讨行为确实是不值得提倡的。他们一般一只手拿着一个盖着章、写着字条的"残疾证明"卡片,另一只手拿着些小物品,推销时并不说话,只是指一指手里的卡片,让人们买他的小物品,有的甚至直接伸手乞讨。这样的推销、乞讨者中也确实有真的聋人,但据说大部分"聋人"推销或乞讨是一种假借聋人名号、博取公众同情心而实施的诈骗行为。据我观察,这种现象在2010年前后特别普遍,有一次,我遇见一名女性"聋人"在推销小物品,我向她打了几个手语,她竟然一个都不懂。

不管真与假,"聋人"推销、乞讨虽然能够获取经济利益,但是从大局来看,带有欺骗性的推销、乞讨行为,会在主流社会中抹黑聋人的群体形象:很多时候,健全人对聋人有"懒惰""爱偷盗""不诚实""野蛮"等负面的印象。聋人最希望得到别人的尊重,那么,自己先要尊重自己,踏实学习、踏实工作才是生活的正道!

聋人福利企业的兴衰

新中国刚刚成立之际,许多残疾人生活极端困难,有的甚至沿街乞讨、流离失所。1950年9月12日,《人民日报》头版刊发名为《目前人民政权建设的主要任务》的文章,指出"城市社会救济"是当时民政部门的主要工作之一。为了解决聋人和其他残疾人的生活困难,民政部门采取的主要是提供钱、物等单纯的物质救济和政府收养政策,但是,正如俗话所说的"授之以鱼不如授之以渔",物质上的救济无法从根本上改变残疾人的困

难,也为当时本来就百废待兴的国家增加了许多难题。(图11-5)

图11-5　各地社会服务站收容、救济聋人并为他们寻家

1956年,中国聋哑人福利会成立不久,就向劳动部写了《关于聋哑人请求就业问题请转知各省、市、自治区劳动部门积极予以支持》的函。劳动部将此函批转各省、市、自治区劳动部门,要求"各地劳动部门对于请求就业的聋哑人,尽可能为他们介绍适当的工作,各企业、事业单位有适合聋哑人做的工作亦不得借故拒绝录用",在政策上保障了聋人的就业权利。

后来,国家提出了"生产自救"和"以工代赈"的方针,也就是说,"用务工代替赈济",通过组织残疾人参加工业生产、建设,使他们得到必要的收入和最基本的生活保障,达到赈济的目的,从而取代直接救济,同时也有利于促进国家建设。在农村,残疾人分到了土地和生产工具,参加了互助组、合作社,城市残疾人在政府支持下开办了小型多样的手工合作社、自救小组。从此,残疾人逐步参与到一些农业、手工业(糊纸盒、做玩具、编草包等)生产当中,形成了早期社会福利生产的雏形。

1958年召开的第四次全国民政会议进一步明确了上述措施的意义,认为"组织社会福利生产起了直接促进生产发展的作用"。会后,《人民日报》撰文指出:"多快好省地发展生产是党的社会主义建设总路线的核心,也是各级党委经常的中心任务。民政部门必须围绕这一中心任务去安排自己的各项工作,使各项民政工作都能很好地为党的中心任务服务。"至1959年,全国以安置残疾人就业为主的福利生产单位共有28.3万个、职工245万人。

1958—1960年国家开始了"大跃进"运动,为了追求工业生产效率,原先由民政部门主办的、主要由健全人参与生产的单位被移交给工业部门,民政部门则保留了一些残疾职工较多的福利单位。不过,由于民政部门只负责安置残疾人就业,并不参与工业生产

的管理,这些单位很快被工业部门接管。(图11-6)

当时,残疾人主要从事农业生产,以及玩具、日用品、纺织品等手工业和轻工业制造。由于农业生产受到极大破坏、农产品产量急剧下降,工业发展不平衡导致轻工业企业大量停工,以及民政部门的管理弱化,一些已经参与农业、工业生产的残疾人重新流落社会。

"文化大革命"期间,由于主管福利生产工作的内务部被撤销(1969),70%以上的优秀福利企业被其他部门"拿走、吃掉、抢占",据统计,1963年全国有福利企业1317家,1977年时则减少到766家,大批残疾人长期得不到安置。

1980年前后,福利企业进入了恢复发展的阶段。国家对福利企业给予贷款、税收、原材料供应、技术改造等多方面的扶持和保护,通过民政部门以及社会各界的携手努力,各种类型的福利企业如雨后春笋一般发展起来,残疾人的就业渠道不断拓宽。(图11-7)

图11-6 聋人在福利工厂门前的留影

图11-7 哈尔滨市聋哑针织厂制作的袜子标签

1985年9月,民政部在"全国社会福利企业生产改革工作经验交流会"上指出:"在党的十一届三中全会正确路线指引下,经过各级民政部门的努力工作,并得到国家优惠政策的保护和扶持,社会福利生产走上了稳步发展的道路,经济效益和社会效益逐年提高。据统计,截至1984年底,全国城乡社会福利企业近1.4万个,职工总数达到55万人,其中残疾职工达18万人;全年创造产值28亿元,实现利润3.1亿元。"并明确了"福利生产从本质上是属于企业的范畴,而不是属于事业的范畴,企业是其基本属性。目前正处于从事业向企业转变时期,从发展看必须坚定不移地走企业化管理道路"。

改革开放以后福利企业的发展道路并不平坦。在从计划经济向市场经济过渡的过程中,福利企业暴露出体制、机制和自身建设等方面的一些问题,出现了生产滑坡、成本上升、亏损增大的困难,除个别企业外,大多数福利企业都处于微利或亏损状态。对此,民政部于1988年发出《关于对社会福利企业进行全面清理整顿的通知》,于1990年再次发出《关于继续深入开展社会福利企业清理整顿的通知》,发布《社会福利企业管理暂行办法》,从政策和制度上保障了福利企业的平稳发展。

2006年,国家有关部门发布《关于调整完善现行福利企业税收优惠政策试点实施办法的通知》,对福利企业政策做出了重大调整,提出企业年度减税限额的计算公式为:年度减税限额=∑安置的每位残疾人员的预定工作月份÷12×每位残疾人员年度减税限额。

2007年,国家颁布《福利企业资格认定办法》,将"福利企业"界定为"依法在工商行政管理机关登记注册,安置残疾人职工占职工总人数25%以上,残疾人职工人数不少于10人的企业",并对残疾人职工最低工资标准、缴纳社会保险等方面进行了约束。这样一来,福利企业面临残疾职工管理成本上升、税收优惠大幅减少的生存和发展困难。

同年,有关部门举办了优秀福利企业表彰大会,在名单中我们看到这些企业名称:北京市大宝化妆品有限公司、北京市铁道科学仪器设备厂、北京市清华园胶印厂、吉林省通化新星生物有限责任公司、吉林省白山市生源洗煤木材加工厂、吉林省新元集团延吉管业有限公司、黑龙江省哈尔滨渤海服装厂、黑龙江省齐齐哈尔福利塑料制品厂、山东淄博金星玻璃有限公司、青岛市凯利电器有限公司等。

由此可知,当前福利企业主要涉足的是机械、化工、制药、服装、食品、印刷、纸箱等加工制造领域。

2016年5月,财政部、国家税务总局发布《关于促进残疾人就业增值税优惠政策的通知》,对符合条件的企业给予税收优惠。民政部为了顺应经济社会发展需要,推进行政审批制度改革、简政放权,促进福利企业制度改革,于2016年10月10日发出《关于做好取消福利企业资格认定事项有关工作的通知》,从此取消了福利企业资格认定事项,期望通过这种措施提高社会对残疾人就业的认识、拓展残疾人整体就业渠道。

聋人违法犯罪问题

聋人犯罪的问题在社会上一度引起过广泛的关注,常见的聋人犯罪包括盗窃、抢劫、抢夺等违法犯罪,因报复行凶的违法犯罪,为满足生理欲望的(性、吸毒)违法犯罪,诈骗钱物的经济违法犯罪四种类型,并以流窜作案、扒窃盗窃为主。20世纪90年代以来一度呈逐年上升趋势,根据田友谊对浙江某县的调查,1996年至2001年聋人犯罪案件的数量从1起上升到14起,岳阳市岳阳楼区检察院也反映,受理聋人犯罪案件的情况由2008年的9起17人增长到2010年14件35人,并且呈现出低龄化、人数多、团伙化等特点,成为聋人历史上的一个特殊现象。

参与犯罪的聋人以青少年为多,并且一些调查研究发现,聋人青少年犯罪案件在聋人犯罪总案件数中占的比例高于健听青少年。例如:森严曾在某地对犯罪聋人的年龄构成做过调查,发现"该市近几年被追究刑事责任而判刑和涉案受到审查的聋人有19人,其中 35 岁以下的 16 人,占违法犯罪人数的 81%"①,而 2004 年健听青少年犯罪人数占犯罪总数的 32.55%②;田友谊在浙江省某县的调查发现,2001 年的 24 人次聋人犯罪案件中,"年龄 18 岁以下的 5 人次,占 21%;28 岁以上的 3 人次,占 13%;介于 18 至 28 岁之间的 16 人次,占 66%"③;聋人青少年犯罪者在聋人群体中所占的比例较大,近年来我国青少年总体犯罪率在万分之十到万分之十一之间④,而秦艳华、赵世学对某聋校 159 名毕业生进行调查发现,参与了偷盗、抢劫的聋人青少年占到了 2%⑤。

聋人盗窃犯罪常以团伙合作作案,2001 年浙江某县 14 起案件,作案人数最多的 10 人,最少的也有 2 人。他们在作案过程中常以 2~3 人为一组,分散作案,每个成员都有明确分工,例如团伙两人一组的,一人实施盗窃另一人负责掩护,三个人共同作案的,另一人是老大派出去的对作案人员实施监督。团伙的背后往往有老大操纵,老大可能是聋人也可能是健听人,规模较大的团伙甚至能达到集团规模。2016 年底,公安部组织 13 个省区的公安机关集中打掉了健听人杨某操纵的聋人犯罪集团,他以招工等为名拐骗聋哑人,并通过限制人身自由、殴打体罚、威胁恐吓、制定"工作指标"等手段,强迫、操纵他们从事盗窃等违法犯罪活动,涉案聋人多达 98 人。

聋人的犯罪成本相对较低。犯罪成本影响犯罪率,犯罪成本包括犯罪机会成本,犯罪实施成本和犯罪惩罚成本。聋人盗窃犯罪案件的金额通常较小,受害人出于对聋人的同情,往往不追究聋人青少年的法律责任;由于沟通困难,公安机关在对聋人青少年犯罪的取证过程中要耗费更多人力、物力,侦查成本高;我国《刑法》第 19 条规定,又聋又哑的人或盲人犯罪可以从轻、减轻或免除处罚,所以司法机关对聋人青少年的犯罪行为通常处罚较轻。这些因素降低了聋人青少年的犯罪成本,低的犯罪成本使很多聋人青少年抱有侥幸心理从事犯罪活动,对犯罪处罚感到无所谓。他们甚至会在受到刑罚后继续从事犯罪活动。

引发聋人犯罪的原因是多种多样的,是由聋人自身以及家庭教育、学校教育、社会交往、媒体宣传、生活压力等诸多因素共同造成的。一旦聋人对于美好生活的向往与现实当中谋生的困难、生活的压力产生矛盾,在缺乏法律常识、价值观不稳定、认识主观片面的情况下,极易把聋人推向犯罪的深渊,因此,聋人犯罪既是聋人的个人问题,更是一个值得关注的社会问题。

聋人创业的历程

1978 年改革开放至 1989 年,在中国经济史上被称为以"草根创业、个体户爆发"为特征的第一次创业浪潮,乡镇企业如雨后春笋般发展,当时流传着这样的顺口溜——"十亿

---

① 森严.试论聋人犯罪的特点、原因和对策.中国残疾人,2000(3):18-20.
② 鞠青.中国青少年犯罪演进的定量分析.青少年犯罪问题,2007(9):15-23,78.
③ 田友谊.关于"聋人青少年犯罪".青年研究,2003(3):39-42.
④ 鞠青.中国青少年犯罪演进的定量分析.青少年犯罪问题,2007(9):15-23,78.
⑤ 秦艳华,赵世学.由聋人抢劫案例引发的思考.中国残疾人,2007(11):55-56.

人民九亿倒,还有一亿在寻找",大致意思是说大多数中国人开始经商,其余的少数人士则在观望和徘徊。根据1984年《中国青年报》调查,当时最受欢迎的前三类职业依次是出租车司机、个体户和厨师,排在最后的三个选项则是科学家、医生、教师。万科的王石、联想的柳传志、华为的任正非等中国第一批企业家就是在这一时期掘到第一桶金的。

在这样的大时代中,一部分聋人敏锐地捕捉到了时代的召唤,加入到创业大军中,勇敢地进入到商海里与健听人争抢一席之地。

聋人圈里,创业时间最早,名气最大的要数包坚信了。包坚信生于1972年,幼年因病耳聋,1988年前后放弃学业走上了创业的道路,先后在温州、北京、昆明等地从事过纸箱加工、自行车修理、服装销售、开关加工、花圈售卖、理发等工作,在历经艰难、积累了一定的实力之后,于2000年在长沙市创立"哑巴灯饰",依靠其过人的商业智慧和拼搏精神,"哑巴灯饰"逐渐成长为灯饰行业内知名品牌,2006年~2009年在长春、天津、重庆、邯郸等地创建了多家连锁店,帮助大量残疾人解决了就业问题。

1988年,魏家新在上海也开始了他的创业生涯。为了锻炼自己的业务能力、积累更多的创业经验,他先投身文化用品类的工作,然后转入印刷厂做了六年的业务经理,随着条件成熟,他创办了自己的"家新印务技术有限公司",并于2003年扩建成为为人熟知的"上海新腾彩印包装有限公司",经营包装装潢印刷,零件印刷,电脑图文制作,纸制品加工,纸、油墨、办公用品销售。

20世纪80年代第一波创业浪潮中崛起的聋人企业家还有不少,在此不一一列举了。时间进入到90年代,中国出现了第二次创业浪潮——企事业单位员工辞职下海经商的浪潮。21世纪以来随着互联网的发展,全国则形成了大众创业、万众创新的第三次创业浪潮。

当前最接地气性的聋人创业项目要数淘宝网店了。开网店的聋人很多,陈汉俊夫妇是其中的一个代表。2004年9月,陈汉俊夫妇在淘宝网上开了一家名叫"夫妻正品折扣店"的小店,初期主要销售数码产品,后来找到了稳定的供货渠道,小店的经营范围转换到耐克、阿迪达斯等国际知名品牌运动用品上,2014年,他们网店的营业额高达265万元。

2014年上海首届聋人创业暨文化交流会、湖南省首届聋人创业交流会、2015年第二届(厦门)国际聋人创业文化交流会、2018年第三届(上海)聋人创业文化交流会暨产品展销会等由聋人企业家牵头举办的创业交流活动进一步推动了聋人创业层次的提升,成就了一批颇具时代气息、科技含量的聋人创业项目。

例如,2014年由聋人邱浩海和韦创军发起的"声活"项目致力于用技术解决沟通障碍,让聋人与健听人无障碍沟通,该项目得到了多轮投资,并于2016年9月发布"声活"APP,随后该项目得到了李克强总理的鼓励和支持。与之类似的是聋人石城川和听人陈国强合作的"音书"项目,2016年"音书"进入华南理工大学创新创业孵化基地,2017年"音书"APP上线。

聋人紧随我国经济浪潮,积极参与创业活动,显示了聋人群体的智慧和勇气,成就了一大批聋人创业者,在他们的带动下,聋人群体的就业问题也得到了一定程度的解决。

不过,聋人创业绝不是一帆风顺的,聋人创业也面临来自社会的、来自对手的种种挑战。

2010年前后,面对全球经济危机的余波及其对我国实体经济的冲击,一些传统行业的聋人企业家面临转型的抉择。2014年,包坚信将其业务范围从灯饰扩展到"哑吧黑茶足疗养生",作为企业转型的一次尝试,"黑茶足疗养生"发展的并不顺利,其门店于2015年宣告歇业;面对日益下行的经济形势,包坚信于2016年—2017年推出了"龙盈""优品"等聋人金融项目,期望助推聋人创业、提高聋人收入水平,然而这些项目涉及的一些法律问题于2017年底浮出水面,受到了各地聋人的质疑,2018年6月包坚信因"涉嫌非法吸收公共存款罪"被公安机关逮捕。

平凡岗位上的聋人工作者

除了那些光鲜夺目的聋人企业家,在千千万万平凡岗位上辛勤工作的聋人更值得我们致敬。根据1987年第一次全国残疾人抽样调查的数据,虽然当时83.4%从事农、林、牧、渔、水利业,但在工业、建筑业等十余类行业中都能看到聋人的身影。(表11-1)

表11-1 聋人就业情况

行业	人数	比例
合计	10137	100.0%
农、林、牧、渔、水利业	8456	83.4%
工业	980	9.7%
建筑业	118	1.2%
交通运输、邮电通信业	65	<0.1%
商业、公共饮食业、物资供销和仓储业	209	2.1%
房地产管理、公用事业、居民服务和咨询服务业	86	<0.1%
卫生、体育和社会福利事业	37	<0.1%
教育、文化艺术和广播电视事业	76	<0.1%
科学研究和综合技术服务事业	10	<0.1%
金融、保险业	5	<0.1%
国家机关、政党机关和社会团体	79	<0.1%
其他行业	16	<0.1%

2006年第二次全国残疾人抽样调查中虽然没有公布聋人群体的就业数据,但从残疾人总体的职业构成情况来看(农、林、牧、渔、水利业从业者占78.4%),一部分聋人极有可能已经从农、林、牧、渔、水利业转移到其他行业中,使聋人的职业构成更加丰满了。

在2014年公布的第五次全国自强模范名单(165人)中,我们看到了许许多多活跃在各行各业的聋人事迹,其中有王平章、兆韵洁,这样在中国人民解放军八一电影制片厂、辽宁省建筑设计研究院从事美术工作的聋人,有宣城市特殊教育中心美术教师顾志明、山东省特殊教育中等专业学校高级讲师张莉这样在特殊教育学校任教的聋人,有罗胜利、于兵这些在益阳市第十六中学、吉林艺术学院美术学院等普通学校工作的聋人教师,还有上海民政劳动服务有限公司残疾人工作办公室干事李逸明、温州市鹿城区聋人协会主席周中玉、河南博物院文博馆员吴郑杞、重庆新汇源高压开关公司残联主席(工程师)郑光宇、成都画院专职画家高晓笛、昆明空间金属结构有限公司员工赵康年,更有从事牛品种改良专业的安龙县龙广镇狮子山村村民李碧波、广东省军区通信站营职"见义勇为英雄女战士"邱玲。

三百六十行、都有聋人群星闪耀。他们克服听力残疾造成的障碍,在平凡的岗位上努力拼搏、积极进取,做出了不平凡的事迹,感人至深、催人奋进,鼓舞着更多的聋人乘风破浪,在健听社会打拼出属于自己的职业空间。

平凡聋人成就伟大事业,更多默默奉献、踏实工作的普通聋人也值得我们尊敬,他们之中,有20多年如一日、每天行程40多公里服务群众、投递邮件的九江市邮政局浔阳投递站邮递员汪海,有中国第一位聋人"警察"、安徽省六安市的徐则明,有广东江门高新区耀翔灯饰厂的"中国第一聋人设计师"任振郡,全国厨艺大赛亚军孙滔……2017年12月,饿了么配送员、聋人于亚辉和他聋人配送骑手的故事更引起了全国轰动。

健听人难以想象,聋人激烈的社会竞争之中取得职业成就,背后付出了多少辛酸。正是千千万万普通行业中的平凡聋人,他们岗位平凡却不甘平凡,克服来自自身条件和外界压力的重重困难负重前行,他们的敬业精神让健听人对聋人曾有的误解和偏见烟消云散,换来了社会的理解、支持和尊重,在职场上闯出了属于聋人的一番天地、在社会上树立了聋人形象、成就了聋人大业,他们是聋人榜样。

聋人当老师的权利历程

在聋校做教师,曾是民国时期许多聋人精英的职业选择。中华人民共和国成立后,特别是改革开放以来,随着国家对教育事业的重视以及教师队伍建设的关注,教师从业门槛逐渐提高。由于聋人受教育权被长期忽视,聋人与听人在文化、理论知识方面存在明显差距,更重要的是由于政策制度设计没有考虑到聋人的需求,聋人考教师证之路充满障碍。因此1978—2000年颁发的一系列涉及教师资格准入的政策将许多有志于从事聋人教育的聋人拒之门外。

1985年《中共中央关于教育体制改革的决定》指出:"必须对现有的教师进行认真的培训和考核……只有具备合格学历或有考核合格证书的,才能担任教师。"1986年我国先后出台了《中华人民共和国义务教育法》《中小学教师考核合格证书试行办法》《关于中、小学教师职务试行条例的实施意见》《国家教委关于幼儿园教师考核的补充意见》等法律法规,要求建立教师资格考核制度,对合格教师颁发资格证书。

2000年9月,教育部颁布了《〈教师资格条例〉实施办法》,规定申请者应具备法律规定的相应学历,各级各类师范教育类专业毕业生可持毕业证书直接认定相应的教师资格,而非师范生和社会人员需要参加相应的考试(主要是教育学和心理学),考试合格后,方可申请教师资格认定,在认定环节各省根据实际情况组织面试和试讲。

很多聋人想去聋校当老师。我和很多聋人聊过有关工作的话题,他们普遍梦想拥有稳定的工作,这是一种再正常不过的想法,即便是很多健全人也是如此。在各种工作中,事业单位工作稳定,而其中又数聋校最适合聋人,因为在这里有他们熟悉的语言环境和心理环境,在这里,他们几乎可以挣脱听力残疾对生活的限制。因此,聋校成为很多聋人梦寐以求的好工作。

聋人实现教师梦有点难。2016年,有两位中州大学(现郑州工程技术学院)特殊教育师范专业大三的聋人学生到我们学校实习,她们想留下工作,我很遗憾地告诉她们,这件事有点难。她们也明白,聋人学特殊教育师范专业很尴尬,近几年的师兄师姐极少有人能在聋校找到工作。

进入21世纪以来,聋人从事教师职业的理想、现实之间的矛盾开始凸显。能不能做教师,不只是个人选择问题,更涉及聋人群体的权利,因此,越来越多的聋人开始尝试并呼吁改变取得教师资格的困难。

2004年,毕业于天津理工大学、在南京市聋人学校任编外教师的陈瑜,到教育部门报名参加全国教师资格考试,但因为是聋人而被拒之门外。媒体对此事进行了关注,质疑有关部门的做法是否涉及对聋人群体的歧视,同时呼吁"教育部门应该给予残疾人报考教师资格证的平等权利"。

陈少毅是我接触过的一位比较著名的聋人教师,他拥有副高级职称,因为写了一本《从聋到龙——聋人生活必读》而为聋人家喻户晓。在这本书中,陈老师介绍:"2007年,教育部特殊教育处领导在全国第二期聋人教师研修班上曾经透露,全国有400多个聋人教师",而"按照美国的下限比例来算,中国应该有5000多名聋人教师"。400多聋人教师这是2007年的数据,但据我观察,随着我国教师招聘制度的不断完善,随后几年聋人进聋校当老师这件事似乎并没有变得简单,与聋人的期望值还有很大的距离。

2010年"两会"期间,全国政协委员、中国聋人协会副主席于兵等人递交了"关于聋人从教取得教师资格问题"的提案,教育部回复说:针对特殊教育工作对象的身心特点和特殊要求,我们认为从事特殊教育的教师的身体条件、心理素质、教育教学能力等方面应有更为专业的要求。国家有关教师资格的相关法律法规并非是对残疾人就业的歧视,而是充分考虑特殊教育的规律特点,为了更好地保障残疾人利益。目前,我部正在研究修订教师资格法律法规,进一步完善教师资格制度。你们提出非聋人从事特殊教育,在教师资格认定时应增加"中国手语"测试的建议,我们将认真考虑,不断提高特殊教育教师的专业化水平,为特殊教育工作提供有力的师资保障。

虽然问题没有得到立即解决,但是很快,《残疾人教育条例》的修订工作全面启动了。在2013年公开的《残疾人教育条例(修订草案)(送审稿)》第三十四条提出"已获得教师资格规定学历的残疾人,申请教师资格、聘任教师岗位,教育行政部门、人力资源和社会保障部门、学校应当根据岗位特点和残疾类型,适当放宽对身体条件、普通话水平的要求,着重考核其教育教学能力"。

根据这一要求,江西、江苏等地在2015年出台了相应的政策,放宽了聋人参与教师资格考试的限制,规定聋人可以用手语考试代替普通话考试,并且江苏省于 4 月 12 日举办了全国首场聋人普通话水平测试,为聋人搭建了实现梦想的平台,有部分聋人依靠这一途径取得了教师资格证。但是此项政策仅仅针对在聋校任职的聋人教师。

我国现行的《〈教师资格条例〉实施办法》第八条规定:"普通话水平应该达到国家语言文字工作委员会颁布的《普通话水平测试等级标准》二级乙等以上标准……"普通话成为限制聋人实现教师梦的最大障碍。放开聋人的普通话测试,让各地聋人看到了胜利的曙光。然而,由于各地发展不均衡,政策的落实总是需要一个较长的实践阶段,2015 年,聋人又将这一问题推向了舆论的风口浪尖。

允许聋人考取普通话水平,也是一种社会进步,不过,即使通过了普通话,聋人当老师的圆梦路上还会遇到重重阻碍,教师统招考试又是其中之一。教师进编一般都要通过当地教育局组织的教师统招考试,要么就是考试题太难不适合聋人,要么就是岗位要求只招听人,要么就是聋人因为语言关系无法参加面试,总之聋人通过考试很难,怪不得陈少毅在书里告诉我们在这个节骨眼上"要动用全部人际力量"。

当时,来自全国各地、考取教师资格证屡遭挫折的几名聋人联合起来,"一天一人一信",以寄信、申请政府信息公开等方式,向教育部和中残联表达希望在教师资格考试中获得合理便利支持的诉求,希望两个部门公开对聋人参加教师资格考试能否获得免除普通话考试、将口语面试改为手语面试以及通过体检等合理便利予以支持。(图 11-8)

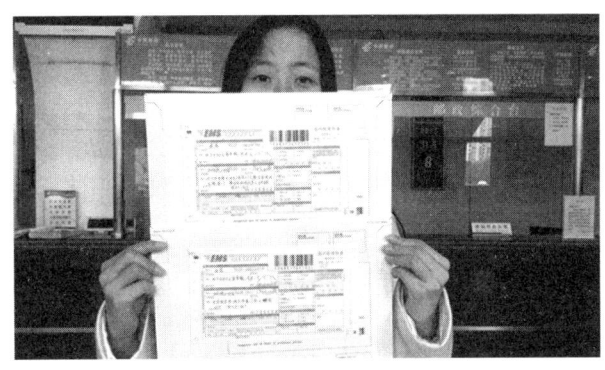

图 11-8　一天一人一信①

在聋人群体和社会舆论的广泛呼吁下,2015 年国际残疾人日之际,教育部传来佳音,称"将为聋人考教师证提供合理便利"。

2016 年 8 月 9 日,教育部官网公布《教育部对十二届全国人大四次会议第 9428 号建议的答复》称,该部拟授权四川省开展听力残疾人参加中小学教师资格考试试点,目前,四川省正在积极筹备试点工作。

2017 年,十九大的召开标志着我国的发展进入了新时期,随着《残疾人教育条例(修订)》等各项规章制度的不断完善,聋人的教师之路终于有了确定的时间表。聋人的确不

---

① http://news.sohu.com/20151203/n429417008.shtml.

易,从事一个职业竟要付出这么多年艰苦卓绝的抗争。然而聋人始终并未放弃,他们也终于盼来了好消息。2017年12月,四川省教育厅发布《关于开展听障人员教师资格认定试点工作的通知》,决定从2018年起开展聋人教师资格认定试点工作。

消息一出,举国聋人欢欣鼓舞,这件事被视作当年"聋人权利十大事件"之一。不过与此同时,我们还应当清醒地看到,聋人考取教师资格证、从事教师职业仍然任重而道远,这一过程中,既需要聋人精英广为呼吁和推动,又需要广大聋人时刻准备着提升自己,努力使自己达到一名教师应该具备的基本素质,否则机会来了自己抓不住也只能望洋兴叹。

每个人都有权利选择适合自己的工作,而不受任何社会条件的限制。聋人适合在聋校当老师,当然,教师职业需要较高的知识水平、良好的道德素养、坚定的职业信念,社会应当鼓励并支持优秀的聋人当老师,这样,聋人学生可以得到更多聋人教师的教导和榜样示范,聋人教师或许更有利于聋校师资队伍的稳定。更长远地来看,聋人到聋校当老师,是他们走向聋校领导岗位的必经之路、是聋人在教育领域拥有话语权的必经之路、是聋人获得职业尊严的必经之路。

在落实聋人当老师的权利的同时,社会也需要关注聋人教师的职后培训问题,我曾经参与的一项调查发现:聋人教师参与职后培训的频率明显低于健听教师。这种现象与目前教师培训体制下健听人的话语霸权密不可分。在职培训为教师的持续成长提供了动力保障,聋人教师也需要在职培训,希望能有更多专门面向聋人教师的培训项目,或者可以在教师培训项目中增配手语翻译,这样有利于在培训计划中去除对学员听力条件的限制。

聋人就业及收入情况

就业关乎聋人的生存和发展,有助于提高他们的社会地位和经济地位,是聋人实现自身价值的途径,但是,聋人生理上的缺陷给他们求职、就业带来一定的不利因素,使他们成为劳动力市场中的弱势群体。

根据1987年全国残疾人抽样调查提供的数据计算,全国15岁及以上年龄段的残疾人在业率为36.0%,其中40.3%的聋人在业。为保障残疾人就业,我国先后颁布了《残疾人保障法》(1990)《就业促进法》(2007)和《残疾人就业条例》(2007)等法律法规,还通过制定促进残疾人事业的国家计划、规定扶持保护残疾人的政策、建立残疾人工作协调机构等措施促进残疾人就业。但是残疾人就业现实依然严峻。

2006年第二次全国残疾人抽样调查显示,全国15岁及以上年龄段的残疾人的在业率提高到69.5%,但其中没有提供聋人在业情况的详细数据。不过2006年的数据与次年中残联发布的《2007年全国残疾人状况监测主要数据公报》存在一定的出入,后者显示劳动龄段、生活能够自理的城市残疾人在业率为32.4%,农村残疾人在业率为53.1%。截至2018年2月,中残联网站公布的全国残疾人状况监测数据仅更新到2013年,当年劳动年龄段、生活能够自理的城市残疾人在业率为37.3%,农村为47.3%,与2007年相比,城市略有提高、农村略有下降。

经济收入方面,2006年聋人的家庭人均收入主要集中在995~3000元之间,684~994元、3001~4000元的比例均接近10%,其他收入水平的聋人所占比例较低,于健听人相比存在较大的差距。不在业聋人主要依靠离退休工资生活的比例最大,其次是依靠家庭供养、领取基本生活费,拥有保险收入或财产性收入的聋人比例极低。(图 11-9)

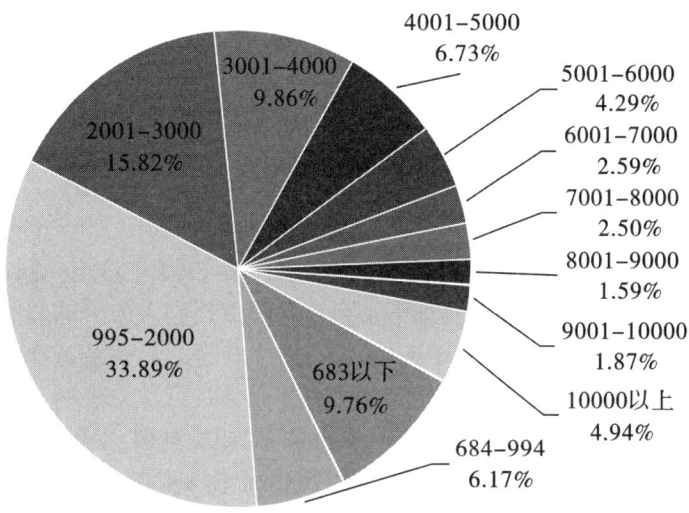

图 11-9 聋人家庭人均收入比例图

2007—2013 年全国残疾人状况监测数据显示,残疾人的家庭人均年收入在总体上表现出逐年增长的趋势。(表 11-2、表 11-3)

表 11-2 城镇残疾人家庭分项人均收入比较   元

年份	2007	2008	2009	2010	2011	2012	2013
可支配收入	7356.6	8487.2	8578.1	9365.8	11757.7	14050.9	15851.4
工薪年收入	2676.0	2786.7	3086.4	3238.8	4393.0	5076.7	5725.6
经营年净收入	484.0	580.9	434.1	380.3	528.9	973.3	952.6
财产性年收入	198.9	179.1	339.7	291.9	422.4	428.2	471.8
转移性年收入	4255.5	5211.0	4978.6	5735.2	6826.3	8081.8	9287.4

表 11-3 农村残疾人家庭分项人均收入比较   元

年份	2007	2008	2009	2010	2011	2012	2013
纯收入	3101.0	3803.6	4066.1	4739.2	5998.2	6971.4	7829.9
工薪年收入	1326.7	1636.2	1689.1	2037.2	2663.6	3117.3	3637.3
经营年总收入	1615.6	2023.6	2417.8	2548.0	3117.8	2979.6	3049.0
财产性年收入	185.8	166.3	121.6	100.5	141.6	229.0	166.3
转移性年收入	582.2	734.5	724.8	890.4	1091.9	1734.8	2138.3

2014年初,我曾对某所聋人学校初一到高三的136名聋生调查发现:28人预期自己以后的工资会在1500~3000元,41人希望有3000~4500元,26人期待4500~6000元,41人梦想工资在6000元以上。接近一半的中学聋生希望自己将来的工资有4500元以上,这是一个非常理想的数字,然而根据相关新闻报道:2013年全国大学毕业生平均月薪3378元。我们又上网收集了当年20多条招聘信息发现,聋人的平均月薪在1835~3190元。这样看来,聋人的实际收入是远远低于预期的。

人力资本影响聋人就业

人力资本概念首先由美国学者西奥多·舒尔茨于1960年提出,这一理论引入我国后,许多国内学者在其基本定义的基础上结合自身观点提出人力资本的概念。如李建民认为,对于个体,人力资本是指存在于人体之中,后天获得的具有经济价值的知识、技术、能力和健康等质量因素之和[1];朱州认为,人力资本是通过劳动力市场工资和薪金决定机制进行间接市场定价的,由后天学校教育、家庭教育、职业培训、卫生保健、劳动力迁移途径而获得的,能提高投资受体未来劳动生产率和相应劳动市场工资的、凝结在投资受体身上的技能、学识、健康、道德水平和组织管理水平的总和[2]。

2008年前后,我的本科导师刘艳红副教授给我提供了一套北京市残疾人就业情况的调查数据,下面我就以这份数据为基础,从年龄、性别、残疾程度、文化程度等人力资本的构成因子入手,分析聋人人力资本对其就业的影响。被调查者中,目前在业的有348人,占46.0%;不在业的有409人,占54.0%。(表11-4)

表11-4 聋人在业状况

状况	人数	百分比
在业	348	46.0
不在业	409	54.0

被调查者中男性384人,占总人数的50.7%;女性373人,占总人数的49.3%。样本男性在业的占42.4%;女性47.3%在业。女性聋人在业率略高于男性但差异不显著($P=0.363$)。

被调查者年龄在16~30岁的占23.8%,31~40岁的占33.6%,41~50岁的占31.8%,51~59岁的比例较小,占10.7%。16~30岁的聋人在业率49.4%,31~40岁下降为40.8%,41~50岁略上升至46.7%,51~59岁达到最高值50.5%。不同年龄阶段的聋人在业率起伏不定($P=0.317$),这一结果验证了国内相关研究的发现,即:"残疾人就业随年龄的增加,并不能像健全人那样在青壮年时期达到较高水平的稳定,在一定年

---

[1] 李建民.人力资本通论.上海:上海三联书店,1999.
[2] 朱舟.人力资本投资的成本收益分析.上海:上海财经大学出版社,1999.

龄再因退休而下降"[1]。（图 11-10）

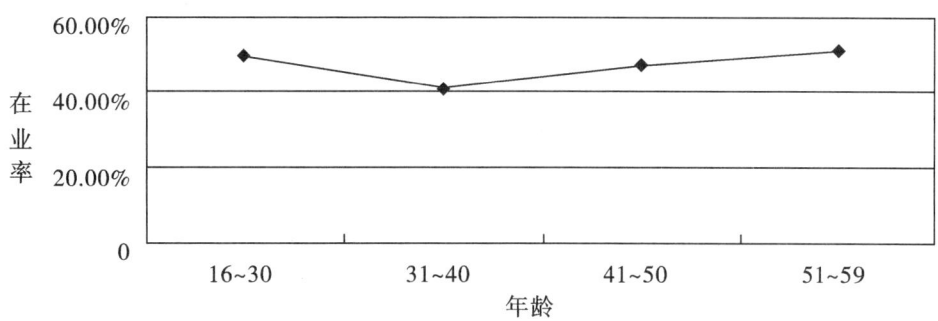

图 11-10　不同年龄的聋人在业率分布图

从残疾程度看，轻度对应四级残疾，中度对应二级、三级残疾，重度对应一级残疾。聋人的残疾程度是反映其劳动能力的因素之一，聋人在业率受残疾程度的影响，呈现在业率随残疾程度增高而降低的现象（$P=0.000$）。轻度耳聋者在业率 61.9%，中度耳聋者在业率下降为 44.7%，重度耳聋者在业率仅有 24.4%。见图 11-11。

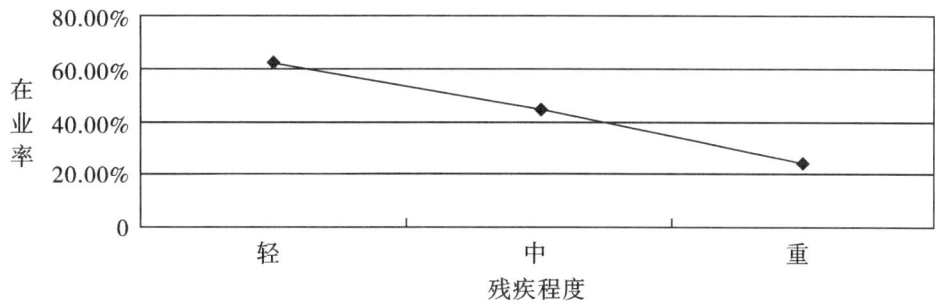

图 11-11　不同残疾程度的聋人在业率分布图

参与调查的聋人文化程度以初、高中为主，分别占样本的 38.6% 和 37.8%；达到大专及以上的较少，有 12.0%；还有 9.3% 的聋人尚处于小学及以下文化水平。2005 年"北京市 1% 人口抽样调查"主要数据公报显示，大专及以上文化程度者达到北京常住人口的 23.5%，初中、高中文化程度的有 55.1%[2]。相比之下，聋人拥有高学历的比例偏低。

图 11-12 显示了不同文化程度的聋人在业状况：小学及小学以下文化程度的聋人在业率仅为 15.7%，初中文化程度为 34.5%，高中文化程度为 56.3%，大专及以上文化程度的达到了 76.7%。聋人在业率随着聋人自身文化程度的提高而呈现出增长趋势（$P=0.000$）。

---

[1] 李丽林. 北京市残疾人就业问题及对策研究. 首届中国残疾人事业发展论坛论文集. 2007：283.
[2] http://www.stats.gov.cn/tjgb/rkpcgb/dfrkpcgb/t20060317_402311329.htm，2006.3.17/2009.3.14.

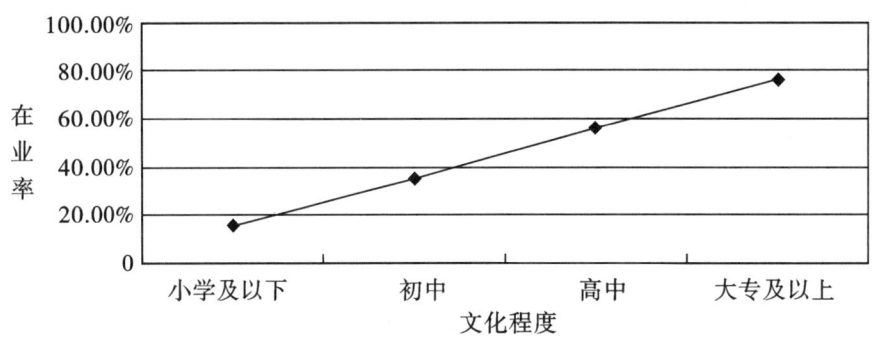

图11-12 不同文化程度聋人在业率分布图

结论:当前聋人整体在业率偏低,人力资本有待提升;年龄、性别因素对聋人在业无显著影响,文化程度、残疾程度对聋人在业有显著影响,文化程度越高、残疾程度越轻者更有可能在业。

第十二章　聋人文化艺术

老年耳聋的古代名人

由于缺乏史料,有关中国古代著名聋人的故事多见于传说,而很少有确切的文献予以佐证。从目前掌握的资料来看,古代典籍中所记载的很多"聋人"故事大约有两种情况:一类人本来是健听的,在取得了一定的成就之后,老年罹患耳聋;另一类则是一些官场中的健听人,为了不与世俗同流合污,"独善其身"而佯装耳聋,比如三国时期的蜀国官员杜微"称聋闭门不出"①。先天耳聋或者幼年耳聋者由于诸多条件的限制,他们极少有机会成名,因而在古代文献中鲜有记载,即使有所提及,对他们的称呼也大多使用感情色彩偏重的"哑"而不是"聋"。

在浩如烟海的史书中,我偶然发现了一部宋代祝穆编纂的《古今事文类聚》,这部书部头极大,共有一百七十卷,收录了大量故事、传闻和神话资料,在"肖貌部"专门记载了很多面相和行为奇特人士,其中就有一些聋人,主要包括:

《聋免洗耳》一条记载,战国时期的楚国人鹖冠子,著名的哲学家、教育家、文学家,"常居深山,耳聋。谓其妻曰:吾免为巢由(隐居者)洗耳(以接触尘俗的东西为耻辱、心性旷达于物外)清溪。"有人据此提出鹖冠子是"古代聋人思想家",其实未必,有鹖冠子的专门研究者就指出"此前历代文献皆不载鹖冠子的这一逸事,不知何据,或为杜撰"。

《聋丞何伤》一条记载:西汉时期"黄霸为颖川太守,长吏许丞老病聋,督邮白欲逐之。霸曰:许丞廉吏,虽老,尚能拜起送迎,正颇重听,何伤?且善助之,毋失贤者意。"这个故事引自《汉书·循吏列传·黄霸》,译成现代汉语是"许县丞年老,犯耳聋病,督邮将此事告诉黄霸并想赶走他,黄霸说:'许县丞是一名廉洁的官吏,虽然年老,但还能拜起送迎,即使很聋,又有什么妨碍呢?姑且好好地帮助他,不要使贤能人失去志向。'"其中的"聋丞"也因此成了一个沿用至今、表示爱惜人才的典故。

图12-1《耳聋面壁》一条记载了宋代徐积(1028—1103)的轶事"古之独行也,於陵仲子不能过,然其诗文则怪而放,如玉川子此一反也。耳聩甚,画地为字乃始通语;终日面壁坐,不与人接,而四方事无不知,此二反也。"从"耳聩甚,画地为字乃始通语"看出他是先天耳聋的可能性极大。经查,《宋元学案》中介绍当时"神宗朝数召对",他"以耳疾不能至",虽然独居乡里,但天下之事无不知晓,后来从政为官,"北宋元祐初年(1086年)近臣交荐其孝廉文学,乃以扬州司户参军、楚州教授,转和州防御推官,改宣德郎。北宋崇宁二年(1103年),监西京嵩山中岳庙"。徐积一生著述颇丰,现存《节孝先生文集》三十卷。(图12-2)

---

① ［西晋］陈寿.三国志:杜微传.

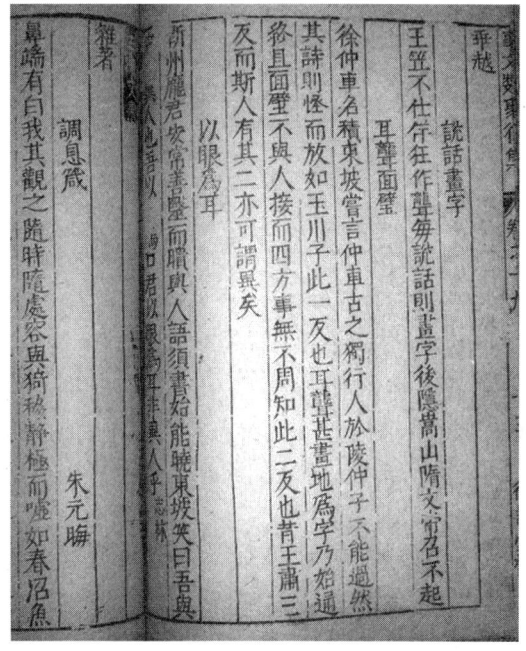

图12-1 明代刻本《古今事文类聚》第一十九卷

图12-2 清代刻本《宋徐节孝先生文集》中徐积画像

《以眼为耳》一条引用了苏轼《东坡志林》中的记载:"蕲州庞君安常善医而聩,与人语,须书始能晓。东坡笑曰:吾与君皆异人也,吾以手为口,君以眼为耳,非异人乎!"庞安常原名庞安时,出身于世医家庭,自幼聪明好学,读书过目不忘,被誉为北宋"医王",中年因病耳聋,著有《伤寒总病论》六卷。

从医的聋人可不止庞安常一人。生于1753年的王之政,"曾为某将军女诊脉,断为孕男,此女未婚,将军闻言大怒而杀女,之政闻此大骇,遂致耳聋",一说"因儿子死亡悲伤过度,患了耳疾,以致双耳失聪"。耳聋后,王之政专攻医术,著有《王九峰心法》《医林宝鉴》《六气论》《笔随医案》等。

此外,唐代大诗人杜甫(712—770)56岁时突发耳聋,作有《耳聋》律诗一首:生年鹖冠子,叹世鹿皮翁;眼复几时暗,耳从前月聋;猿鸣秋泪缺,雀噪晚愁空;黄落惊山树,呼儿问朔风。

"聋"的成语和典故

成语、典故是中华民族传统文化的一大特色,它凭借精练的语言记录着来自古代经典或著作或人们口耳相传的故事,对于历史研究来说具有重要的参考价值。在这之中,不乏与"聋"相关的成语、典故,经过筛选,我将出自古代文献的几个成语、典故罗列在下面,从中我们可以一窥古代中国社会对"聋"的理解。

郑昭宋聋：郑国昭明、宋国糊涂，比喻情况不同。出自《左传·宣公十四年》：郑昭宋聋，晋使不害，我则必死。

聋者之歌：聋者学人唱歌，却听不到歌声，无以自乐，形容模仿别人的行为，实际上并不了解其中真义。出自《淮南子·原道》：夫内不开于中，而强学问者，不入于耳而不着于心，此何以异于聋者之歌也，效人为之而无以自乐也，声出于口则越而散矣。

舌敝耳聋：讲的人舌头破了，听的人耳朵聋了，形容议论多而杂，别人不予理睬。出自《战国策·秦策一》：舌敝耳聋，不见成功。

装聋作哑：假装聋哑，指故意不理睬，只当不知道。出自元代马致远《青衫泪》第四折：可怎生装聋作哑？

振聋发聩：声音很大，使耳聋的人也听得见。比喻用语言文字唤醒糊涂麻木的人，使他们清醒过来。出自清代袁枚《随园诗话补遗·卷一》：此数言，振聋发聩，想当时必有迂儒曲士以经学谈诗者。

聋丞醉尉："聋丞"与"醉尉"原本两事，"聋丞"事是说年老而聋的许县丞因廉洁尽职，在督邮提出把他辞退的情况下被颍川太守黄霸留了下来，后多用为地方长官副佐人员的谦称；"醉尉"事是说汉将军李广因出外打猎晚归遭霸陵醉尉侮慢呵止之事，后用以指受下吏侵侮。两事合一，后因以"聋丞醉尉"用为不再褒贬，而偏指下级官吏的典故。

不喑不聋，不成姑公：若不装哑作聋，就难于当好婆婆公公，作为一家之主，对下辈的过失要能装糊涂。出自汉代刘熙《释名·卷二》：不瘖不聋，不成姑公。

哑妇倾杯反受秧：出自元代杂剧，相传旧时有一聋哑妇女，丈夫出远门回到家中，小妾因为和别人通奸，害怕被丈夫发现，于是在酒中放置毒药，欲害其夫。哑妇发现了她的阴谋，丈夫想要喝酒时，伸手把酒杯打碎，救了丈夫一命，但丈夫不明真相，反而将哑妇毒打一顿。

从上面的几个例子我们可以看到，成语、典故中有关"聋人"的记载极为少见，而"聋"在中国古代文化中更多的是作为一种象征性的符号而出现，常常用于描述"糊涂""不理睬""被误解"等类似的含义。

聋人自办报刊

1936年1月，杭州聋哑青年社的孙祖惠、余淑芬等自费筹办了一份《聋哑青年》报纸，10天出一期，并免费邮寄给各地聋校及聋人，是中国聋人历史上第一部主要由聋人主办、聋人编写的流通刊物（图12-3）。后来余淑芬曾为此作诗一首，称"一刊初创惊宇内，三春润笔树芳标"。中华聋哑协会受《聋哑青年》的启发，协会也想办一份刊物，于是请余淑芬等参与刊物的筹办工作，这份刊物就是民国时期流通范围最广、影响面最大的，介绍聋人工作和聋教育研究的专门刊物《瘖铎》也叫《瘖铎画刊》，创办于1938年6月1日。

中华聋哑协会在战时的上海兴起，发展过程中遇到了重重困难，但是在《瘖铎》的发刊词中，组织者相信"一种事业的成功，一定需要大众不断的努力，才有前进的希望"，因而期求借助《瘖铎》，招纳全国各地的聋人入会，使全国聋人"互相呼应，互相联系，以实现全国聋哑团结之目的"。

图 12-3 《聋哑青年》

根据"全国报刊索引数据库"中收录的资料,《瘖铎》为月刊,在 1938—1939 年共印发 12 期。2017 年,我有幸收集到一套《瘖铎》实物,恰好是这 12 期的合订本。从刊物的内容上看,《瘖铎》有小部分篇幅介绍中华聋哑协会的发展动态,如《协会观感》《会务概况》等,其余篇幅则刊载了大量各地聋人自己撰写的文学作品,其中包括:《乡愁》《我的回忆》《哑叭自传》等聋人撰写文学作品;《哑婚记》《聋哑妇女向何去?》《怎样解决同病人的四大问题:教育、职业、婚姻、生活》《改革聋哑教育的我见》等聋人对教育就业、社会生活、对人格权利的思考和倡导;《盲哑儿童在重庆》《聋哑动态》等各地聋人新闻信息;还收录了大量与聋人相关的历史影像。(图 12-4)

图 12-4 《瘖铎》

《瘖铎》虽然仅存 12 期,但从内容上看,它为聋人搭建了一个交流信息、展示风采的平台,可以说,它的创办,掀起了中国聋人历史上第一次全国性的互动交流、展现了中国聋人思想的觉醒、推动了中国聋人的文化繁荣、促进了中国聋人文化的形成与发展,为中国聋人历史研究留下的珍贵资料。

《瘖铎》在文学、在新闻出版等方面的成就,是当今任何一部刊物都难以企及的。《瘖铎》合订本的编后语说:"在这个大时代中,我们聋哑者也留着这一些痕迹……但没有人肯出来做这一种工作……于是中国聋哑教育四十余年的经过,无书可考!……这一册合订本,也许在我国聋哑界留着永久的印象。"今天,我们也身处"大时代",那么我们又能在聋人历史上留下些什么痕迹呢?

《瘖铎》之后,在 1947 年"荣誉军人生产事业委员会北平分会"创办的《残不废月刊》也为聋人教育理论研究搭建了交流平台。1950 年前后,"上海聋哑教师联谊会筹备会"编辑发行了《哑教通试》一刊。

《聋哑人工作通讯》(月刊)的创办时间在以往的很多文献中被误传为 1959 年,实际上,该刊是 1958 年由中国聋哑人福利会创办的内部刊物,原为赠阅,由于各地需求量远超预期,于 1959 年 10 月起改为订阅,主要受众为各级民政系统、各级聋人协会、各地聋人学校、聋人生产单位、聋人工作者个人。在内容上除了刊发一些与聋人相关的党政资料外,还涉及聋人教育、聋人就业、手语等方面的讨论,周有光、闻大敏、洪雪立、沈家英等专家纷纷发文,学术氛围极为浓厚,从我收藏的一份 1959 年的合订本上看到,某地民政科的同志曾对许多重点语句进行了勾画,显示出《聋哑人工作通讯》对于当时聋人工作的开展也是极有指导价值的。(图 12-5)

图 12-5 《聋哑人工作通讯》1959 年合订本

《聋哑人工作通讯》的发行时间并不长。到了 20 世纪六七十年代聋人运动兴起之际,各地聋人学校、聋人协会纷纷成立了"聋人革命委员会",简称"革委会"。中国盲人聋哑人协会中止了活动,为了交流经验、宣传思想,一些地方的聋人革命委员会办起了一些报刊,在这里我把它们称作"聋人红色小报"。

聋人红色小报中的内容,主要是聋人自己撰写或者转载的一些政治性的评论文章,其中既包括对本地、本单位的一些评论,如《天津聋协推行资本主义复辟的试验田——天津聋人篮球队》,也包括一些涉及全国聋人的事务,如《关于如何安排聋人参加聋协文化大革命的问题》《让聋运烈火烧得更熊!》,甚至包括一些对国际时政的评论。

我对目前见过实物的聋人红色小报做了简单的统计,大致有十三种,其中包括北京的《革命聋人报》、上海的《红色聋人》和《华东聋人战报》、重庆的《聋人风暴》、成都的《聋人炮声》、宁波的《甬江聋人》、武汉的《武汉聋人》、西安的《聋人造反报》、南昌的《井冈山聋人》、乐山的《聋人烽火》、福州的《福州聋人》、沈阳的《聋人飞鸣镝》和《聋人从来急》[①]。(图12-6)

图12-6　稀见聋人红色小报《聋人从来急》报头

聋人红色小报是特殊历史时期的产物,反映出当时全国各地聋人参与政治、参与社会的基本情况,借助这些小报,聋人群体发出了自己的声音,在历史上掀起了几多波澜,在青史上留下了聋人的足迹,也促进了中华人民共和国成立以后各地聋人文化的交流。

《中国聋人》与《聋哑人工作通讯》、聋人红色小报一脉相承。1960年由中国盲人福利会和中国聋哑人福利会合并组成中国盲人聋哑人协会,1978年中央批准中国盲人聋哑人协会恢复活动,于是群"龙"有首,各地聋人小报立即汇集成为一部全国公开发行的《中国聋人》,成为聋人文化的宣传新阵地。杂志先于1979年试刊,1980年正式创刊,初为季刊,1982年改为双月刊,共出版33期,据了解,聋人历史研究专家刘振兴收藏有完整的一套《中国聋人》,实属难得。

上面已经提到,《中国聋人》是由中国盲人聋哑人协会主办的。盲聋哑人协会只办一部聋人杂志,这对于盲人来说是有些不公平了。于是,1986年《中国聋人》正式停办,改

---

① "飞鸣镝"和"从来急"均出自毛泽东诗词《满江红·和郭沫若同志》:"正西风落叶下长安,飞鸣镝。多少事,从来急;天地转,光阴迫。一万年太久,只争朝夕。"

称《盲聋之音》,这部专门的聋人刊物就这样退出了历史舞台。中国残疾人联合会成立以后,1989 年《盲聋之音》又重新定名为《中国残疾人》,成为残疾人事业的综合刊物。

2010 年以来,《海峡聋声》《华夏聋人报》等聋人民间自办报刊仍然活跃,成为官方刊物的有力补充(图 12-7)。最近几年,随着"新媒体"时代的到来,微信公众号为聋人提供了一种新的信息传播媒介,"聋人联播""无声之友"等聋人自办的公众号已经在聋人群体中形成了广泛影响。从历史的角度来说,中国聋人自办报刊、聋人自办新媒体,对于宣传和发展聋人文化都有特殊的意义:从空间上说,是聋人向全社会、全中国发出自己的声音,从时间角度上讲,是聋人在历史的长河中留下自己的思想。

图 12-7 《华夏聋人报》报头

聋人著书立说的历程

中国已有三千多年图书出版历史,在这个历程中,聋人是否也留下了些许痕迹呢?通过粗略地考察近代以来中国聋人著书立说的情况,我把这一历程大致分为三个阶段。

一是"别人眼中的传奇故事"阶段。在近现代以及更久远的历史时期,中国聋人由于教育水平、社会地位的限制,极少有著作创作并流传下来,聋人形象则较多地体现在健听人的一些文学作品中,他们的特殊身份,往往起到了渲染文学作品传奇色彩和悲情气氛的作用。

中华人民共和国成立之初,《石聋子》(1958)、《聋哑人的生活》(1958)、《聋哑工人的悲欢》(1965)等一些图书以小说或小人书的形式,图文并茂地对新中国聋人的学习、生活和工作情况进行了纪实性的描写,为社会公众了解和接纳聋人发挥了积极的作用。

而在 1970 年前后的一段时期,诸如《靠毛泽东思想打开聋哑"禁区"》(1969)、《铁树开花》(1973)、《聋哑妹上学了》(1977)这样以聋人为主角的图书则突出关注了依靠人民卫生路线,对聋人实施医疗康复的情况,并宣传了能使"铁树开花"的神奇疗效,聋人形象再一次被"传奇"化了。(图 12-8)

二是"和父母共同撰写生活故事"阶段。20 世纪 90 年代,中国的教育事业取得了显著发展,聋人的受教育层次大幅度提高,涌现出一批聋人精英。他们的成长故事,常常由自己和父母合作写下并出版发行,作为教学、育儿、励志的经典故事,也表达了父母在教育聋孩子以及聋孩子成长的过程中经历的辛酸。

其中有代表性的包括:《从哑女到神童》(与父亲合著,1990)、《漂亮女儿——一个失聪儿母亲的成功教育》（母亲专著，2002）、《只要肯登攀——一个听障人士的奋斗史》（与母亲合著，2005）、《官司——一位失聪孩子父亲8年维权的传奇故事》（父亲专著，2007）、《登峰——从无声世界走来的北大学子》（与母亲合著，2008，2017再版）等。

这些作品不仅给予健听父母很多教育启发，更树立了聋人成功的榜样，激励着更多的聋人学生在人生的道路上拼搏、攀登。

图12-8　与聋人相关的几部早期出版物

三是"聋人书写聋人文化阶段"。由聋人自己书写的东西才能成为真正的聋人文化。1986年，傅逸亭、梅次开合著《聋人手语概论》。从20世纪90年代起，曾任中残联副主席的戴目先生就开始撰写有关中国聋人文化的一些问题了，他的作品包括《多国手语拾掇》（1996）、《梦圆忆当年》（1999）、《中国手语浅谈》（2002）、《百年沧桑话聋人》（2003）等，可谓著述颇丰。

21世纪以来，随着聋人精英阶层的崛起，他们开始肩负起引领中国聋人文化浪潮的历史使命。越来越多的聋人学者加入到著书立说的行列，用他们的智慧和经历，诠释和沉淀中国聋人文化的内涵。几部有代表性的作品包括：

《聋人世界寻旧踪》（宋鹏程，2000）、《我的无声世界》（严鹏飞，2004）、《假如我是海伦》（张悉妮，2005）、《五毛的故事》（袁献军，2018）讲述了聋人自己的特殊成长经历；《从聋到龙：聋人生活必读》（陈少毅，2009）介绍了聋人文化的各个方面，该书出版之后发行量巨大，为全国乃至海外聋人讲了一场内容丰富的中国聋人文化普及课；《我是聋人》（张旭东，2009）作为常州聋人学校的聋人文化校本教材，引导学生认识自己的聋人身份，进而接纳自己、肯定自己；《中国与世界各国地名手语大全》（仰国维，2011）通过介绍各地地名的手语打法,拓展了中国聋人的国际视野;《我的聋人朋友》(陈意轩 2013)介绍了香港的聋人生活和聋人文化;《韩慕侠武术社应用手语》(朱明静,2015)在聋人手语文献中独树一帜;《中国手语入门:看我们的语言》(杨军辉、吴安安,2014)和《中国手语语言学概论》(邱云峰、姚登峰,2018)从手语理论与应用的角度出发,阐述了作为中国聋人文化核心的中国手语的内涵;《聋教育:我有话说》(梅芙生,2016)表达了作者对于中国聋教育历史与现实的思考;《无声的绽放:走近聋人文化》(张帆、芦苇,2017)结合作者自身的成长经历,进一步梳理了中国聋人文化的内涵。

除此之外,还有左右、李景明、梁亚军、赵林祥、阿门、成功、谢忠民、沙爽、李圣元、李红都、吴瑕(排名不分先后)等许许多多的聋人作家在从事散文、诗歌、小说等文艺创作,出版了许多知名作品。

从"别人写"到"合作写""自己写",中国聋人在文化出版领域留下了自己的足迹,这一激动人心的过程也实现了中国聋人文化的积累、沉淀和提炼。一路走来实属不易,在未来,著书立说的主体必定会从聋人名人、专家过渡到普通聋人群众,期待更多聋人能用文字向世界传达自己的声音、为历史留下自己的思想,推动中国聋人文化更加繁荣。(图12-9)

图12-9　1990年以来部分聋人的出版物

聋人集邮活动

邮票,在方寸之间蕴藏着无穷无尽的文化知识和艺术魅力,令人爱不释手。一篇题为《集邮的魅力》的短文如是写道:政治家说,邮票是国家的名片,用它自我介绍,更富有诗意,更具有时代意义;历史学家说,邮票是人类文明的传记,波澜壮阔的历史重现在方寸之地;科学家说,邮票是形象的百科全书,宇宙万物无不和它发生联系;艺术家说,邮票是袖珍的文化宝库,它收藏了数不尽的艺术画卷和音乐戏剧;教育家说,邮票是无言的老师,观赏它可以开阔视野、丰富阅历,对人们起着潜移默化的作用;外交家说,邮票是增进了解的使者,它传递友谊,颂扬正义。

很多人都有集邮的爱好,根据中华全国集邮联合会2012年提供的数据,当年全国各地、各类集邮协会会员人数达243万,这些都是相对专业的邮票"玩家",普通集邮爱好者的规模则更为庞大。在数以百万计的集邮爱好者中,也有聋人一席之地。

邮票自问世以来就深受聋人喜爱。中华人民共和国成立后的一段时间,聋人的集邮活动大多各自为政,缺乏统一的组织协调。1979年,北京举办"最佳邮票评选活动"时,有不少聋人集邮爱好者参与进来,聋人集邮社会群体的雏形开始形成。1985年3月15日,北京市集邮协会于邮电部发行了一套四枚"中国残疾人"附捐邮票,与此同时,在北京市集邮协会的支持下,北京劳动人民文化宫举办了"首届聋哑人集邮展览",展出贾俊起、余昭华等18位聋人收藏的2000多枚邮票和100多个封。展览引起了巨大社会反响,这18位聋人收藏家后来被集邮界赞为"18勇士"。当年9月29日国际聋人节之际,北京市残疾人联合会聋哑人集邮联谊会在任廷民的多方协调下宣告成立,是"全国第一个聋哑人集邮组织"。[①](图12-10)

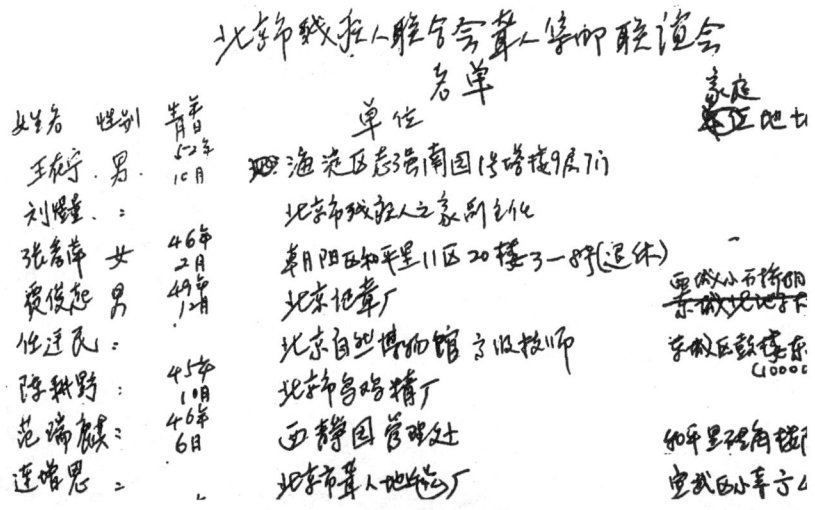

图12-10 北京聋人集邮联谊会成立初期的会员名单

在1985年"18勇士"举办的集邮展上,全国人大常委会副委员长、邮电部部长、中华全国集邮联合会名誉会长朱学范指出,"聋哑人办邮展,北京是首创,各地都可以办"。此后,武汉市聋哑人集邮协会(1987年9月23日)、上海市聋哑人集邮社(1987年5月11日)、杭州市残疾人集邮协会(1992年3月21日)等聋人集邮组织相继成立,聋人集邮爱好者的规模日益扩大、专业化水平显著提高。1994年"中国首届残疾人集邮展览"在杭州举办,在世界上开创了全国性残疾人集邮展览的先河;2009年"中国残疾人集邮联谊

---

① 戴其晓、焦贵平.中华集邮之最辞典.上海:上海大学出版社,2008,5:402.

会"在洛阳成立,是世界邮坛上第一个全国性残疾人集邮组织①。(图12-11、图12-12)

图12-11　吴静、贾晓红设计的1986年北京市聋哑人第二届集邮展览纪念明信片

图12-12　1989年时任北京市残疾人联合会主席的刘煜量写给戴目的信
　　　　使用了北京市聋人第三辑集邮展览纪念封
　　　　收信人对此信封甚为爱护,用刀片小心地划开了封口处的粘胶

---

① http://www.spb.gov.cn/folder108/folder215/folder231/2009/04/2009-04-1327665.html.

聋人的集邮绝非仅仅局限于"集",也广泛地参与了邮票设计和文化宣传,各地聋人集邮联谊会为许多聋人活动设计了精美的纪念封,深受聋人喜爱。武汉市聋人集邮联谊会会长、聋人集邮家孙熙是一位有代表性的邮品设计师,创作了大量知名作品,例如1987年12月20日,为纪念"中国乒乓球队训练基地落成",孙熙受湖北黄石市邮票公司的邀请,设计了一套2枚新颖的对倒纪念封①;1990年,孙熙创办了中国历史上第一份由聋人编辑的集邮刊物《邮熙》,该刊后来更名为《残疾人集邮》。不过,在1996年2月13日发生了一件令人唏嘘的大事,3名聋人因盗窃邮票起意,残忍地杀害了孙熙一家四口,在聋人集邮界引起轰动,被称为"天堂劫邮案"②。

往事已成过眼云烟。今天的聋人在集邮界更为成熟,邮票也发挥着丰富聋人精神世界的特殊价值,俗话说"盛世收藏",聋人集邮更标志着聋人物质生活水平的提高。让我们倍感欣慰的是,在集邮前辈的引领之下,越来越多的年轻聋人也加入到集邮大军之中。2007年,深圳市社会福利中心的13岁聋人女孩龙音参与了深圳市邮政局、香港邮学会主办的"首届深港青少年邮票创意设计大赛",其作品《团圆》在4876幅作品中脱颖而出,获得二等奖,并成为庆香港回归十周年"紫荆浓情"个性化邮票,得到香港特首曾荫权的书信祝福,希望她"继续努力,把握学习机会,自强不息,长大后为社会、国家贡献所长"③。2012年,北京市残疾人活动中心、北京启喑实验学校与北京市残疾人集邮联谊会共同举办"残疾人集邮文化进校园"活动,丰富了聋人学生的集邮知识,在他们心中播下了兴趣的种子④。

聋人戏剧表演

聋人戏剧是聋人文化的一个重要表现,从形式上可以分为以手语为主要表达形式和以肢体语言为主要表达形式两种,从内容上可以划分为聋人模仿听人世界的内容、聋人表现聋人的世界、聋人将模仿听人的世界和自我表达相结合三种不同的方面⑤。中国聋人戏剧有着悠久的历史,我本应在古代史、近现代史做专门介绍,但历史文献中有关这方面的资料犹如凤毛麟角,只好合并在此一并叙述。

清代小说《夜雨秋灯录·吴孝子》一篇有这样的描写:"孝子即对母,呀呀若唱歌,张两手起舞,效演剧者关目,博母欢。"这是目前掌握的有关聋人戏剧表演的最早资料,这一时期,聋人的戏剧还只是家庭式的、生活化的,目的是为博人一笑,但还没有开展专门训练,只能算是一种戏剧、舞蹈表演的"雏形"。

到了民国时期,聋人学校的发展促进了聋人社群的形成,在社群之中,聋人不由自主地发现,"打手式,含有滑稽的成分最多,同病们交谈时,往往有几个人使出笑态百出的姿

---

① 黄石市集邮协会. 黄石集邮史. 内部资料,2002:162.
② http://blog.sina.com.cn/s/blog_5020729c0102whbt.html.
③ http://news.sohu.com/20070803/n251392600.shtml.
④ http://www.chinadp.net.cn/news_/picnews/2012-04/23-9647.html.
⑤ 李默. 聋人文化变革中的聋人表演. 上海:上海戏剧学院硕士论文,2014.

势来,引人发笑,有的笑的眼泪直往外流,有的笑的几乎破了肚皮……"①手语似乎先天就具有滑稽的性质,这也推动了聋人戏剧的进一步发展。众多私立聋人学校常常组织学生在校内外开展"表演"活动,展示聋人风采以争取社会捐助,有关记载可见 1941 年记者吴志刚参观了私立天津聋哑学校后写下的《哑巴演出的话剧,具有特殊的趣味》②。

当时很多聋人表演的戏剧都属于喜剧。在一次聋人的婚礼上,"席间聋哑同学鼓舞双手,表演滑稽动作,赛如无声电影,引得群众发笑不止"③,这显示出聋人戏剧已经登上了舞台。由于这一时期有声电影还没有流行,聋人表演的无声戏剧非常容易为观众所接受,前面介绍过的中国第一位聋人电影明星林吉姆,他与吴爱荣不仅拍摄了《哑情人》电影,还常常在各地舞台上进行现场表演,这也是聋人戏剧的一种形式。

1949 年中华人民共和国成立伊始,云南聋人在欢迎解放军进城的晚会上表演了自编自演的《聋哑教育的新生》哑剧④。后来,一些地方的盲人聋哑人协会、福利工厂、聋人学校都曾组织过毛泽东思想宣传队、文艺宣传队,聋人也开始有机会接受专门的表演训练,形成了早期的聋人表演组织,聋人的文化生活也得到了丰富(图 12-13)。1981 年"国际残废人年"期间,北京市毛织品厂的聋人工人就表演了戏剧《柜中缘》,这个节目主要是模仿听人的,聋人自己创作的内容还比较少。(图 12-14)

图 12-13　南昌市盲人聋哑人在街头表演

---

① 志刚.闲话聋哑.瘖铎,1938(3):2.
② 吴志刚.聋哑学校参观记.每月科学画报,1943(3):34.
③ 佚名.哑婚记.瘖铎,1938(6):11.
④ 亢冗.聋哑同胞走向新生——新时代在召唤(下).平民日报,1950-03-01.

图 12-14　北京市毛织品厂聋人表演《柜中缘》

20世纪80年代末90年代初,外国聋人剧团在我国的许多书籍中还当作一种奇闻逸事来介绍[1]。1986年美国全国聋人剧团访华演出,成为中国聋人戏剧迈向新高度的一个标志性事件。1986年4月28日—5月20日期间,剧团的12名演员使用手语同时用口语配音的方式,向中国观众表演了《美国寓言故事数则》《竹林之谜》《别了,我的老伙伴》等节目,使中国观众"见识了一个崭新的戏剧艺术品种",让听人为之震撼,更冲破了聋人的思想藩篱(图12-15)。值得一提的是,就在当年,湖南湘潭残疾人业余艺术表演团成立,经过了两年的练习,1988年即赴捷克斯洛伐克参加国际聋人哑剧节十周年汇演,使中国聋人戏剧第一次登上国际舞台。此后,湘潭的聋人戏剧多次在全国大赛中获奖,1991年当地还举办了群众性的"哑剧节"活动,使湘潭逐渐树立起全国"哑剧之乡"的美名[2]。

图 12-15　美国全国聋人剧团访华演出宣传册

---

[1] 易田.艺术奇趣录.南宁:广西人民出版社,1987:224.
[2] 编辑部.湘潭年鉴1992.北京:中国广播电视出版社,1992:326.

1987年中国残疾人艺术团成立,1992年北京心灵之声残疾人艺术团成立,1996年北京心灵呼唤残疾人艺术团成立,2011年南京玄武九州残疾人文化艺术中心成立,近几年新成立的言语之形艺术小组、各大艺术团体遍地开花,陆续推出了很多有代表性的聋人戏剧作品。2010年,北京残联演出的《信——无声之美》是中国内地第一部聋人、听人合作的话剧。2009年至2011年,上海应用技术学院的戏剧指导老师李默开办了聋人戏剧工作坊,指导聋人学生共同创作了一部肢体剧《奶奶的春天来了》,并在多所校园进行巡演,获得了好评。2013年至2014年,上海戏剧学院与上海市聋哑青年技术学校合作,排演了舞台剧《耳朵飞了》。中国聋人参与创作的、自我表达的戏剧表演像如雨后春笋般发展起来。

在舞台之上,聋人了解了听人、听人认识了聋人,聋人与听人文化相互影响、相互交融是中国聋人戏剧的一个特点。"手语相声"是这方面的一个典型例子:20世纪90年代,著名听人相声艺术家马季、赵炎受到聋人戏剧的启发,将口语和手语结合起来,创作出小品《哑语》,后来这部作品被德云社改编为《学哑语》;与此同时,聋人也积极吸收听人文化中的优秀戏剧形式,北京聋人冯刚、张龙创作出第一部手语相声《手说聋人文化》,于2014年1月首演。

2018年7—9月,百老汇热门音乐剧《长靴皇后Kinky Boots》配以中国手语在上海、广州、北京上演,将中国聋人戏剧推上了新的发展高度。

港、澳、台地区的聋人戏剧比内地更为发达。其中,台湾的聋人戏剧从1977年开始就进入了快速发展的轨道,先后成立了拈花微笑聋剧团、台北聋剧团等艺术团体,为迎接2009年台北听障奥运,拈花微笑聋剧团曾开展了"飞手舞聋・聋舞手飞——聋剧列车"活动,从2008年9月开始在全台进行了18场次的巡回演出。香港2012年举办了第一届"香港聋人戏剧节",真铎启喑学校校友会——铎艺会、辣妹剧团、香港聋剧团及无言天地剧团四个聋人艺术团体参与了活动,展示了香港异彩纷呈的聋人戏剧文化。

手语歌的文化演进

手语歌是指将吟唱的歌词用手势形象地表演出来的一种聋人艺术形式,一般配乐进行,可一人或多人表演,它以聋人手语的舞蹈特性为基础,通过手语和舞蹈两种不同文化的接触、交流进而相互吸收和渗透并融为一体,因此也被称为"手语舞蹈",最初是聋人文化的现象之一,目前也被健全人广泛接纳和使用。手语歌易和手势歌、手势舞相混淆,如聋人表演的《千手观音》、周杰伦歌曲《手语》的MV中虽然也出现了手势,但由于"手势"不具有语言性质,这类表演不属于手语歌的范畴。

聋人手语歌的发展可以分为三个时期:从1985年中国第一首聋人手语歌面世至1989年是手语歌发展的第一个五年,聋人作为手语歌最初的创编者、表演者,借助手语歌表达了对祖国的热爱、对融入主流社会的渴望、对艰难命运的乐观抗争。20世纪90年代,《爱》《祝你平安》《心言手语》《感恩的心》四首流行歌曲融入手语元素,从此,手语歌进入主流文化,健全人加入创编、表演手语歌的行列,表达了健全人对聋人积极的理解、接纳和关怀,打破了聋人与健全人的长期隔阂,为双方搭建了沟通的桥梁。进入21世纪,手语歌作为一种艺术形式在社会广泛传播,被赋予无声语言、爱心之桥、感恩之心、励志成长、赤子之心、爱国情怀,推广手语、无碍沟通,团队建设、营销手段,健体健脑、促进学习等多种内涵,也在形式上复归了聋人文化的本真,在艺术上达到了新高度,逐步提升了理论研究的水平,手语歌的内涵泛化和深化进一步推进了残疾人事业的发展。从此,理解、尊重、关心、帮助残疾人的舆论氛围和社会环境基本形成。

具体来说:20世纪80年代以前,手语歌对中国来说还是一种陌生事物①。改革开放后中外交流合作不断增强,文化艺术工作逐步复苏,聋人通用手语依托《聋哑人通用手语图》(1979)开始在全国普及,1984年起内地电视台陆续开设手语新闻引发了公众对手语的好奇和兴趣,以及联合国"残疾人十年"(1983—1992)推行"使残疾人得以充分参与社会生活和发展并享有平等地位"的残疾人观,共同构成了本阶段手语歌初创和发展的历史背景。

1982年,一支日本残疾人艺术团到上海聋哑青年职业技术学校访问演出,首次将手语歌介绍到中国。1983年6月28日,上海市聋哑青年职业技术学校校长戴目赴意大利参加第九次"世界聋人大会",进一步掌握了手语歌在国外聋人中的使用情况。回国后,他与本校的聋人艺术教师、兼任上海市残疾人艺术团辅导员的李名扬开始着手创编适合中国聋人的手语歌曲。

众多歌曲中,李名扬老师选定了流行海内外的《我的中国心》,他希望通过这首歌表达聋人对祖国的赤子情怀。经过一年多艰难摸索、反复排练,歌曲终于创编完成。1985年12月,手语歌《我的中国心》在上海市残疾人文艺汇演中亮相,标志着这种特殊的艺术形式在中国大陆正式出现,李名扬老师堪称"中国手语歌之父"。

1986年和1987年,《我的中国心》先后参加"上海之春"音乐节和中国艺术节并荣获大奖,它反映出聋人自强不息的精神风貌,得到各界人士的广泛关注:既受到残疾人群体的喜爱和欢迎,又为健全人理解和欣赏,引发了社会轰动②。

此后,聋人和聋教育工作者又在1989年国庆40周年之际创编了手语歌《义勇军进行曲》,赋予中国聋人"唱"国歌的权利;将手语和舞蹈相结合,创编了更具艺术性的手语歌《小草》和《世界因你而美丽》等。在"没有花香,没有树高,我是一棵无人知道的小草,从不寂寞,从不烦恼,你看我的伙伴遍及天涯海角"的歌声里,在"不是声音捉弄了你们,是你们摆脱了无声的折磨,你们拥有超越生命本身的快乐"的欢呼中,传达出那个时代中国聋人抗争命运、追求自强、在平凡和卑微中默默拼搏的伟大精神力量。

20世纪80年代的中国社会被聋人手语歌的魅力深深打动。

1991年8月3日,三个台湾男孩组成的"小虎队"发布专辑《爱》,在短短几周时间里,这张专辑就创下了惊人的销售记录。同名曲《爱》的MTV(Music Television,音乐电视)中,歌手用手语伴唱,演绎了对聋童的关爱。这首歌极具感染力,在中国掀起了一场

---

① 戴目,闻大敏.百年沧桑话聋人.上海:上海教育出版社,2003:260-270.
② 上海文化艺术报.上海出现手语歌曲.音乐世界,1987(7):47.

健全人学习手语的"汹涌热浪"①,不少人学会了如何表演这首手语歌、如何使用手语说"我爱你",他们当时学会的手语甚至在20余年后的今天都仍然记得②。2010年,当"小虎队"在央视春晚舞台上再次演绎手语歌《爱》的时刻,一代人潜藏心底的青春记忆伴随着感动的泪水喷薄而出。

1994年,中国内地的MTV开始萌芽。22岁的孙悦用家人拼凑的4万元买来一首《祝你平安》的歌词,又四处筹借十余万元拍摄歌曲的MTV。片中,她扮演聋校老师,将对聋童温暖的呵护和真挚的关爱浓缩在手语中,彰显了人与人之间超越有声语言的情感交融。孙悦优美的歌声、动人的手语使《祝你平安》在当年央视MTV大赛中斩获金奖。《祝你平安》一夜爆红,成为影响一个时代的"歌声传奇"。

1996年3月,台湾歌手、残疾人访谈节目《人人欢喜城》的主持人孟庭苇出版专辑《心言手语》,主打歌曲《手语》是专为聋人写作的歌,传达了对聋人群体的关怀。

1999年1月12日,台湾歌手欧阳菲菲发布新专辑《出境入境》,其中一首融入手语元素的MTV《感恩的心》再一次引起国内轰动,至今已传唱二十余年,成为流行时间最长、影响范围最广的手语歌。这首歌取材于一名聋哑女孩和母亲的凄美故事,感动了很多为梦想辛苦前行的人们,特别是手语部分,带给人们面对苦难的豁达和心灵的震撼。由于手语歌能为聋人和健全人同时理解和接受,20世纪90年代四首著名的手语流行歌捧红了歌手。与此同时,反映聋人生活、有聋人参与表演的手语流行歌曲,使曾经作为边缘群体的聋人和曾被视为边缘文化的手语歌开始融入主流社会和主流文化,赢得了健全人越来越多的关注与支持。文化交流推动社会发展,如同70年代中美之间的"乒乓外交",手语歌打破了健听人和聋人之间的隔阂,给双方搭建了一座情感交流的桥梁,显示出社会对聋人认识的进一步提高,进而极大地推进了中国残疾人事业发展,促进了中国社会残疾人观的重构,主流社会开始认同"残疾人同样是社会物质文明和精神文明的创造者","鼓励残疾人自强不息","倡导理解、尊重、关心、帮助残疾人的社会风尚","扶助残疾人平等地充分参与社会生活,共享社会物质文化成果,是全社会义不容辞的责任,是人类文明的重要标志"③。

进入新千年,中国残疾人事业成就显著,理解、尊重、关心、帮助残疾人的舆论氛围和社会环境初步显现。《千手观音》登上2005年春晚舞台,2008年北京举办残疾人奥运会,2010年上海举办世博会、广州举办亚残运会等重大事件增进残疾人与主流社会、残疾人文化与主流文化深度交融。此外,中国加入世贸组织和网络时代的到来推动内地流行音乐迅猛发展,为手语歌的主题与内涵显示出多元化趋向奠定了基础。

这一时期,手语歌不再局限于聋人创编或聋人参与表演,其内涵也从聋人展现自身的精神力量或健全人表达对聋人的关怀渗透到社会生活的诸多方面,选用的歌曲扩充到数十首。研究者在"读秀学术搜索"数据库中检索到全文包含"手语"和"歌"的报纸文章

---

① 孟欣.经典组合演唱歌曲100首.北京:现代出版社,2006:42.
② 白小帆.想当年:80后成长纪念册.北京:文化艺术出版社,2010:110-111.
③ 彭珮云.在中残疾人福利基金会第十次理事会上的讲话.中国残疾人,1994(7):1.

37篇,时间跨度在2006—2014年,通过对这些文章分析并结合更多的相关资料,可将2000年以来中国手语歌的内涵归纳为以下六个方面。

第一,无声语言、爱心之桥。2000年1月,江泽民提出"要努力进行好青年志愿者事业","在全社会树立奉献、友爱、互助、进步的时代新风",从此,志愿者工作在中国的发展步入新阶段。"九五"计划(1996—2000年)期间,青年志愿者助残累计约3500万人次,在"十五"计划(2001—2005年)期间该数字突破1亿大关,由此可见志愿者活动规模的发展之快。虽然志愿者的扶助对象并不限于聋人,但他们往往习惯于借助手语歌表达对残疾人、农民工子女、留守儿童、病弱儿童、灾区儿童等弱势人群的关爱和祝福。手语歌传达的内涵甚至还涉及对世界的爱、对自然的爱、对事物的爱,例如:环保志愿者表演手语歌《一个干净的地球》表达对地球环境的关爱。

第二,感恩之心、励志成长。在主流社会给予关爱的同时,残疾人和其他弱势群体也常使用手语歌表达感恩,例如:聋人在"深圳手语歌公益音乐会"中表演手语歌向社会感恩;在公益活动中,自闭症儿童表演手语歌《感恩的心》回馈社会的关心和捐赠;肢体残疾人为社区群众表演手语歌《让世界充满爱》。他们表演的手语歌常给观众强烈的视觉冲击和精神震撼,也发挥出对主流社会的激励、鼓舞作用。此外,晚辈给长辈表达感恩有时也使用手语歌。

第三,赤子之心、爱国情怀。聋人最初创编的手语歌《我的中国心》就有抒发爱国情怀的内涵,后来在国庆、香港回归、澳门回归、北京奥运会等重要节庆活动中聋人和其他人群时常使用手语歌"唱"出自己的心声。一些学校和单位还举办过以爱国主义教育为目标的手语"红歌大赛"。

第四,推广手语、无碍沟通。2003年,北京联合大学在国内高校中率先成立了手语社团,向大学生教授手语、组织开展社会公益活动。目前,众多高校都有手语社团,它们一般采用手语歌的创编、传唱、表演、比赛等方式,让健全人更多地了解和关爱聋人,认识聋人文化,同时通过手语歌的讲解和演练,把学习手语的过程变成一件快乐的事。一些手语社还将拍摄的手语歌录像在网络上分享,聋人杜银玲女士则专门开设了微信公众平台,将很多流行歌曲创编成为手语歌,并教授给各地手语歌爱好者,有力地促进了手语在主流社会的推广。

第五,团队建设、营销手段。手语歌在社会经济领域也有广泛影响,房地产、保险、化妆品、保健品等营销行业中,《我们是一家人》《从头再来》《我真的很不错》《爱拼才会赢》《超越梦想》《放飞梦想》等手语歌常常作为销售人员培训内容、团队活动形式、会议营销手段,用于打造积极的企业形象,营造进取的企业文化,强化销售团队的凝聚力,激励销售人员对自我、公司和产品的信心。平安保险、绿韵保健品集团等有实力的企业还专门制作了手语歌光盘。

第六,健体健脑、促进学习。手语歌广为大众熟悉后,出现了一股表演手语歌健体健脑的热潮,多数特殊教育学校和部分普通学校选取手语歌作为课间操的一种形式,一些手语歌融入社区广场舞活动,《幼儿手语健身操》《跟我学手语舞》等手语歌相关的音像出版物风靡一时。2003年《少儿英语手语跟我学——A.S.L.互动美语歌曲集》的出版还标志着中国的手语歌开始作为一种促进学习的手段,正如作者在前言中介绍:手语歌有助于儿童"通过调动身体的诸多器官,有效地刺激大脑记忆皮层",使他们"学习起来更专注、情绪更活跃、记忆更牢靠"。

在手语歌的内涵出现泛化的同时,随着21世纪以来聋人文化意识在中国的觉醒,聋人及聋人工作者开始重新思考手语歌的发展方向,通过一系列探索与实践进一步深化了手语歌内涵的发展。

2008年9月6日北京残奥会的开幕式全球瞩目。在一名小号手的伴奏下,320名聋人女孩在鸟巢中央"唱响"手语歌《星星你好》,向全世界的亿万观众展示中国聋人仰望星空、天人合一、不屈不挠、执着追求的文化内涵和精神魅力,聋人女孩动人的无声诉说、近10万名现场观众的热烈掌声、鸟巢上空的绚烂烟火一齐将手语歌的文化演进推向一个新的高度:这是中国历史上参加人数最多的一次聋人手语歌表演,更是脱离了有声语言的"伴唱"、复归聋人文化本真的中国手语歌向世界的隆重亮相。

手语歌不仅在形式与内容上实现了深入发展,一系列相关论著还逐步提升了手语歌的理论研究水平。新千年即将到来之际,《中国手语研究》率先将"手语歌"收入手语理论研究著作,肯定了手语歌在手语语言学中的特殊地位;2003年戴目编著的《百年沧桑话聋人》记载了上海聋人初创手语歌的历史过程;2004年《聋人双语双文化教学研究》明确了手语歌在聋人文化中的意义;2007年出版的高校特殊教育专业教材《手语教学》归纳了手语歌的创编和表演要求;2013年和2014年庞佳在《现代特殊教育》杂志上刊发的两篇文章又在以往研究的基础上进一步阐述了以"点亮聋人生命文化、提升聋人生命质量,构建聋人社会身份,维护聋人文化权益,尊重聋人文化规律、发展聋人独特文化"为内容的聋人手语歌价值观,并指出了未来手语歌文化研究的发展方向。

聋人摄影艺术

摄影作为一种视觉艺术,对于聋人来说是非常合适的。前面的内容中我曾经提到,早在民国时期摄影就已经成为聋人学生职业技术教育的一项重要内容,并为他们提供了一条可选择的就业途径。1949年以来,随着中国社会经济的快速发展,以及人民群众生活水平的大幅提高,聋人和健听人一样,对于文化生活有了更高层次的要求。

从现有资料来看,第一次中国聋人摄影"热"出现在20世纪80年代。当时,国产相机的发展达到了一个历史巅峰,对外开放和旅游事业的发展也为摄影艺术提供了巨大的舞台,许多健听人就是在这一时期拥有了自己的第一台相机并成为摄影"发烧友"的。在与健听社会交往、交融的过程中,一批中国聋人走入了摄影殿堂。

由孚强5岁时因病致聋,后来进入湖北钢丝厂成为一名普通工人。1985年,厂里一帮"发烧友"成立了摄影协会,由孚强看到别人的作品"心里直发痒",从此开始节衣缩食,攒够500元钱买了一台当时相当先进的国产"珠江S-201"单反相机,并报名参加了中国摄影家协会函授学院首期函授学习。通过自己的勤学苦练,"边看书、边琢磨、边实践","他对摄影艺术的理解大大升华",其大量作品在国内报刊中发表并从各类摄影大赛上捧回众多大奖,现为国家一级(高级)摄影师、湖北省襄阳市聋人协会主席①。

江苏镇江聋人范三十子、四川达州聋人赵鹏、江西上饶聋人黄建华……幼年意外耳聋,成为普通工人,偶然接触摄影,痴迷其中不能自拔,接受业余摄影学习,刻苦钻研精通技术,成为摄影专家。这些20世纪80年代崛起的第一批聋人摄影家们拥有相似的人生轨迹,却又通过自己的镜头创作出五彩斑斓的光影世界。

此外,全国各地聋人摄影组织也是从20世纪80年代开始创建的。为了满足广大聋人学习摄影技术的需要,北京市摄影家协会和北京市残疾人联合会曾在80年代初期开办了聋人摄影培训班、暗室技术培训班,培养了一批聋人摄影人才,在此基础上,1986年5月北京聋人摄影学会成立,根据中国摄影家协会提供的资料,它被认为是"我国第一个聋人摄影艺术团体"②。聋人摄影组织的成立极大地推动了聋人摄影文化的繁荣,1987年10月,首届北京聋人摄影艺术展览在中国美术馆开幕,这是"新中国成立以来我国聋人摄影艺术破天荒地登上了全国第一流艺术殿堂";1988年9月,北京还举办了"聋人眼里的摄影"影展,表达了聋人对于社会的认识。

进入到20世纪90年代,特别是21世纪以后,中国聋人摄影文化更加繁荣,具体表现为以下几个方面。

第一,摄影成为聋人服务社会、贡献社会的一个窗口。例如:20世纪90年代末,由孚强自筹资金,在厂里的生活区办起一家"孚士摄影馆",2003年更名为"由孚强数码摄影工作室";新疆喀什的聋人摄影爱好者居买·亚库普从一个照相馆的打工仔,到一位走街串巷的流动摄影师,逐渐成长为一家照相馆的老板;南京聋人孙宁组织成立"无声的摄影"协会,在社区免费开设摄影课程,丰富了居民的文化生活;像南昌聋人金米、长沙聋人梁欣这些创建摄影工作室、专攻婚纱摄影和艺术摄影的年轻聋人摄影师,凭借自己精湛的技艺,不仅赢得了社会的尊重,也帮助许多聋人找到了工作,为他们自己提供了必要的收入来源。

第二,聋人的摄影教育开始进入全面发展的状态。各地基础教育阶段的聋人学校纷纷开设摄影课程,个别学校还与专业机构合作(比如北京启喑实验学校与中国摄影家协会合作创建了"摄影曙光学校"),提高了技能培养的层次;郑州工程技术学院(原中州大学)、上海徐汇区业余大学、中央广播电视大学等高等教育机构开设了不同形式的聋人摄影专业课程,培养了聋人的摄影兴趣,夯实了聋人的摄影技能,其中在哈尔滨师范大学新闻摄影专业学习的"90后"聋人女孩中中,大二时就考取了国家高级摄影师资格证;"上海市摄影家协会老年摄影分会聋人支会"等团体不定期地组织面向聋人的摄影知识讲座,丰富了老年聋人的文化生活。(图12-16)

---

① 冯新.方寸之间觅知音——记聋哑人摄影爱好者由孚强.中国残疾人,1999(3):40-41.
② 徐扬.中国第一个聋人摄影艺术团体.摄影报,1989-8-10.

图 12-16 新疆乌鲁木齐市聋人学校的学生在上摄影课

第三,聋人新锐摄影师大量涌现。在科学技术日新月异的大时代中,他们使用"当代语境",呈现出当下聋人青年力量的创作新面貌。上海的聋人摄影师魏巍就是这方面的一个代表人物,他两岁时进入无声世界,拥有十年的平面设计从业基础,这给予他对摄影更深层的感悟,他将自己对人与人、人与自然、人与城市关系的理解融入摄影作品之中,目前专攻室内外商业空间摄影、自然城市风光空镜头以及航拍。

第四,各类摄影大赛为聋人摄影作品交流展示搭建了平台。在各级各类聋人摄影大赛之中,影响面最广的恐怕就是"沣标杯"国际聋人摄影大赛了。这项活动由政府主导、企业参与,从 2012 年开始每年举办一届,至 2018 年已成功举办了六届,成为展示聋人文化、弘扬人道主义思想、引导社会参与聋人文化建设的重要平台,也是全社会了解、关注聋人积极向上生活面貌以及自强精神的重要渠道,对推动社会主义精神文明建设,构建和谐社会有着重要的意义。

聋人美术名家

自近代起,美术始终都是聋人学习、生活的重要内容,也是聋人文化的关键部分。由于资料庞杂,书写聋人美术的历程是比较困难的。经过一段时间的迷茫和犹豫,我在本书完稿的最后阶段写下了这些内容,勉力为读者勾勒一个中国聋人美术史轮廓。

中国当代史上的第一代聋人美术大师生在 20 世纪二三十年代,他们有过艺专学习经历或者师出名门,新中国成立后尤其是党的十一届三中全会后,随着全国文艺的繁荣和发展,逐渐步入大师行列,并受到国内外瞩目。

韩不言(1921—1997)3 岁时因病致聋,6 岁开始学习书画,7 岁进入北平私立聋哑学校美术科学习,1939 年考入京华艺术学院国画系,师从写意花鸟画家、书法家李苦禅,三年后他被推荐给一代宗师齐白石收为入室弟子,并赐名"不言",齐白石亲自为其篆刻"白石门下"印章。擅长国画兼及书法，1981年，甘肃电视台拍摄了艺术专题片《聋哑画家韩不言》并由中央电视台转播，从此声名鹊起，1982年出版《韩不言画集》，其作品在艺术品拍卖会上受到热捧。（图12-17）

除了韩不言，齐白石还有一位聋人入室弟子石昌明（1925—2008）。他11岁时由脑膜炎致聋，12岁起跟随齐白石学习国画艺术直至齐老去世，并得到张大千、柳亚子、徐悲鸿等名师指导，集各家所长。1946年，他为毛泽东的《沁园春·雪》刻印"润之吟咏"一方，却因此遭受国民党政府的牢狱之灾。新中国成立后，他托齐白石将印赠给毛主席，主席听后，兴奋地说："这个聋哑学生，为我的《沁园春·雪》吃了苦头，不但不怪我，反刻章送我，难得他一片赤诚心啊！"1980年后，他定居广州，曾任广州市齐白石艺术研究会会

图12-17 韩不言与齐白石，1941年

长、中国齐白石艺术研究会副会长等职，被世人赞为"一代聋王"。

聋人国画圈里还有大师谢伯子、刘达江等，限于篇幅在此不能一一介绍。同一时期，聋人画界百家争鸣，异彩纷呈。冒怀苏长于版画创作、装帧设计，历任上海人民出版社、上海人民美术出版社美术编辑，作品不断被《美术杂志》《人民日报》等国内外报刊发表，并被埃及、日本等国博物馆收藏，1996年获中国版画家协会颁发的国家最高奖"鲁迅版画奖"，是一位贡献卓著的聋人美术家。顾朴以漫画创作见长，毕业于上海福哑学校，曾任《漫画》杂志编辑组长、人民美术出版社设计组长、人民美术出版社副编审、《儿童漫画》副主编等职，其漫画生动、形象、富有现实意义，引起了广泛的社会影响，是漫画界有名的大家。（图12-18）

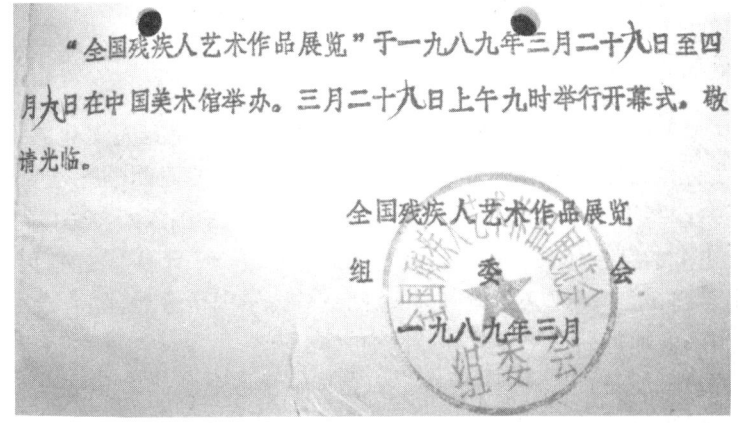

图12-18 首届全国残疾人艺术作品展览请柬

聋人在美术上的成就离不开美术教育打下的基础。早在20世纪初，各地聋人基础教育机构就陆续开设美术课程，并将其作为学生毕业后的谋生技能来培养，更有一批聋人有机会在"艺专"接受高等教育，成为当时的聋人社会精英。在当代社会，美术更是聋人的必修课程，1953年，由教育家陈鹤琴创办的上海市特殊儿童辅导院开办"技术班"，分设实用美术和木工两科，1956年更名为"上海市聋哑青年技术学校"，成为全国第一所聋人中等职业教育学校。目前，众多聋人中等教育机构开设有美术课程，自1987年长春大学开始聋人高等教育后，美术又成为聋人接受高等教育的主要方向之一，近20所院校开设了聋人美术专业，从此，新一代聋人美术家沐浴着新中国的阳光成长起来。

山东聋人吕坚毅是著名海洋画家，中国海洋美术家协会主席、中国美术家协会会员、徐悲鸿画院画家、国家一级美术师、世界视觉艺术家，2013年创建吕坚毅海洋美术馆；聋人雕塑家曹瑞强毕业于上海市聋哑青年技术学校，现为上海工艺美术协会会员、工艺美术师、上海瑞强雕塑工作室首席设计师、九月画苑理事会理事；杨欣，毕业于济南市聋哑学校、上海徐汇区业余大学，曾在长春大学特殊教育学院进修，职业漫画家、山东省美术家协会会员、山东省漫画家协会理事，漫画作品《无题》在2014年第十二届全国美术作品展览中获优秀作品奖，成为新中国成立65年来，12届全国美展历史上唯一获奖的聋人；史晓慧毕业于中央美术学院徐悲鸿画室，是一位闻名全国的聋人女画家，2001年创建北京书慧苑文化艺术交流中心，以其真实成长故事为原型拍摄的电影《聆听寂静》；金一铖三十岁出头却已声名显赫，现为中国美术家协会会员、中国书画创作研究院副院长、国家一级美术师、高级美术师，日本国际书画院终身院士。

当代聋人美术名家不胜枚举，还有更多聋人活跃在服装设计、产品设计、装潢艺术等各个领域，共同推动聋人美术文化迈向更高层次。

聋人影视制作

2017年底，为了看刚发布几天的《寂静烟火》，我第一次买了"爱奇艺"会员，从下午到晚上，完完整整看了两遍，和我在一起的很多聋人高中生还有一位聋人老师都看哭了。打动人心，这就是电影的力量。

聋人电影是指以聋人为主演，或聋人做导演的电影。从历史的角度来说，从上海聋人林吉姆1930年参与拍摄的《哑情人》算起至2018年，聋人电影在中国已经走过了88年的历程，那么在这个过程中，聋人电影的主题发生了怎样的变化呢？

20世纪50—70年代的聋人电影主要体现了政治话语。

《哑情人》之后，随着无声电影走向末路，林吉姆再未推出新的影视作品，与此同时，1937年后，以上海为代表的电影业因时局波动而变化，老影业逐步消亡。中国电影史上的一个黄金岁月和产业蓬勃时期在抗战炮火声中戛然而止，在这样的大环境中，聋人电影出现了近30年的休眠期。

20世纪50年代以后，聋人电影开始表达出一定的政治话语，我们不可否认当时的这些内容的确是聋人的心声，但是这一时期的聋人电影主题全然聚焦于此，而未关注到聋人生活的其他方面。最早把聋人搬上荧幕的要数《聋哑人的生活》(1958)了，该片通过介

绍北京市第二聋哑学校师生的工作、学习、生活情况，展示了党和政府对聋人的关怀。（图 12-19）

1971 年中央新闻纪录电影制片厂制作了纪录片《靠毛泽东思想打开聋哑禁区》，几乎在同一时期，中国人民解放军八一电影制片厂制作了《毛主席无产阶级卫生陆续的胜利凯歌——记 3125 部队毛泽东思想医疗卫生工作队开创治疗聋哑病新路子的事迹》，两部短片表现了主流价值观对"靠毛泽东思想"治疗聋哑病，解放聋哑阶级兄弟姐妹，让他们喊出"毛主席万岁"、聆听毛泽东思想的政治宣传，在一定程度上夸大了针灸治疗聋哑的效果，但其中的聋人形象丰满，手语影像至今都有研究价值。（图 12-20）

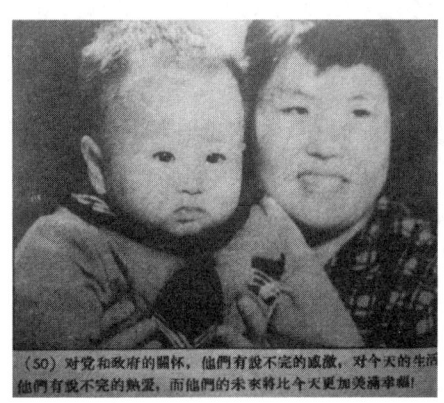

图 12-19 《聋哑人的生活》剧照
中国电影出版社同名电影连环画册（1958）

图 12-20 《毛主席无产阶级卫生陆续的胜利凯歌——记 3125 部队毛泽东思想医疗卫生工作队开创治疗聋哑病新路子的事迹》电影宣传海报

1977 年，谢晋导演了一部彩色故事片《青春》，影片同样以"靠毛泽东思想"治疗聋哑病为背景，讲述了农民的女儿亚妹，已经聋哑了 13 年，平时靠手语沟通。解放军医疗队来到山村，向晖医生给亚妹精心治疗，使她恢复了听觉，开口说了话。亚妹感激党和毛主席给了她新生命，希望为革命贡献青春。在向晖的帮助下，亚妹穿上了军装，经历了坎坷的职业生涯，最后，影片喊出"为了壮丽的共产主义事业，让我们每个人都贡献出自己的青春！"的政治主题。

20 世纪 80 年代的聋人电影展示了聋人在主流社会中的生活境况。

1986 年为了配合全国残疾人抽样调查制作的彩色科普片《为了残疾人》描述了聋人的社会生活。同年，姜大卫导演的剧情片《听不到的说话》表达了那个时代社会对于聋人及其犯罪人生的基本印象。影片讲述了一个五人组的聋人扒手团伙以偷扒为生，由于其受到社会上流氓团伙的欺侮并与之结下了恩怨，加上偷扒的违法性，最终落得一人被打死、一人被判入狱七年的悲惨下场的故事。剧情跌宕起伏，对聋人偷扒团伙的作案方式、作案过程进行了真实的描述，对聋人犯罪的心理进行了细腻的刻画，向观众展现了一幅幅聋人因自身残疾而遭遇的种种悲惨境遇的无奈场景。通过这部电影，健听人得以走进聋人在社会夹缝中艰难求生的惨淡生活，引起人们关于聋人生活问题的反思。

1987年中央新闻纪录电影制片厂制作了一部纪录片《手语讲述的故事》,这是中国聋人史上较早的一部以手语为主要语言的影片,讲述了北京三露厂聋人职工的在工作岗位上甘于奉献、乐于钻研的情况。(图12-21)

图12-21 《手语讲述的故事》电影完成台本

同时,20世纪80年代中国开始引进国外聋人影片,其中两部有代表性的是印度影片《哑女》和新西兰影片《一个哑巴的故事》(图12-22),这类影片在社会上引起了强烈反响,也吸引了公众对聋(哑)人群体的关注。

20世纪90年代的聋人电影树立了聋人身残志坚的形象。

这一时期,中国聋人电影迎来了一个发展高峰,先后拍摄了《聆听寂静》(1990)、《不能没有你》(1998)、《无声的河》(2000)三部聋人家喻户晓的大片。从内容上看,它们的主题思想是相似的,都表达了聋人在健听社会中从卑微到抗争,从抗争到成功的励志故事。

《聆听寂静》讲述了农村聋人女孩楚天慧在困境中坚强不屈、发愤图强,最终在绘画领域取得了卓著成绩,借此鼓励聋人树立自尊、自信、自立、自强的抱负,做一个

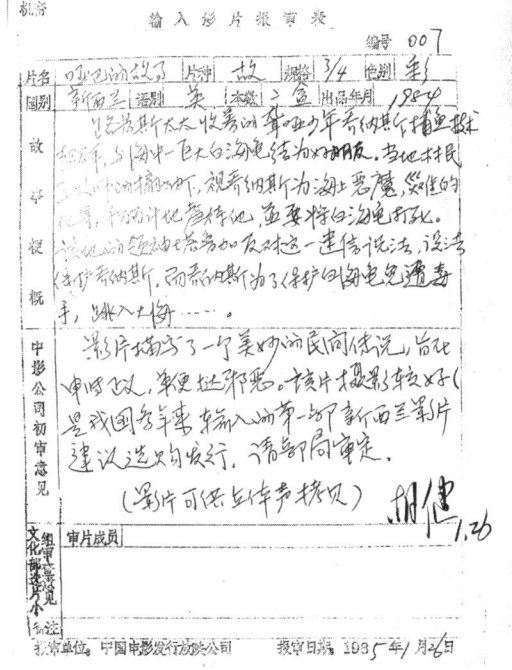

图12-22 时任中国电影发行放映公司总经理的胡健同志对引进《一个哑巴的故事》的审批意见(1985)

有尊严、有追求、有事业、有爱心的人,做一个掌握我们自己命运的人,做一个生活中的强者,为和谐社会献上聪明才智,展现残疾人的时代风采。

《不能没有你》取材聋人周婷婷在辽宁师范大学的真实生活,她与王铮一聋一盲,凭借自己顽强的毅力,刻苦读书,取得了优异成绩,被评为十佳大学生。

《无声的河》则演绎了聋人学校实习老师在一群聋人学生的世界中,无意中感受到了一种浓浓的无声的爱。听人与聋人共同找回自己、实现价值,既让实习老师实现了他当歌手的梦,又使学生们明白了梦想都有实现的可能。

21世纪以来的聋人电影呼吁打破聋人与社会的隔阂。

根据马斯洛的需要层次理论,人最基础的是生理上的需要,最高级的是自我实现的需要。20世纪50—80年代的聋人电影表达了聋人在实现生存、寻求康复、满足生理需要过程中的辛酸故事,90年代的聋人电影表达了聋人追求成功的自我实现需要。其实在这之中,还有一个非常重要的需要:情感和归属的需要。21世纪以来的聋人电影恰恰补上了这个缺口。

2009年出品的《听说》讲述了女孩秧秧和便当店男孩黄天阔互相以为对方是聋人,发生的一段奇妙美好的爱情故事。片中的聋人手语颇为生动,表达出的听人与聋人之间的爱情也颇为动人,然而,当时的健听社会或许还没有做好真正让聋人与听人走到一起的心理准备,在影片接近结束之际,剧本话锋一转,揭示出二人均为健听,让广大观众松了口气。

2010年由苏青、米娜导演的电影《手语时代》采用聋人讲述聋人的方式,演绎了聋人的地位、教育、犯罪、语言、婚恋、就业一系列话题,呈现出聋人世界的悲欢,堪称开"手述历史"的先河,在聋人圈内广受好评。

2017年12月在网络上公映的影片《寂静烟火》是中国第一部由聋人影视公司(郑州丁巳利辉文化传媒有限公司)制作的聋人电影,虽然社会上对这部影片褒贬不一,但聋人电影聋人拍,真正吐露了聋人情感上的心声。影片讲述了聋人子墨对听人女孩佳怡的爱慕之情,他从起初犹豫、自卑和退缩,到后来的果断、勇敢、主动,让佳怡深受触动,表达了聋人追求美好爱情的强烈愿望。然而聋人和听人毕竟身处"两个不同的世界",他们的感情受到了方方面面的阻碍,影片留给我们一个充满想象空间的结局。

当然,中国聋人电影并不限于上述几部,本书仅指出了具有代表性的主要作品,近几年《听见》《声边》等聋人"微电影"的繁荣更进一步地推动了聋人电影的发展、降低了聋人参与电影制作的门槛促进了郑小三等一批聋人导演的成长。与此同时,我们也不可忽视国外聋人电影对中国聋人电影发展的影响,不可忽视港、澳、台聋人电影节等文化活动对于中国聋人电影文化交流的促进,其中,香港国际聋人电影节自2010年至2016年已连续举办了六届,台湾聋人电影节自2015年至2017年连续举办了三届,澳门近年来也开始了类似的活动。2018年,上海国际聋人电影艺术节成功举办,是中国内地首次以聋人文化为主的国际电影艺术节。

中国聋人电影的发展表达了聋人对于生存、对于成功、对于爱情的内心诉求,记录了中国聋人从自卑到自信、从贫穷到富裕的群体成长和文化发展,通过轻松、感人的形式让听人社会接触和了解聋人文化,对于推动社会融合发挥了不可替代的作用。斗转星移,时过境迁,聋人在电影中传达出的心愿都必将成为现实,我们也期待着更多优秀的聋人编剧、聋人导演、聋人影视公司能够在未来创作出更多符合聋人心声、宣传聋人文化的影视作品。

聋人体育竞技

聋人体育也是聋人文化的组成部分。陈曦在《那朵迟开的花儿——中国聋人体育运动漫谈》[①]一文中比较详细地记录了1949—2007年中国聋人体育运动的发展历程,并将其分为两个主要阶段。

1949—1982年是以"尝试与探索"为主题的第一阶段。数以千计的福利工厂、聋人学校和福利事业单位奠定了聋人体育事业的基础,后来,中国聋人体育运动开始迈向专业化发展的一个标志性事件是1957年北京举办的聋人田径、乒乓球、游泳比赛,是中国历史上首届聋人运动会。1958年8月21日,中国聋哑人福利会和中国聋人体育协会筹备委员会向各地发布了"关于建立各级聋人体育协会的通知"。1958年12月2日,《中国聋人体育运动的开展情况及对今后工作的意见》经报请国务院批准,转发各省、自治区、直辖市、民政厅、局、聋人体协贯彻执行。从此,各地纷纷建立起聋人体育协会、举办了聋人运动会,聋人体育事业有了组织领导,开始遍地开花(图12-23)。1959年,全国首届聋人篮球赛顺利举办。

第二阶段以1983年第一个国家级残疾人体育组织——中国伤残人体育协会的成立为标志,聋人体育开始步入了规范化发展进程。1986年山东济南举办了全国聋哑人篮球邀请赛、山东青岛举办了14个沿海开放城市及4个经济特区聋哑人"新兴杯"篮球邀请赛,同年12月,中国聋人体育协会于北京成立,这一国家级聋人体育运动组织极大地推动了聋人体育运动的开展,其成立两年后中国就加入了国际聋人体育联合会。

图12-23 河南省聋哑人运动会专辑

1989年,中国聋人组队参加了在新西兰举行的第16届聋人夏季奥林匹克运动会,刘琪、闫丽华获得乒乓球女子双打铜牌。1997年第十八届聋人奥运会上,赵晓东摘取跳远比赛金牌,实现了中国在世界聋人运动会上金牌"零"的突破。(表12-1)

---

① 陈曦.那朵迟开的花儿——中国聋人体育运动漫谈.中国残疾人,2007(8):56-57.

表 12-1 中国聋人参加世界聋人奥林匹克运动会基本情况①

时间	城市	夏季/冬季	运动员人数
1989	新西兰 基督城	夏季	8
1997	丹麦 哥本哈根	夏季	13
2001	意大利 罗马	夏季	15
2005	澳大利亚 墨尔本	夏季	69
2007	美国 盐湖城	冬季	14
2009	中国 台北	夏季	78
2013	保加利亚 索菲亚	夏季	67
2015	俄罗斯 汉特·曼西斯克	冬季	22
2017	土耳其 萨姆松	夏季	107

中国聋人体育协会成立后,聋人的体育活动进入了规范化、制度化的时期,国际聋人篮球邀请赛、亚太聋人运动会、全国残疾人运动会、全国聋人足球锦标赛等各级各类聋人体育比赛越来越多样,适合聋人参加的体育项目越来越丰富,充分展示了聋人的实力和国家的内力,中国聋人体育运动和聋人事业也正大踏步地与世界潮流齐头并进。(图12-24)

图 12-24 青岛聋哑学校的获奖运动员老照片

除了传统的体育项目之外,近几年电子竞技也日益受到聋人的关注。电子竞技(electronic sports)作为一种体育运动已经得到国际奥组委承认,是指利用电子设备作为

---

① http://www.deaflympics.com/countries/CHN.

运动器械进行的、人与人之间智力对抗的、达到"竞技"层面的运动。聋人虽然听力残疾，却也有响彻云天的电竞梦想；虽然听不清游戏中的澎湃音乐，但却可以感受到属于战斗的乐趣；上帝虽然捂住了他们的耳朵，但却赋予了他们最灵动的手指。2015 年，EP 电子竞技俱乐部"风暴英雄"分部正式成立，这是国内电子竞技行业历史上首支聋人职业战队。2016 年，国内首届以聋人战队为主的"英雄心·残障人士电子竞技大赛"在上海成功举办。

聋人文化交流活动

聋人的地域分布比较零散，近现代聋人学校发展起来以后，把一个地区的聋人青少年聚集起来，形成一个个聋人文化的"孤岛"，由于和外界交流甚少，"孤岛"中甚至形成了地方手语体系。在相当长的历史时期中，聋人跨区域的文化交流活动是很有限的。

20 世纪 60—70 年代"文化大革命"期间的"大串联"为全国聋人文化交流创造了第一次机会。1966 年，中央文革表态支持全国各地的学生到北京交流"文革"造反经验，也支持北京学生到各地去进行革命串联，全国性的大串联活动迅速开展起来。串联学生所到之处有吃有喝，火车汽车也是随便乘坐，一分钱不交就可以周游全国，掀起了改革开放以前全国唯一的一次"旅游高潮"。（图 12-25）

图 12-25　1966 年山西聋哑学校的学生在北京串联期间每天都坚持学习毛主席著作

聋人群体在运动中表现得相当活跃，"第一次参加了自己教育自己、自己解放自己的政治斗争"，各地聋人纷纷夺取地方聋协的"权"，组织聋人革命委员会、毛泽东思想聋人宣传队、毛泽东思想学习班，跨行业、跨单位、跨区域开展"大联合"活动，其中有一部分聋人学生和群众"串联"到北京，在天安门广场接受毛主席的接见，感受了"毛主席他老人家对聋人无产阶级革命派最大的关怀、最大的支持、最大的爱护"。虽然这一系列活动在今天看来是比较激进的，但是在 1949 年以来的中国聋人历史上，第一次打破了地域的限制，实现了全国聋人交流互动，打开了聋人的眼界，对于聋人文化和聋人手语的发展具有重要影响。（图 12-26）

改革开放以后(特别是在20世纪90年代以后),全国聋人文化交流活动更加频繁,内容和形式也趋于丰富,不同年龄段的聋人文化交流活动各有各的特点。

对于聋人青少年学生来说,由山东省爱聋手语研究中心主办的"国际手语夏令营"是难得的交流盛会。其2009年的首届活动由聋人芦苇担任营长,他将此次活动赞为"中国聋人历史第一次大盛会"。至2014年,国际手语夏令营共举办了五届,参与者有全国各地的聋人大中专学生、听人手语爱好者、优秀聋人企业家和海归聋人精英等,为他们搭建一个交流与合作的平台。2016年后,该活动提档升级为"爱聋手语暨聋教育研讨会"。

在青年聋人群体中,"湖蓝之星"是一件大事。2013年8月,香港聋人协会NARKA与杭州新聋手视文化传播有限公司合作,并由一些聋人企业家支持,在杭州成功举办了首届"湖蓝之星亚洲聋人交流晚会"(图12-27)。活动中,各地聋人表演了手语诗歌、小品、走秀、书画等节目,展示了聋人风采。2017年8月,第二届"湖蓝之星"在杭州举办,与会者既有各省市、港澳台地区的聋人明星和聋人代表,还有国外聋人精英和明星,内容涉及世界聋人博览会、模特大赛、聋人文化艺术盛会、手语音乐会、手语演讲等。

图12-26 重庆聋人革命造反总部宣传海报

图12-27 首届"湖蓝之星"电子海报

再看看中老年聋人。1996年1月23日,北京市成立"老年聋人联谊会"(全国第一家老年聋人群众组织),到1998年时会员就超过了500人。2004年,冯少华、梅芙生等德高望重的聋人倡导、发起了"首届聋人文化研讨会",开了民间聋人文化交流的先河。在聋人自办的《华夏聋人报》2017年第3期上,大连聋人邹德珍记录了民间聋人文化研讨会的发展历程:"首届"之后,第二届至第九届活动分别于2004年、2005年、2006年、2010年、2011年、2013年、2016年、2017年在常州、厦门、天津、重庆、福州、台北、大连、兰州成功举办,聋人文化界名人云集,使聋人文化得以大范围推广。这一系列的民间聋人文化交流的组织者和参与者主要是中老年聋人,十多年来,"一代聋人为之付出了无数艰辛与悲欢","他们"一个个老去,有的已经离开人世",但是文化交流活动"长江后浪推前浪,一代新人在成长",更多的年轻聋人已经加入到了文化交流的行列中。

除了全国性聋人的交流活动外,一些地方性活动也很有特色,比较有代表性的是武汉汉口江滩手语角、北京宋庄米娜餐厅的"聋人文化之夜"活动等(图12-28),后者截至2018年已成功举办了四届。同时,中国聋人也积极开展与国外聋人的交流活动,其中颇负盛名的要数"东亚埠际聋人友好交流大会",该活动自1996年至2018年共举办了十四届。

目前,聋人文化交流活动参与面广、形式多样、持续性强,极大地开拓了中国聋人文化的视野,展示了中国聋人文化的成果,树立了聋人榜样,对于促进中国的手语词汇的发展、聋人教育水平的提高、聋人文化的繁荣具有积极作用,也增进了听人对聋人的了解,更有利于聋人个体实现自我突破和社会融合。

图12-28　2018年"聋人文化之夜"参与者合影

第四部分 聋人手语的历史发展

第十三章　古代聋人手势语

手势历史悠久

你是否听说过黑猩猩 Koko 的故事？它出生在美国旧金山动物园，今年已经接近50岁了，竟然因为会打手语而成了全世界的大明星！根据新闻上的介绍，经过研究人员的训练，Koko 已经掌握了 1000 多种"大猩猩手语"，它借助这些手语，可以实现与人类的简单沟通。猩猩 Chantek 的故事更具有传奇色彩，它不仅掌握了手语，在人类的支持下，还接受了大学教育。（图 13-1）

图 13-1　许多经过学习的黑猩猩会使用手语

黑猩猩学习手语的例子，让我联想到手势在人类语言起源的历程中所发挥的作用。从宏观的种系发生角度来看，人类语言起源的一种观点叫作"手势语说"，它认为：人类祖先在有声语言产生前曾经历了一个使用手势语进行相互沟通的历史时期，有声语言是在手势语和不完备的声音的基础上逐渐形成的；"以手指物"和"比画示意"是原始社会人类手势语言的两种形式,其中"以手指物"源自人类自然而然地会循着别人的目光凝视物体,"比画示意"则源于人类会自发地解读别人的动作;从各方面来看,声音具有无可争辩的优越性,因而在长期的进化过程中,人类最终选择了有声语言。

布须曼人在狩猎时使用的手势语为"手势语说"提供了一个例证。布须曼人是非洲的一个最古老的土著民族,目前仅有大约5万人口,20世纪末期的时候,布须曼人依然生活在史前时期,他们的有声语言中许多发音靠舌尖语口腔唇齿摩擦而成,这种发生方法产生于人类的发音器官还没有完全形成之时,因此可以说,布须曼人的有声语言是世界上最早产生的语言之一。(图13-2)

图13-2　布须曼人

布须曼人一直过着狩猎和采集的生活,他们狩猎时喜欢结伴合作。据说,当一个猎手发现了野兽的踪迹,需要隐蔽行进时,就互相以手势语交换情况。所用的手势语往往是以能表现动物最显著的特征的"拟态语"形式。比如高举双手、食指伸直,表示所见的野兽有一对大角,意思是说发现了大捻角羚;中指弯曲、其余四指伸展,意思是发现了长颈鹿;发现了鸵鸟就以斜举手臂象征其长颈。遇到一些一时难以模仿的动物时,他们的手势是可以活动的,并辅以身体的模仿动作配合,如跳兔。但一旦发现了黑长尾猴时,其手势语却不是模拟长尾猴的形状和动作,而是将手掌张开,表示它像人。[①]

从个体发展的角度来看,有一种称为"复演说"的理论认为:胎儿在胎内的发展复演了动物进化的过程;出生后个体心理的发展,则复演了人类进化的过程。由于婴幼儿能够自觉地运用指点动作来表达自己的愿望,为了顺应这一特征,近几年幼儿教育领域非常倡导一种被称为"婴儿手语"或"宝宝手语"的教学活动,有意识地给那些还没有学会说话的婴幼儿教授一些常用手势语,从而增进他们与家长之间的交流、促进他们认知能力的发展。

---

① 曲彦斌.副语言习俗·手势、情态、口哨等语言现象.沈阳:辽宁大学出版社,1988.

所以可以推想,从原始到现代、从幼儿到成年,人类延续着使用手势进行表达、沟通的语言习俗,对于健听人来说,随着有声语言的丰富与完善,手势语的作用变得相对减弱;而一旦听力残疾限制了个体的有声语言发展时,手势语的地位则骤然提升,成为个体常用的交际工具。

象形文字记录了原始手势

手势是聋人文化的核心,从历史上流传下来并融入现代生活的许多手势,既为健听人所熟悉,也演变成为聋人自然手语的重要组成部分。

手势语是一种三维空间中的视觉语言,在没有摄影摄像技术的古代社会,手语只能通过文字描述和图画进行记录。中国聋人手势语最早的文字记录可见于约公元前100年成书的《史记·淮阴侯列传》:"骐骥之局促,不如驽马之安步也……虽有舜禹之智吟而不言,不如瘖聋之指麾也。"其中的"指麾"即为聋人挥舞手势进行语言表达的动作,但是当时的聋人具体挥舞了哪些手势我们就不得而知了。

那么原始的手势是什么样呢?现代社会中的视频录像和古代社会中的文字记载都难以解开这个谜题,不过,我想"文字"本身却是值得关注的另一把"钥匙"。文字是语言的基本载体符号,是在手势语言和有声语言出现之后才逐渐产生的,在这之中是不是会包含一些原始手势的"蛛丝马迹"呢?最近几年,的确有一些研究者开始注意到聋人手势语和古文字、古汉语之间的关联,并尝试从中挖掘聋人手势语在中国发展的历史线索。

王惠杰的研究介绍了印第安手势语和图画文字的关系,其中提出:手势语作为"空间中的图画",和图画文字的性质十分相似,都以视觉形象构型、都是记语手段和传递信息的方式、都具有前文字的性质和作用,其发展趋势都是由形象到抽象,手势语和文字的关系也因此从最初的"直接可辨"逐渐演化得"不易辨认"。①

汉字是以图画文字为基础的象形文字,很多汉字都是对手势动作的直观描绘。早在民国时期,著名聋人教育家宋鹏程先生在教学时就曾将手势语和汉字密切联系起来,帮助学生识记。② 赵锡安尝试使用汉字的"六书"对中国聋人手势语的理据进行了分析,并且列举了"日""雨"等象形类手语词与古汉字的相似性。③ 游顺钊首次论述了古汉字与中国聋人手势语进行比较的可行性,以及汉字的象形含义和中国聋人手势语模仿动作的一致性,并列举了五个汉字的实例,其中包括:"启",模仿手开门的动作;"采",手从上方采摘的动作;"大",用伸张双臂来表示某些物体宽大;"鼓",手敲鼓的动作;"自",用手指鼻子表示"自己"。④

---

① 王惠杰.广义文字学视角下印第安手势语与图画文字的关系研究.青岛:中国海洋大学硕士学位论文,2014.
② 马建强.中国特殊教育史话.北京:新华出版社,2015:224.
③ 赵锡安.中国手语研究.北京:华夏出版社,1999:54-64.
④ 游顺钊.手势创造与语言起源——离群聋人自创手语调查研究.北京:语文出版社,2013:114-122.

张晓梅、谭中华认为,远古的手势语很少被有效地记录,但中国聋人手势语和古汉字的造字法相类似,都具有形象性、多样性,都反映出原始思维的特征,通过对二者的比较,可能为中国聋人手势语和古汉字研究提供一定的参考。① 不过,该研究只进行了理论层面的推演,并未提供相关聋人手势语和古汉字的例证。

除了以往介绍的例子外,还有哪些古汉字和聋人手势语存在相似性?这种相似性可以如何进行分类?对手语历史语言学的研究有哪些启发?为了解释这些疑问,我采用比较研究的方法,浏览2012年出版的《说文解字:中国人必备的工具书》,该书在参照汉代许慎《说文解字》的基础上,用六书的方法科学讲解近3000个汉字的源流和文化内涵,并列举了每个汉字的甲骨文、金文、小篆、楷书等写法,展示每个汉字的字形与字义的内在关系及发展历程。中国手势语词汇参考《中国手语(修订版)》,熟练掌握中国手势语的研究者将部分常用汉字的字形、字源和中国手势语的打法、含义进行比较,找出相似性可辨的手势语和汉字,按照二者的关联情况进行分类。

在现行中国手势语的基本造词策略中,"仿汉字"(如"人""辽""晶"等),"书空汉字"(如"才""文""几"等)和"汉字变式"(如"贵""疗""奸"等)三类手势语虽然和汉字的相似性直接可见,但它们大多是近几十年出现的,是手势语对简化汉字字形的模仿,相当于手势语中的一种"外来词",很少能反映古汉字与手势语的关系。

通过对常见古汉字的初步分析,我把中国聋人手势语和古汉字的关系按照相似性从高到低的顺序,分为四种类型:手势语和古汉字的结构直接对应、手势语和古汉字的结构象征性对应、手势语今义和汉字古义对应、手势语和古汉字的结构与含义都无法对应。

手势语和古汉字结构、含义直接对应

手势语打法和古汉字结构的直接对应是二者"高度相似"的关系,可能与其对同一所指特征的相似性以及语义加工上的相似性有关。② 相似性(iconicity)是语言符号的基本特征之一,指语言结构与人的经验结构或概念结构之间的自然联系,主要指语言符号与外部世界之间的关系。③ 古汉字与所指事物存在明显的相似性,其部分结构是由对事物关键外形或动作的图画式描绘逐渐演变而来的。在手语语言学领域也有研究者发现,中国手势语词汇植根于汉语和汉字的表意性,由于手势语是对视觉信息的表达,相似性在中国手势语词汇中表现得非常广泛,表现为语义和手形的照应关系,并可归纳为:直接指点,手形表达所指的形状或动作,身体表达所指的动作,从口语、书面语等其他语言系统

---

① 张晓梅、谭中华.中国手语与古文字的比较.长春大学学报,2014(1):139-133.
② 张积家、陈磊、陈穗清.语言符号的象似性对手语具体名词语义加工的影响.语言文字应用,2013(1):89-98.
③ 霍兴花、王如玉、李金珊.语言符号的任意性、理据性和象似性.青岛农业大学学报(社会科学版),2008(4):82-85.

借词,通过创设情境进行表达等类型。①②

这类手势语和古汉字的相似性最为明显可辨,保留着汉字模仿手势语的最初证据,它们大多含义直观、形象性强,打法与古汉字中呈现的手部动作,以及手势符号在汉字中的结构直接对应,属于一种最原始的手势语。其中不仅包括以往游顺钊介绍过的手势语"大"与其对应汉字的相似性,还包括:手势语"失"或"丢"与汉字"失"(物体从人的手中滑落状),手势语"看"或"望"与汉字"看"(手搭在眼睛上方),手势语"拜"或"求"与汉字"拜"(双手握拳并前后晃动几下),手语"采"或"摘"与汉字"采"(一手伸开五指从上到下做抓取动作),手语"攀"或"爬"与汉字"攀"(两手登山攀崖状),手语"守"与汉字"守"(房内之人手持器械的样子),手语"舞"与汉字"舞"(一个人两手腰间挥动的样子)等。(图13-3)

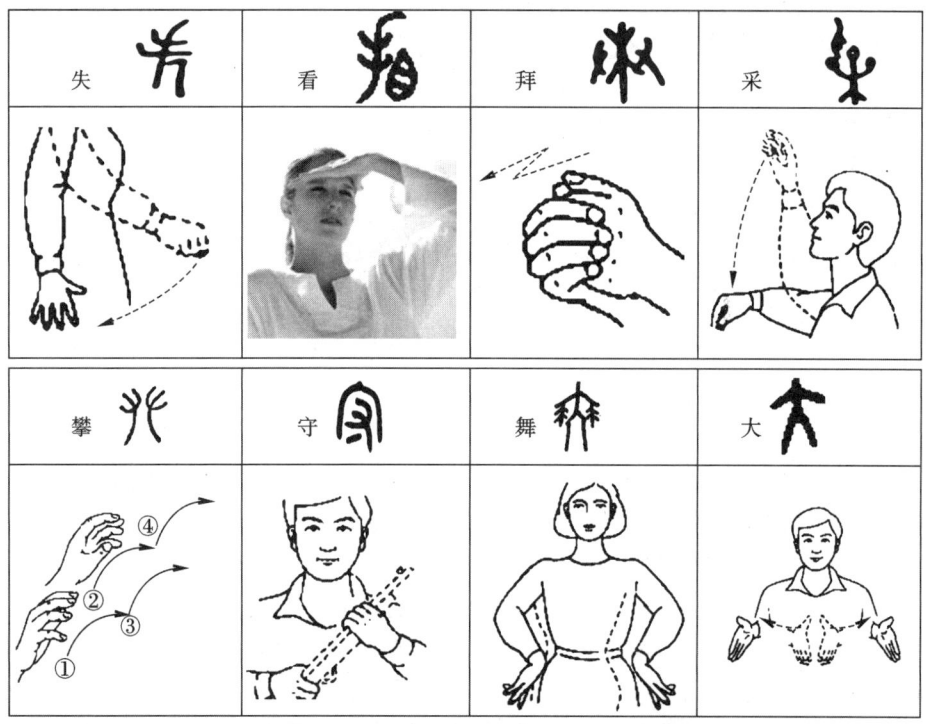

图13-3　手势语和古汉字的结构、含义直接对应的例子

上面这个"舞"的古汉字和手势语中,"手"都是置于腰间的,在文化上一脉相承,明显有别于其他民族文化中的"舞"(如新疆维吾尔族的手势语"舞")。

有研究认为,文字是由手势语言产生的,在远古时期,先有手势语言,然后才有了文

---

① 何宇茵,马赛.基于语料库的中国手语象似性研究.中国特殊教育,2010(9):53-5.
② 赵祥辉.从语言符号的象似性看中国手语.科教导刊(中旬刊),2012(6):121-122.

字。① 对人类近亲黑猩猩的手势语研究为这一观点提供了佐证,②不过由于缺乏更充分的可靠资料,目前还难以断定手势语和古汉字的"高度相似"是否只是一种巧合,还是在语言演进的漫长历史中存在相互借用或承续的关系,但从古汉字中发现的"看""拜""采"等表达人类动作的"远古"手势语极有可能先于文字而出现,其对应古汉字的写法则是对这些手势语的直接借用。

手势语和古汉字结构、含义象征性对应

现行的中国手势语有将一些常用但难以模拟所指原貌的词汇符号化的现象,例如:用拇指、小指伸展,其他三指握紧的符号象征"人";用食指、中指、无名指、小指并拢,与拇指平行的符号象征"车";食指伸出,其余四指紧握,手部向指尖方向移动的符号,常象征锋利、尖锐的物体,表示"刺激""戳"等含义。

使用象征符号的部分手势语和古汉字存在相似性,其中包括:手势语"从"或"跟"与古汉字"从",使用前后并行的两个"人"形符号,表示"跟随";手势语"俘"或"抓"和汉字"孚","手"在上方抓住"人"形符号,表示"劫捕""俘获";手势语"扶"或"救"和古汉字"扶","人"形符号被旁边的"手"牵扶;令人惊异的是,手势语"至"与古汉字"至"(一支插在地上的箭)在结构上也存在极高的相似性。此外,"木""林""森"三个字"圆柱形向上举"的动作次数与"木"的数量是一致的,也是一种手势语和古汉字的结构、含义象征性对应的例子。(图 13-4)

图 13-4　手势语和古汉字结构象征性对应的例子

---

① 张晓梅,谭中华.中国手语与古文字的比较.长春大学学报,2014(1):139-133.
② 何宇茵,马赛.基于语料库的中国手语象似性研究.中国特殊教育,2010(9):53-57.

还有一种象征性对应的例子是,个别结构相对复杂的古汉字可能使用其各组成部分对这个字对应的手势动作进行解释性的描述。例如汉字"抛",左侧为"手",中间的"九"表示"很",右侧的"力"表示用力,把这三个意思衔接起来即为"用手用力扔"的动作(图13-5)。与此相关的古汉字还有"曰",它使用一横代表嘴巴的动作,和目前常用的手势语"说"具有相似性。

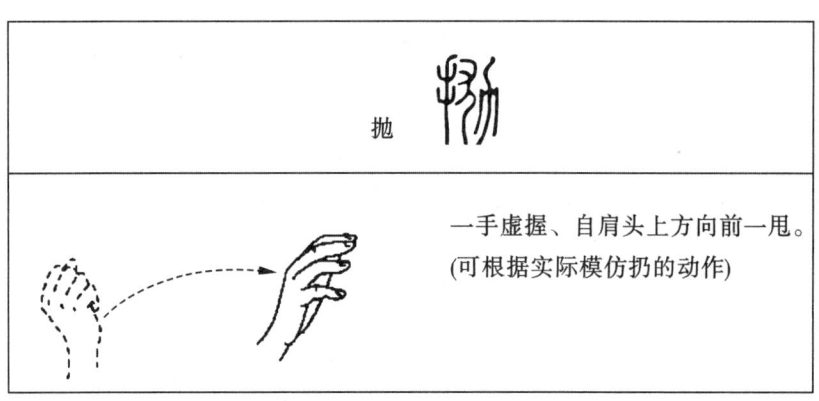

图13-5　古汉字"抛"对应的手势语

"从""至""扶"等手势语和古汉字存在并不明显可辨的"中度相似",这种相似性是通过将一些所指"符号化"实现的,具体表现为手势语中的基本手形以及汉字中的偏旁、部首。符号的使用扩展了手势语的表达范围和传播空间,显示出人类的智慧以及驾驭语言的卓越能力。上述"中度相似"的词汇大多模拟有手部或人体参与的动态情境,因此,手势语的出现时序仍可能早于古汉字,但由于具有一定的抽象性,这类手势语在历史上的演进时期可能稍晚于我在上一节介绍的和古汉字"高度相似"的手势语。

手势语今义和汉字古义对应

在漫长的历史过程中,汉字的内涵不断衍生和发展,演化出"古今异义"——古今字形相同但意义用法不同的特殊现象。虽然如此,由于汉字内涵的发展比手势语快得多,部分手势语的含义却没有发生变化,仍然保持着其对应汉字的原始含义。

相对明显的例子包括:"自"字古义为"鼻子",现行手势语在表示"我"或"自己"的含义时仍沿用"一手食指指点自己的鼻子"的打法,与"鼻子"的手势语一致;"刺"字古义有"批评、指责"的含义,现行手势语在表达"批评""指责"或"谴责"的含义时仍以一手食指刺向另一手的"人"形符号,与"刺"或"戳"的手势语打法相似;"揪"的古字为"丑",写作"手指勾屈用力揪物"形,与现行手势语"揪"的打法相近;"华"字古义为"花",现行手势语中的"华"和"花"打法相同。(图13-6)

随着手势语的开放化和规范化,以及有声语言对手势语的影响,手势语有从"更靠象似性的一段慢慢向着任意性的方向移动"的趋向,①现行的很多中国手势语的象似性表现得并不十分明显。② 有代表性的一个例子是,在葛遂元基于汉字字形和读音设计的"普乐手语"体系中,③手势语和所指的象似性、和汉字的象似性都难以辨识。不过,中国手势语依然保持着和汉字的密切关联和"间接相似",例如:虽然汉字的含义在历史上发生了诸多变化,而"自""刺""华"等手势语在打法上仍保存着该汉字的原始含义,这一现象提示:手势语含义和结构的演进总体上比汉字缓慢,甚至在数千年中很少发生明显的变异。

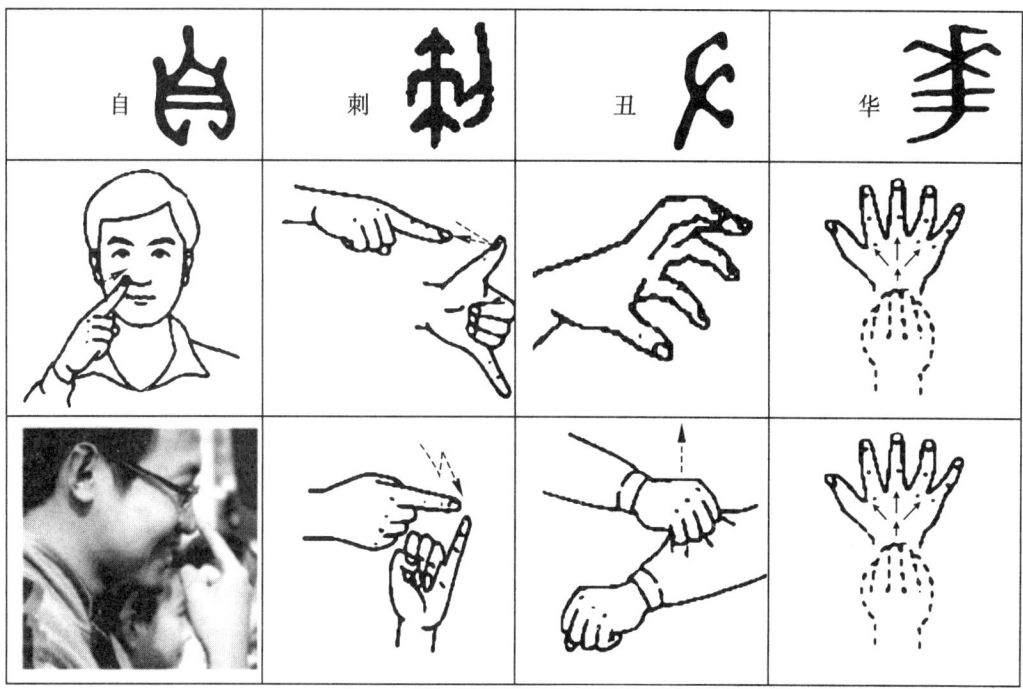

图 13-6 手势语今义和汉字古义对应的例子

古籍中记载的聋人手势语

古代文献中时常出现对聋人"以手代口"现象的介绍,但是手究竟是怎样"代口"的,大部分文献中都没有细致的描写。科技手段给我们生活的方方面面带来了很多方便,这几年很多古籍资料都被做成了电子版,让我们能快捷地从中检索到关键词。我在《中国基本古籍库》《四库全书》这些资源库里面检索"聋""哑""手势""手语""手式"等这些能想到的关键词,在查到的成千上万条语段中阅读、筛选出了以下这些记录。

在小说《施案奇闻》(约1824年成书)中,我还发现了一个"清官猜透手式、巧判哑巴

---

① 何宇茵,马赛. 基于语料库的中国手语象似性研究. 中国特殊教育,2010(9):53-57.
② 马赛,何宇茵. 论中国手语的象似性. 大学英语(学术版),2010(2):30-34.
③ 葛遂元. 汉语字词的手语打法优选. 绥化学院学报,2013(1):5-15.

奇冤"的故事：

　　将哑巴带上来……但见他二目流泪、急的搓手比画：抓嗓子、拍心、指指嘴、摆摆手，众役与抓公都不解其意。施公说："武二你不用着急，刚才你抓抓嗓子是自恨不会说话，拍拍心是心里明白，本县懂得手式，只要你把式打的明白，本县立刻就替你公断。"哑巴闻听心中欢喜，先就磕头。施公说："你家住那里？"哑巴见问，用手往东一指。施公说："东关以外？"哑巴点点头。施公又问什么地名，哑巴用手指头满地混画，施公吩咐给他纸笔写来，哑巴接过立刻画完。衙役呈上，施公闪目一观：纸上画的两座塔当中一座庙。看罢施公说："必是家住双塔寺。"哑巴点头。施公说："我再问你家中有什么人？"哑巴摇摇头。施公说："只你一人，父母手足全无是不是？"哑巴点头。施公叫声："武二少时，本县叫上周顺夫妇来，不许你多嘴，问着你再打手式。"哑巴点头……

　　"本县问你，不许撒谎！周顺是你什么亲戚？"武二摆手、摇头。施公说："你与他无亲？"武二点点头。又问："哪个与你什么亲呢？"武二闻听把手指指那妇人又指指自己……将两手第二指十字架儿反正比比，又把身子躺倒、将手比枕、二人同睡之相，又起身抓抓嗓子、拍拍心口，急的呵呵连哭带嚷。施公带笑叫声："武二，本县深晓你才用手指指她，说你俩不是兄妹，又把手指指头十字比比，说你们是夫妻，躺在地下说你俩是同枕之人，抓抓嗓子是不能说话，拍拍心是心里明白，你的冤枉别人不知道，本县猜的是不是？"武二听毕，登时止泪，拍着胸膛又指指贤臣，又往外朝上指指天，又磕阵子响头。施公深知他心里说，指指天言可比天判的是了。贤臣又问："不用比式了，说那妇人是你妻子，本县问你现有父母没有？"武二摇头。又问："你有丈人没有？"武二点点头……

　　这是我手头掌握的关于古代中国聋（哑）人使用手势语的最完整、最生动的两份史料，其中反映的手势语类型非常丰富，以此为基础，并结合其他有关的文献，我们大体上可以将中国古代聋人使用的手势语分成由简单到复杂的三种类型，表示抽象含义的手势语在这一时期还比较少见。

　　第一类是指点动作，"哑巴见问，用手往东一指"，属于一种最简单、最直接的手势语，常用来指代方位或者眼前所见的人或物。著名的清代长篇小说《儒林外史》（约1749年成书）第二十四回也有类似的描写："天井里，一个老道人坐着缝衣裳，问着他，只打手势。原来又哑又聋。问他：这里面可有一个牛布衣？他拿手指着前头一间屋里。"

　　第二类是古代文献中很常见的"画地"，就像上面所说的"画的两座塔当中一座庙"，聋人在表达一些形象特征明显，但难以用手势语描述的事物时常常使用这种方法，它又可以根据画的位置具体分为"以手画掌""画纸与人语"和"画地为字"，也就是在手掌、纸张、土地、上描画和模拟事物的主要特征或书写文字，从一定程度上说，现代中国手语中的"仿汉字""书空"手势是对古代"画地"方法的继承和发展。

　　第三类是直观"手式"，这些自创的手势语通过结合身体姿势、面部表情来模拟直观事物的全面特征，例如用"指指嘴、摆摆手"表示"哑"，用"把身子躺倒、将手比枕"表示"睡"；"四指作圈，即知为饼"。

　　由于古代中国聋人之间的交流相对隔离，缺乏手势语进一步发展的重要条件，当时聋人——用现在流行的话语来说——基本上都是"离群聋人"，他们使用的主要是一些

"自创手势语"或者"家庭手势语",以指点动作和模拟事物形象的手势为主,被称为"手麾""手式""手势""形语"等,"手语"这个词目前最早见于唐代诗人李白的《春日行》中的"佳人当窗弄白日,弦将手语弹鸣筝",可见"手语"的本义并非"手势语言",而是说"用手指拨弄琴弦发出声响的意思"。到五代时期,冯延巳撰写的传奇故事《昆仑奴传》中有涉及"手语"的一段描写:"知郎君颖悟,必然默认所以手语耳。"说的是当时的盖代勋臣有一宠姬,不甘为妾仆,在一个偶然机会中得遇青年崔生,以手语暗示求援,后得昆仑奴摩勒之助脱离樊笼的故事,由此可见,五代时期的"手语"一词已经具有了"手势语言"的意思。

手势语有关的影像线索

一直以来,很多人都在试图寻找有关中国手势语的早期影像证据。聋人研究者林白羽发现了下面这张照片,断定这两个唐代陶俑是在用手语进行交流。其实真相并非如此,我从网络上搜索得知,这两件文物的名称实际上叫作"唐彩绘乐俑",二人均为坐姿,一腿垂悬、一腿盘起,双肘弯曲、两手相对,如握琴持笛,头微作斜视状。过去他们手中应当是持有乐器的,只是因为经历了时间的洗礼,木质或其他材料制作的乐器销蚀不见了而已。(图13-7)

原始社会的手势语对中国文化的影响是深远的,使得一些宗教手印先于聋人手势而发展完善、形成体系,其中的一些手印或许为聋人手势表达抽象词汇提供了依据。"易学"研究者高洪杰认为:"三《易》之法"源自原始人的手势,以八千到一万年前后伏羲氏(新石器时代父系社会时期)"近取诸身"用双手"始作八卦"为发端①。任宗权在其《道教手印研究》一书中从中国早期的"手指文明""巫文化""礼乐思想"等方面系统地阐述了道教手印的发展,从该书附录呈现的道教手印史料《百诀图》中可以发现,一些手印的打法与现行聋人手势语颇为相似。(图13-8)

图13-7 唐彩绘乐俑

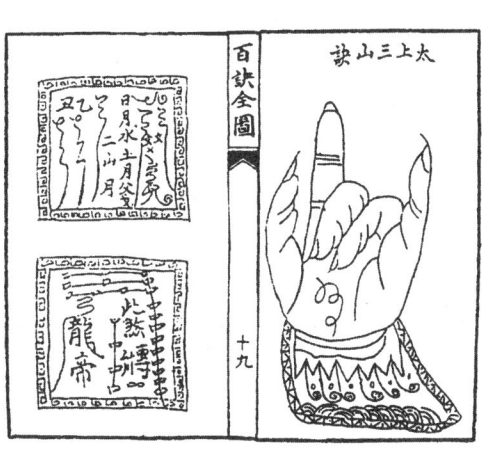

图13-8 道教的太上三山诀

① http://blog.sina.com.cn/s/blog_5e7e695b0102wfff.html.

中国另一套早期的、系统的、成体系的、"记录在案"的、流传甚广的手势语影像大约非佛教的"手印"莫属了。仔细观察一座佛教造像，或者一幅佛教壁画，我们会发现其中的佛像总是在"比画"着不一样的手势，这就是"手印"。用专业的话来说，佛教中的"手印"指的是"在修法时，行者双手与手指所结的各种姿势"。一般认为，佛菩萨及其本尊的手印，"象征其特殊的愿力与因缘，因此，我们与其结相同的手印时，会产生特殊的身体力量和意念力量"。通俗地说，手印是一种具备特殊能量的符号。

每一尊佛教造像、每一幅佛教壁画都是静默无声的，但它们又都在讲述着不同的故事。当时的人们以及千百年后的我们怎样去理解它们呢？手印给我们提供了线索。就像下面这幅，佛祖在做什么呢？看看他的手印——说法印——以拇指与中指（或食指、无名指）相捻，其余各指自然舒散，就能略知一二：他正在说法传道。（图13-9）

图13-9　五代释迦牟尼佛供养图

于是我们脑洞大开，无言的佛像仿佛有了话语、有了生命，一幅画就成了一个有声有色的故事。当我们欣赏各个佛像的时候，从手印可以洞察其特别的愿力、因缘及特别的悟境，乃至其成道、说法时的特别状况。

佛像的手印也是一种记录信息的符号，它是隐藏在艺术品中的、一句句静默的语言，无声地述说着它的因缘故事，历经千百年的风雨沧桑，等待有缘人倾听、解读。这种功能好像和手语有那么一点点神似，或许手印为聋人手势语中的部分动作提供了借鉴，这就有待今后的深入探讨了。

除了宗教手印，古代中国社会生活中常用的"袖里吞金"也是一种特殊的手势语言。袖里吞金也叫"掌金之法"，是一种中国古代民间速算的方法，当时人们衣服袖子肥大，计算时只见两手在袖中进行，由此得名。清代方中通《数度衍·卷四》介绍了袖里吞金的基本方法，即"五指每指九位分三行，自下而上曰一二三，又自上而下曰四五六，又自下而上曰七八九，临算暗记"。这种方法颇为神秘，过去曾有一段歌谣流传："袖里吞金妙如仙，灵指一动数目全，无价之宝学到手，不遇知音不与传。"

1988年的一本未署名的《袖里吞金》小册子中复原了古代的袖里吞金指法。根据其形式推测，袖里吞金可能与民国时期的"国音字母单手语"和现代社会使用的盲聋人"手点字母"具有一定的传承性。（图13-10、图13-11）

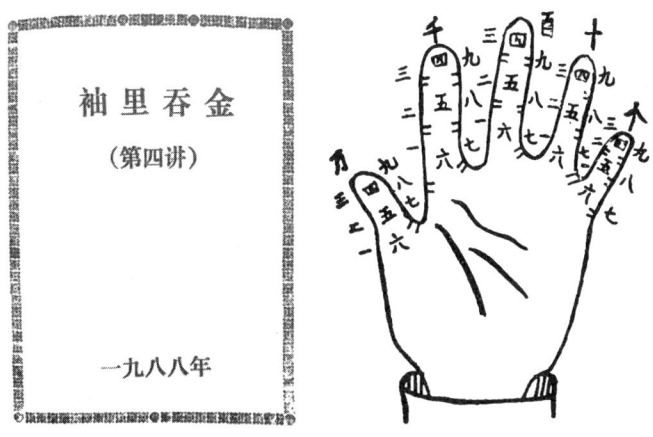

图 13-10 《袖里吞金》中的指法

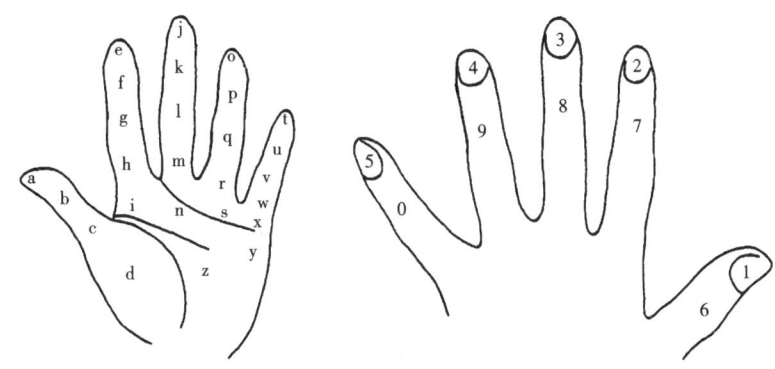

图 13-11 中国盲聋人手点字母安排①

一些江湖门派也有自己的手语暗号,据说在古代中国,没有任何一个群体的手语暗号像天地会那样丰富、系统和神秘,其会众通过完备的手势、身体动作,来配合暗语进行身份识别,从史料中记录的这些手语打法来看,"仿汉字"的构词方式是比较常见的。(图 13-12)

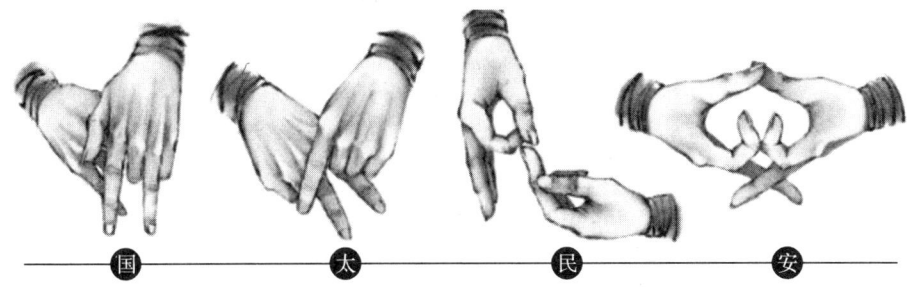

图 13-12 天地会暗号"国泰民安"②

---

① 黄家尼,沈家英.战胜双重残疾——补偿盲聋缺陷的途径.北京:华夏出版社,1996:36-40.
② http://www.dili360.com/ch/article/p5649812f113d312.htm.

第十四章 近代以来聋人手语的发展

常用手势语词汇明显丰富

19世纪70年代以前,中国的聋人教育还处于萌芽状态,聋人之间的互动交流还比较缺乏,聋人使用的手势语仍以指点动作或模拟事物形象为主。例如,清代《夜雨秋灯录》(1877年成书)中有一篇《吴孝子》,其中描写了既聋又哑者使用手语的情况:

(吴孝子)虽哑且聋,而性敏,能以己意揣母意;母亦习久,能以势与孝子言。每日,母思食何物,必呀呀请母命,而后诣郭购之回。如:四指作圈,即知为饼;撮指覆腕,即知为馒首;又手成八字,即知为水角子;伸掌使平,知为鱼;垂手如提,知为肉之类。百无一爽。母老且病,每食若微且噎,孝子即于暗处洒眼泪。见人必指划,若言母食少,攒眉蹙额作忧虑状。食若甘且多,孝子即对母,呀呀若唱歌,张两手起舞,效演剧者关目,博母欢。见人又指划,若言母食多,拍掌狂笑作快活状。

一些外国传教士也参与了对中国聋人使用手语情况的记录和研究,留下了一些宝贵的田野调查资料。其中1877年E. J. Eitel博士对中国聋人常用的一些表情、手势语描述得最为细致:点头表示"同意",摇头表示"不同意";在面前挥手表示"不要";两手拇指伸出、其余四指紧握,置于头部两侧,表示"羊";两手掌手心朝前置于头部两侧,手指上下摇动表示"猪";一手置于面前,拇指与其他两指或三指张合表示"鸭子",拇指与其他一指张合则表示"鸡"①。(图14-1)

> Beginning with the domestic animals we find that a sheep is indicated among the Chinese deaf-mutes by placing the two hands closed, with the thumbs pointing upwards, one on each side of the top of the head. It will be seen that a picture is thus made somewhat like the original character for 羊 *yang*, meaning a sheep. An open hand placed at each side of the head, with the palms to the front and the fingers pointing upwards, represents a pig. The household duck is denoted by striking two or three fingers against the face of the thumb, while the fore-finger alone opposed to the thumb means a chicken.

图14-1 1877年传教士描述的部分常用中国手势语

---

① E. J. Eitel. Essay on the Chinese Language. The China Review. 1877(5):77–78.

上述在生活中常用的“饼”“馒头”“鱼”“羊”“猪”“鸡”“鸭”等手势语打法与现行中国通用手语颇为类似。与此同时，表达一些抽象含义的手势语也开始出现了，其中包括“以大指为君子、小指以小人”①，“盖凡哑者，均以拇指为天、食指为地、中指为父、无名指为母、小指为妻子”②。说到这，我惊异地发现近代中国聋人手势语中的父、母、妻子这些家庭成员的词汇打法和现行中国通用手语中的打法有很高的相似度，都与手指的序列有关。不仅如此，今天日本聋人手话(手势语)里的“父”“兄(弟)”和“女(妻)”分别使用拇指、中指和小指辅以特定的动作来表示，与古代中国聋人的手势语打法非常一致，所以日本的聋人手势语或许就是从中国传过去的。

“互助活动”的情境是语言起源的一个基本条件，聋人学校和聋人社群是手语产生的核心因素。在上一章介绍的那些最原始手势语的基础上，作为聋人交际工具的中国通用手势语，是在中国聋人漫长的生产、生活实践中逐步发展完善的，是聋人集体智慧的结晶，随着中国近现代聋人社群的形成，一些文献资料中，“手语”的意思发生了变化，例如在1937年的《国语辞典》中，这个词的解释是“用手之姿势代表字母形状，借以教聋哑儿童之方法”，这一概念类似于现代社会的“手指语”(图14-2)。大约在新中国成立以后，“手语”才将手势语和手指语都纳入其中。

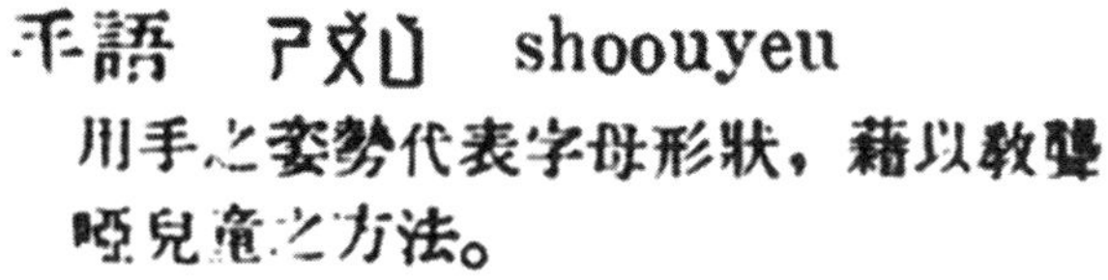
手語　ㄕㄡˇㄩˇ　shoouyeu
用手之姿勢代表字母形狀，藉以教聾
啞兒童之方法。

图14-2　《国语辞典》中的“手语”词目

很多手语研究的前辈们对中国古代、近代聋人使用手势语的情况介绍得并不多，一个关键的原因就是缺乏史料、巧妇难为无米之炊。中国历史实在博大精深，相关的中外文献著作浩如烟海，我们任何一个人就算是穷尽一生，也很难把这些资料都翻个遍，更何况想要从中找到一些对聋人手势语的介绍，那就堪比大海捞针了。

手指语从西方传入中国

手语是聋人交际的重要工具，包括手势语和手指语：手势语是以模拟事物外形及动作为主要手段、辅以姿势和表情来表现的；手指语即手指字母，以书面语为依据、用指式代表字母来拼打，在20世纪初曾被称为“手语”“手切”。

手指语的演进历史是语言学和聋教育研究的基本问题之一，不过我国在这一领域的研究还非常缺乏，相对而言，大多数研究者更关注手势语。手指语是一种抽象程度高、文化基础深的手语类型，其产生与发展晚于相对形象的手势语；手指语一般以指式代表字

① ［清］张德彝. 五述奇. 稿本.

② ［清］宣鼎. 夜雨秋灯录. 上海：申报馆丛书本.

母,而古代中国使用象形汉字,缺乏创造手指语的必要条件,因而没有使用手指语的传统。聋人手指语起源于西方,在早期主要有两类:英语手指语和赖恩手势。

据其他研究者考证,英语手指语源于1698年的一部无作者署名的《手指语》。系统的英语手指语最初在1790年前后由巴黎聋校校长艾比·西卡德(A. Sicard)发明,它以26个英语字母为书面语基础,使用双手拼打,部分保留了字母的形象性,如"握起双拳,右拳放在左拳之上"为"g"。法国大革命期间西卡德逃亡英国,"将自己的方法传授给所有来访者",使这种手指语在英国广泛流行并延续至今,后在美、法等国发展演变成为便捷的单手指语。(图14-1)

在1949年以来所见的诸多资料中,手语研究者们都认为手指语是在1887年以后,由创办烟台启喑学馆的美国传教士米尔斯夫妇传入中国的。其实,近现代的中国虽然动荡飘摇,但不乏有识之士,他们在1887年以前就早已将国外使用手指字母的方法介绍在中文资料中了,因此可以说,手指字母是中国人主动从西方国家借鉴而来的,并非被动地、由外国传教士带来的,明确这一点,对于我们认同中国现行的手指语、认同中国聋人的手语文化来说,都是一种鼓舞。

从已经掌握的证据来看,西方手指语是在1840年前后传入中国的。中英鸦片战争使中国社会发生巨大变化,一批文人"开眼看世界"、积极学习西方先进文化和技术,开始了对英国手指语和赖恩手势的零星介绍:"教哑与聋者以手指代语言,诸国皆效之"①;"聋者按字母之反切,以指形之,由此即能读书"②;"聋哑者亦以手调音而教之"③;"师执其手使贴己项下以与语,哑徒会其意即以所言书于壁"④;"以手作字其学熟者彼此问答极快,是法创自法国,其先一法系每字用两手,既又一法系每字仅用一手,现由德国另创一法使聋人看他人唇齿之开合与舌尖之上下即知"⑤。

后来,更多中国人游学海外,他们考察学校,为中国近代化改革带回宝贵经验。其中,1871年光绪皇帝的外语教师张德彝在其海外考察日记《三述奇·卷四》中对英语手指语进行了详细介绍:"泰西各国有种哑谈法,系以手比字。如以右手食指指左手之大指为A、指食指为I,指无名指为O,指小指为U……此乃旧法也。另有新法甚为捷便,只须一手。乃一拳斜立大指在外为A,四指直舒大指下屈为B,大指与后四指弯作月牙为C……手上伸五指攒于一处为&,其义系等也云云也。以上二法哑聋人皆可用以接谈,每成一语必以大指敲将指作响为句读,否则字皆连贯其义难分矣。盖外国字母不多,英国只用以上二十六字,一二字为一话、十数字亦为一话。"(图14-3)

---

① [清]徐继畬.瀛环志略.上海:扫叶山房石印本:卷九.
② [清]丁韪良.西学考略.北京:同文馆铅印本:卷下.
③ [清]魏源.海国图志.石印本:卷五十九.
④ [清]载振.英轺日记.铅印本:卷五.
⑤ [清]张德彝.五述奇.稿本:卷四.

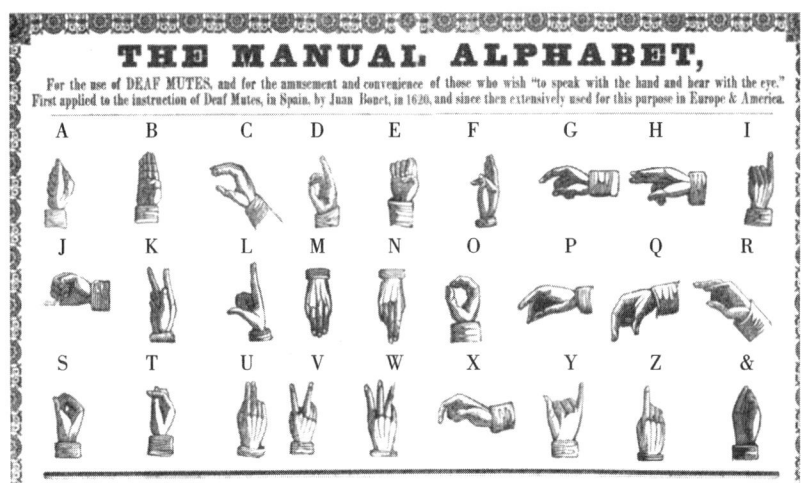

图 14-3　外国单手手指语(1837)

遗憾的是,由于当时中国政府尚未开办专门的聋人学校教育,这种系统的英语手指语沟通方法主要停留在文献介绍的层面,没能在聋人教育和聋人工作实践中推广使用。

西方的手指语传入中国后一直到 1964 年《汉语手指字母方案》正式公布施行,手指语经历了一段近一百年的"中国化之路",近代的聋教育家杜文昌则将这一过程概括为:"我国最先用罗马拼音、用英文手切法,以后改用美国教聋哑用的贝利字母、用赖恩手切法,现在多半改用国语注音符号矣。"①当代语言学家沈家英将这段历程划分为"赖恩手势""注音字母手式""汉语拼音手指字母"三个基本阶段②。语言学家周有光把 20 世纪以前汉语手指字母的发展分为"赖恩手势""赖恩氏手切""注音字母手势"三个阶段。

将三位的观点综合起来可知,手指字母的中国化,大约经历了"以罗马字母为书面语基础的英文手切""以贝利字母为书面语基础的赖恩手势""以注音字母和注音符号为书面语基础的手指语"和"以汉语拼音为书面语基础的手指语"四个发展阶段,从罗马字母到汉语拼音,作为书面语基础的汉语字母的发展推动着中国手指语的形成和完善。

罗马拼音即"拉丁字母",是世界上最为通用的字母。近代后,西方传教士开始在中国广泛活动,他们学习汉语、传布教义时常使用罗马拼音标注汉字读音,如 Ngo so kying-ae tih ma-ma(我所敬爱的妈妈),这种注音字母被称为"教会罗马字"③。传教士最初在中国开展聋人工作时曾尝试将汉字语句翻译为"教会罗马字",再使用上面介绍过的、早在 1871 年就传入中国的英国手指语依次拼打出相应的罗马字母。这种方法复杂、难懂,很快被以贝利字母为书面语基础的赖恩手势取代。

---

① 杜文昌.杜文昌在中央广播电台演讲.中央日报,1936-10-20-21(4).
② 沈家英.我国手指字母的演进.文字改革,1964(3):5-7.
③ 刘沛生.近代国语运动.济南:山东师范大学硕士学位论文,2007.

贝利字母(visible speach)也称作"视话符号"或"可见语言符号",是电话的发明人、聋教育专家亚历山大·格雷厄姆·贝尔的父亲亚历山大·麦尔维尔·贝尔1864年在爱丁堡大学教授演讲和雄辩术的过程中发明的,是一套有别于罗马字母的符号系统,每个符号对应一种发音器官的运动状态及其发音,使发音时发音器官的形状、动作可视化。1871年后,格雷厄姆·贝尔(G. Bell)将这种符号应用在美国波士顿聋校的发音教学中,使之开始在聋教育界推广(田战省,2005:3-23)。通过"发音法"的教学,聋人能够借助这些符号看话和发音。受聋校口语教学观念影响,源于发音教学的"赖恩手势"也逐渐形成。结合聋校发音教学经验,赖恩(J. Lyon)对烦琐难记的"可视语言"符号进行改进并以其为书面语基础,发明出一种仅有45个指式的手指语系统,被称为"赖恩手势"或"赖恩手指字母"。(图14-4～图14-6)

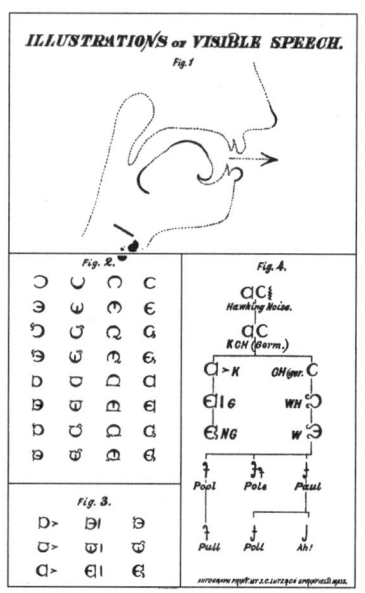

图14-4　可见语言符号示意图

图14-5　赖恩手势

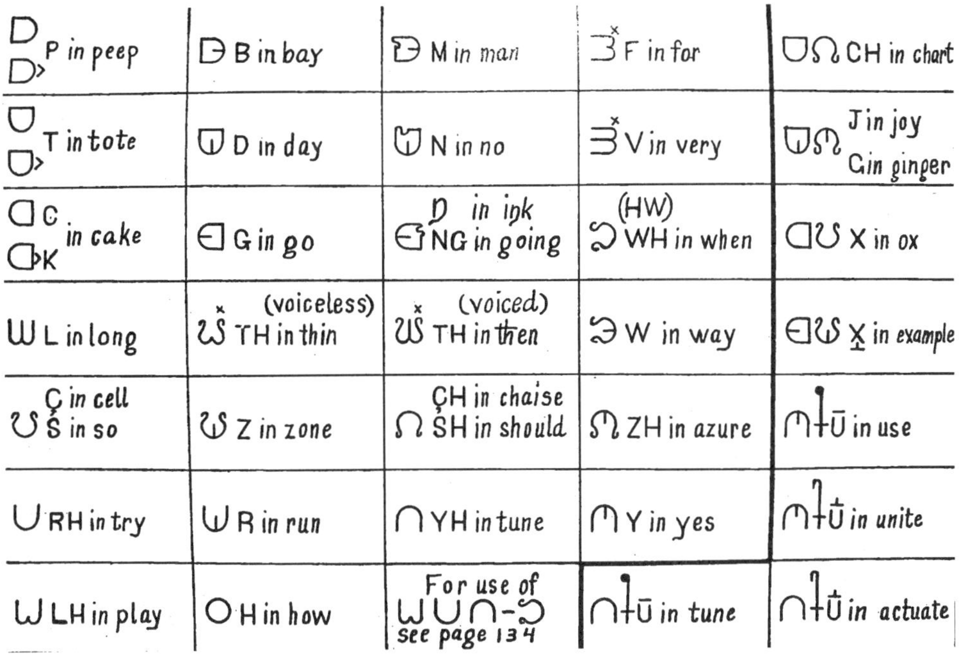

图14-6 贝尔可视语言书影

《启哑初阶》

1887年,美国传教士、神学博士罗杰斯·米尔斯(L. Mills)与夫人汤普森·米尔斯(T. Mills)在山东登州创办了中国第一所聋校启喑学馆。米尔斯夫人根据在美国罗彻斯特聋校任教的经验,教学中"并不使用英语",一般用贝利字母结合赖恩手势训练学生发音,并基于鲁东方言编写了专门的发音教材《启哑初阶》。

启喑学馆设计学制为九年,《启哑初阶》适用于第二、三年,每课呈现一个代表基本汉语发音的汉字,汉字的上、下、左、右侧分别为事物图片、赖恩手势、教会罗马字、贝尔可见语言符号。教学时首先教学生"把贝利字学熟了,然后再念用贝利字所编的单字,如牛马一类的字,容易指教,且是容易明白"。最后学习一些由这个单字组成的词和句子。"为什么先教他念熟贝利字呢?因为贝利字是聋哑学话的根基,学不熟,就不能吐字正音。"[①](图14-7、图14-8)

---

① 孙桂华,刘秋芳.中国第一所聋校:山东启喑.济南:山东电子音像出版社,2007:137,180.

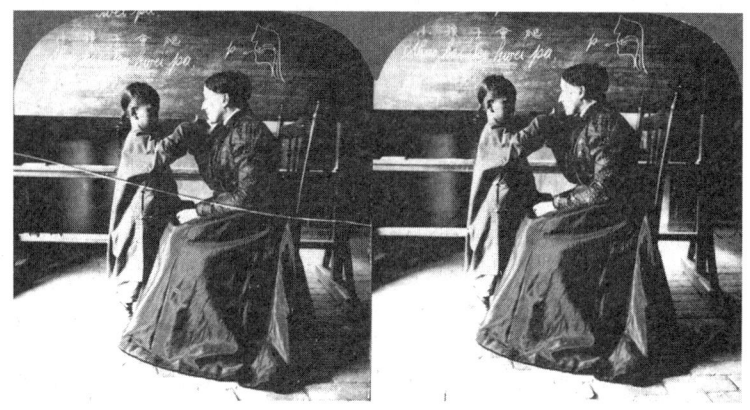

图 14-7 《启哑初阶》课例

图 14-8 米尔斯夫人教聋童发音的立体照片（Stereo-travel co. 1910）

从内容上看，《启哑初阶》中体现了这么几个值得关注的设计理念。一是体现了"循序渐进"的聋人教学思想，学生除了掌握发音和单字以外，还需要学习由这个单字组成的词和句，教材中这些词句都是按照由易到难、由短到长的顺序进行排列的，便于学生更好地理解和掌握。二是体现了"学科整合"的聋人教育思想，《启哑初阶》是一本语言类学科的教材，它在内容上不仅关注发音、识字、学词，还恰到好处地进行了学科整合，比如在第一卷的第二课，学习"八"时就跨到了算数学科上，给学生教授了计数、单位换算方面的知识。三是体现了在学科教学中进行"德育渗透"的聋人教育思想，潜移默化地塑造学生的行为和品德，比如第一卷第十课，学习"拿"时向学生强调"不好拿别人的东西"。四是体现了"形象化"的聋人教育思想，几乎在每一课都配有非常形象、生动的图片，而且注重借助图片帮助学生全面地理解事物，比如第一卷第十三课，学习"叉"时像学生呈现出吃饭用的叉、捕鱼用的叉和干农活用的叉，有助于消除聋生对"叉"的片面认识、形成对"叉"的完整概念。

第四部分 聋人手语的历史发展

《启哑初阶》1907年由墨林书馆初版，1925年由仁德印书馆印刷再版。在流传时间中，由于历经长期战乱和社会动荡，大部分书籍都被毁坏了，现存的《启哑初阶》非常罕见，2015年我曾有幸从一位天津书友处购得1925年再版的第一册、第五册，考虑到这份资料对聋人教育史的关键意义，2017年我将其交给南京特殊教育师范学院的中国特殊教育博物馆陈列。据我所知，目前有北京启喑实验学校的校史馆中收藏有全套的《启哑初阶》、首都图书馆藏有四册以及烟台特殊教育学校藏有几册，四册由天津流出收藏于民间。正是因为很多聋教育和手语研究者都没见过这本书的实物，其书名经常被误传为《启喑初阶》。

通过以上分析可以发现，米尔斯夫人在100余年前借鉴美国聋教育方法编写的《启哑初阶》将赖恩手势相对完整地记录下来，其"循序渐进""学科整合""德育渗透"和"形象化"的设计理念即使放在今天都算是相当先进的，虽然我们对当时的口语教学法持有一定的争议，但可以说我国聋人教育的方法从一开始就"站在了巨人的肩膀上"，《启哑初阶》的贡献功不可没，也难怪烟台启喑学馆成为我国聋人教育的"星星之火"。不仅如此，米尔斯夫人还通过巡回表演、培养师范生、鼓励学生分赴各地创办聋校等方式，促进了基于"可视语言"符号的赖恩手势在中国聋人群体中传播，使之成为中国"第一代手指字母"①。

《聋哑教本》

注音字母1913年由"中国读音统一会"制定，1918年由北洋政府教育部发布，共计39个字母。它采用传统的民族形式的字母——楷书的篆文古体字，是中国历史上第一套法定的拼音字母，它的公布和使用是汉字注音走向拼音化的开端。手指语中国化的第二个阶段——"以注音字母和注音符号为书面语基础的手指语"是手指字母在中国各地迅速传播的时期，但国内局势动荡，许多资料已经散佚，目前所知的"赖恩氏手切"和"注音符号发音指式"仅有指式而未见教材，手指字母的演进脉络被切断了。那么在这一时期，手指字母的书面语基础是如何从西方贝尔可视语言符号过渡到中国注音字母的？有哪些有代表性的手指字母？为了更好地理解这些问题，我通过收集和挖掘新资料，发现了一些重要的线索。

赖恩氏手切也称"注音字母指式"，汉语言文字学家、词典编纂家、文字改革家黎锦熙将它称为"发音器官动作图"②，是由曾在启喑学馆进修的聋教育者根据《启哑初阶》和注音字母设计的③。从1945年复制的《赖恩氏手切图表》看，这套手指字母共34种指式、其中32种选自赖恩手势，一般用1～4个指式拼打一个注音字母，可拼打37个注音字母，方法较为复杂，能掌握的聋人并不多。（图14-9）

---

① 赵锡安. 中国手语研究. 北京：华夏出版社，1999：86.
② 黎锦熙. 汉语规范化的基本工具——从注音字母到拼音字母. 南京：江苏人民出版社，1957.
③ 戴目. 中国手语浅谈. 内部资料，2002.

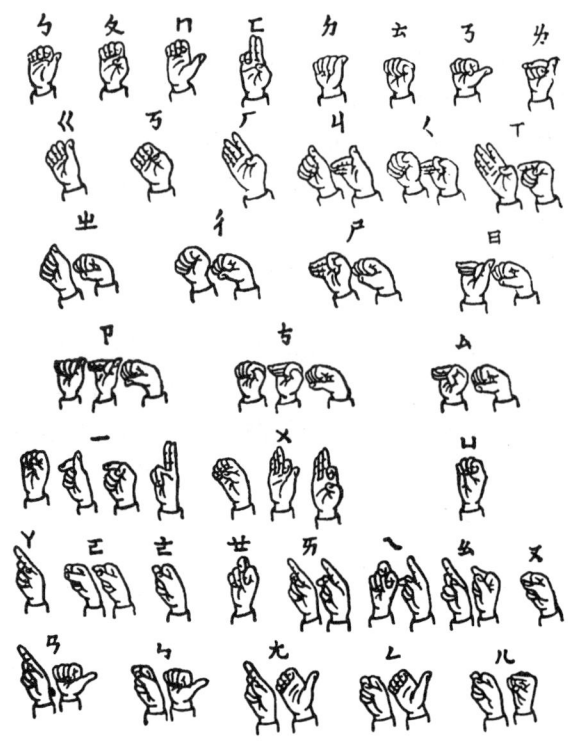

图 14-9 赖恩氏手切图表

2012年，我通过网络从上海的书友处收集到了两册《聋哑教本》（第一、二册），这部书籍在聋教育界从未被介绍过，目前所知是国内仅存的实物。通过将书中的手指语与已知的手指语表进行比对和分析，可以确认《聋哑教本》中的指式就是长期以来手指语历史研究中"传说"的"一套用赖恩手势拼打注音字母的方案"——赖恩氏手切。这两册教材的发现为赖恩氏手切的研究提供了新证据。（图14-10）

图 14-10 《聋哑教本》封面（左）与课例（右）

从封面看,这套赖恩氏手切课本是由群学会编印的。"群学"即现在所说的"社会学",群学会1904年成立于上海"大东门内之南城根",以"联合同志、研究群学、发明真理,俾得共同进化"为宗旨,1920年于上海中华路小南门附设著名的"群学会聋哑学校",可惜的是,1937年学校在淞沪战争中毁于炮火。学校招收有上海本埠及如皋、漳州等地聋人学生,教学中使用"美式视话方法",以"尽量发音"为目标,使用的手语是"用国语注音符号、像形手切法"。

书的封面还有所有者"庄云鹤"签名,进一步考证发现,其人为"中华聋哑协会"会员,1941年在上海经营一个"聋哑擦鞋"摊①。(图14-11)

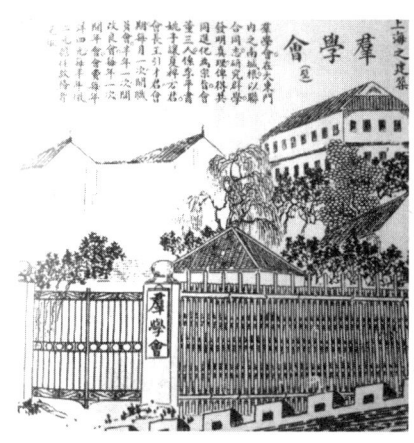

图14-11 群学会和庄云鹤

我曾根据以上资料,将《聋哑教本》的编印时间粗略地估计在1920年群学会聋哑学校建立至1937年学校停办之间。后来,一次偶然的机缘让我又"查获"了一份资料,其中记载了编印《聋哑教本》准确信息,从中可知,这部教材是群学会附设聋哑学校选派教员施殿清在烟台启喑学馆学习之后,研究和借鉴了《启哑初阶》的内容和体例,于1929年9月前后编辑完善并出版的。(图14-12)

从内容上看,现有两册《聋哑教本》每册50页、每页1课,至少应该有四册。页面布局和《启哑初阶》相似:左右两侧分别为注音字母和贝尔可见语言符号;正中央印有对应读音的生字;下方印制指式,指式的袖口处模仿《启哑初阶》,也标记贝尔可见语言符号,手指字母从左至右拼读。现有两册共100课、87个生字、25个注音字母、27种指式、27种贝尔可见语言符号,适用于聋校发音、识字、手语

图14-12 编印《聋哑教本》信息

---

① 中华聋哑协会.会员动态:会员庄云鹤擦鞋生活.中华聋哑协会年报,1941(12):6.

教学。

教材内容的编排是"滚雪球"式的：第一课学习发音较简单的韵母ㄚ，再用18课分别学习字母ㄆ、ㄅ、ㄇ、ㄈ、ㄊ、ㄉ、ㄋ、ㄌ、ㄍ、ㄏ、ㄔ、ㄓ、ㄕ、ㄖ、ㄙ、一、ㄨ，每学一个新字母后另用一课学习该字母与ㄚ拼成的一个汉字，如拍（ㄆㄚ）、爸（ㄅㄚ）等；此后，按相同方法依次学习ㄞ、ㄠ、ㄖ、ㄛ、ㄩ及其与上述18个字母中可能的组合。书中还发现以往未介绍过的"兀"指式，由此可知，《聋哑教本》收录的是基于40个注音字母（包含兀、广、万）的早期赖恩氏手切，以往所见1945年复制的《赖恩氏手切图表》则删减为37个。

进一步查阅史料发现，群学会聋哑学校普通班学制四年、专业班学制三年，《聋哑教本》可能用于第一年的"音学"课程中，教学生掌握"哑字母之手势拼法及口式"。在实际的聋校教学过程中，教师可将赖恩氏手切与口语、汉字、注音字母、贝尔可见语言符号、图画相结合，进行"六管齐下"的聋生语言教学。（图14-13）

图14-13　赖恩氏手切教学情景①

《聋哑教本》是中国人自己编印的第一套聋人教材，赖恩氏手切及其教材《聋哑教本》的初创，是手指语中国化迈出的关键一步。

聋教育家设计手指语

总体来说，1920—1940年我国掀起了一场创编手指语的热潮，出现这一"热潮"是历史的必然选择。从世界角度来看，聋教育界存在长期的"手口之争"，1880年米兰会议将这种争论推向顶峰，确定了聋校纯口语教学原则，此后在许多国家，聋教育中一般不允许

---

① 张建文.天津聋哑学校授课情形.大亚画报，1932-2-15.

学生使用手势语,手指语作为一种发音的辅助工具迅速发展起来。米兰会议的与会者米尔斯夫人将基于手指语的发音教学方法传入中国,使之开始在中国各地传播和演变。从国内的角度来看,江、浙、沪一带的聋教育起步较早,同一时期的中国正处于"国语运动"的氛围中,语言学界正努力设计一套正音的字母,实现"国语统一"和"言文一致"。因此,在口语教学和国语运动的双重影响下,中国聋教育界也希望拥有一套手指语,从而在聋人群体中推广标准国音并辅助识字。

烟台启喑学馆培养的一批聋教育学员毕业后分赴各地,创办了许多聋人学校,由于各地方言不同,根据鲁东方言设计的《启哑初阶》在各地很难通用,因此除了上海群学会附设聋哑学校编制的《聋哑教本》外,1920—1940年的中国曾掀起了一股主要由江、浙、沪地区的聋人和健听人、聋教育和其他领域工作者广泛参与的汉语手指语设计与改良"热潮"。

聋教育中设计和使用的手指语可谓五花八门,不仅各省之间有所区别,甚至在同一城市中的不同学校,使用的也不是一套系统:从下面这张上海盲哑学校名单中可以发现,除群学会聋哑学校使用的是上面介绍过的基于注音符号的赖恩氏手切外,上海聋哑学校和傅兰雅聋哑学校使用的手指语基于贝尔可见语言符号、圣母院聋哑学校使用的手指语则基于法文字母①。(图14-14)

《聋哑教本》之后,汉语手指语发展史上另一个具有里程碑意义的教材是《手切教本》,其作者是杭州市私立吴山聋哑学校的校长龚宝荣,他是中国第一位兴办聋人学校的聋人。1930年,民国政府将注音字母改称"注音符号"后,龚宝荣结合自己求学和教学过程中历经五年的摸索探究,并借鉴26个英语字母的特点,对完全表示发音器官状态的赖恩氏手切进行改进,为40

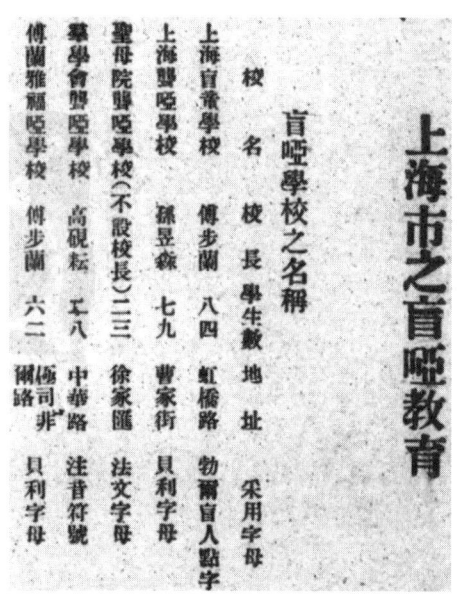

图14-14 仅在上海一市,聋人教育就采用了三种不同字母

个注音符号创造了40个对应的"注音符号手切",其中增加了少数模拟注音符号写法的指式、每个注音符号只用一个指式表示,是西方手指语中国化过程中的重要突破。

龚宝荣又首创了"算数符号手切",后来将其与"注音符号手切"汇编成为《手切教本》(全称《注音符号算数数目符号手切教本》)作为教学用书。1935年,这部教材由浙江省教育厅报送教育部国语推行委员会审查,认为"大致尚佳",次年经教育部核准公开发行,书名由著名教育家、漫画家丰子恺先生题写,首次印刷1000册,随即就被全国各地聋

---

① 杨吉甫.上海之盲哑教育.教育学期刊,1934(2):1-4.

人学校和一些师范学校订购一空。教育家俞子夷对这本书称赞说:“注音符号手切的创造,是中国聋哑界的心声。”(图 14-15)

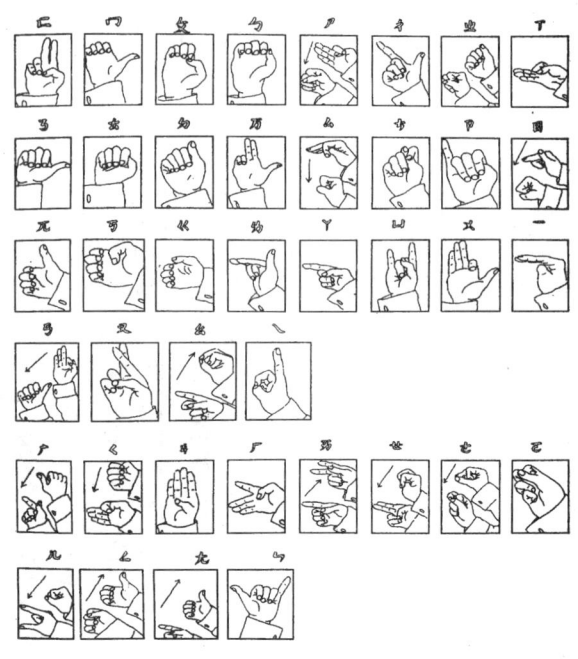

图 14-15　龚宝荣注音符号手切图①

后来,《手切教本》又加印了油印版 60 册,可惜的是,这些书籍目前大多散失,我通过多方搜寻,始终都没找到《手切教本》的原本,有关它的一切信息都只能参考以往的资料记载,而无法进行实物考证。(图 14-16)

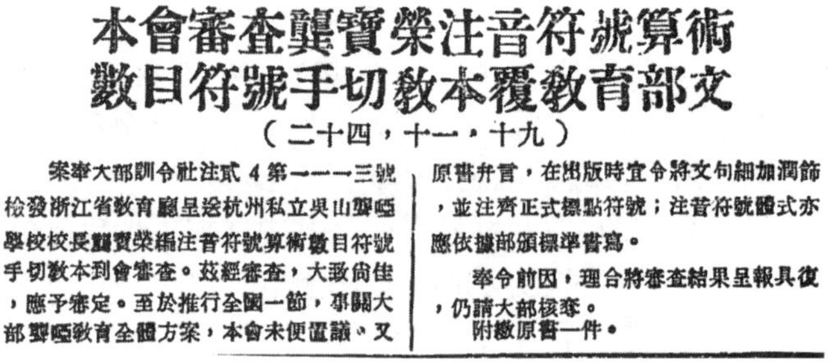

本會審查龔寶榮注音符號算術數目符號手切教本覆教育部文

(二十四,十一,十九)

案奉大部訓令社注貳 4 第一一一三號檢發浙江省教育廳呈送杭州私立吳山聾啞學校校長龔寶榮編注音符號算術數目符號手切教本到會審查。茲經審查,大致尚佳,應予審定。至於推行全國一節,事關大部聾啞教育全體方案,本會未便置議。又原書弁言,在出版時宜令將文句細加潤飾,並注齊正式標點符號;注音符號體式亦應依據部頒標準書寫。

奉令前因,理合將審查結果呈報具復,仍請大部核奪。

附繳原書一件。

图 14-16　国语统一筹备委员会对注音符号手切的意见②

① 戴目,宋鹏程. 梦圆忆当年. 上海:上海教育出版社:1999:187-189.

② 国语统一筹备委员会. 本会审查龚宝荣注音符号算数数目符号手切教本复教育部文. 国语周刊,1935(206-234):39.

虽然"注音符号手切"和《手切教本》一时在中国聋教育界引起很大影响,但由于它仍存在一些缺点,比如一些指式之间的差别不明显、拼打时不易分清,模拟字母图形的指式太少、指式和字母之间的联系不密切等,20世纪30年代,我国各地的聋教育者还继续开展着新的手指字母的创编。例如,在"注音符号手切"的基础上,江苏如皋县私立聋哑学校教员李玉芹改编了一册《注音符号聋哑手切指导》并于1936年上报教育部国语推行委员会审查、于1937年修改后再次报送。① 不过目前还没有收集到这本书的实物资料,其他文献中也没有对它有过更多记载,我们还难以对它做详细的介绍和分析。

后来,语言学界出现了使用"拉丁化新文字"的思想,它产生于1931年在海参崴举行的中国新文字第一次代表大会,1933年后,广泛于全国各地推广,直至1955年停止使用。为了顺应这一潮流,聋教育工作者们积极对手指字母进行了挑战,1939年,结合英语手指字母打法创编的"新文字字母手势"由上海"中华聋哑协会"发布②,这套字母的手势图在手腕的袖口处标注有对应的字母,与《启哑初阶》《聋哑教本》的绘图方式一脉相承,打法与现行汉语手指字母极为接近,标志着汉语手指字母从以注音字母、注音符号为书面语基础,发展到了以拉丁字母为基础的新阶段。(图14-17)

语言学家设计手指语

中国的语言学研究者始终参与了汉语手指语的创编工作,其中最独特的是一套由陆衣言编制的"国音字母单手语"。这套字母极少有人知晓,它主要作为一种辅助学习国语的手指游戏陆续发表于《国语月刊》1922年第一、二、三期,作者陆衣言是上海中华书局编辑、国语专修学校教授,发表和出版过多部注音字母的相关论著。作者认为,这套手指字母不仅可以帮助"聋

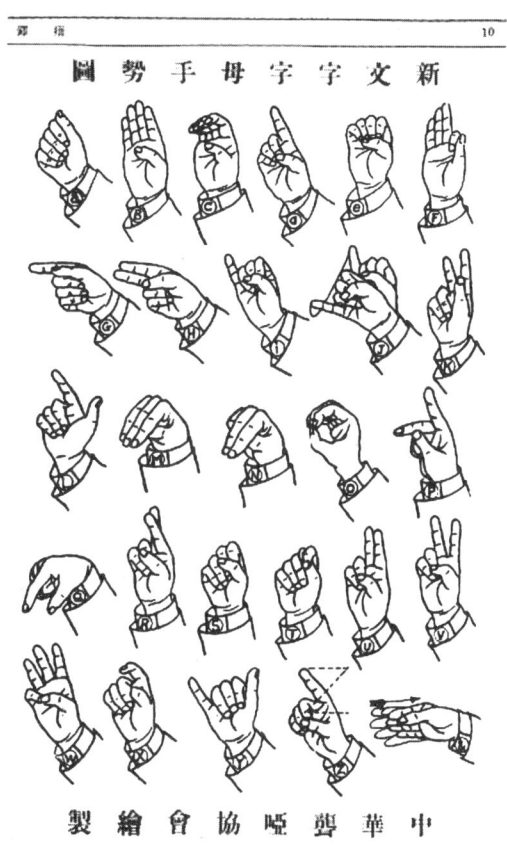

图14-17 新文字字母手势图

---

① 中华民国国语研究会.本会审查李玉芹聋哑手切指导:复教育部文.国语周刊,1935(206-234):22;中华民国国语研究会.本会再审查李玉芹改编注音符合聋哑手切指导:复教育部文.国语周刊,1936(235-260):6.

② 中华聋哑协会.新文字字母手势图.瘖铎,1939(12):10.

哑者与一般人交换意见",健听人也可以用来"在人群中、在较远的地方彼此手谈,在买卖场中秘密论价"①。

国音字母单手语是基于1918年中华民国政府公布的40个注音字母设计的,形式与目前供盲聋人使用的指点手势存在相似性,注音字母分配在手掌、手背的特定部位,其中手掌的一面都是声母、手背的一面都是韵母。(表14-1、图14-18)

表14-1　国音字母单手语的字母部位

声母		部位说明	韵母		部位说明
双唇音	ㄅ	食指与手掌交界的凹纹上	舌齿音	ㄗ	食指第三节上
	ㄆ	中指与手掌交界的凹纹上		ㄘ	中指第三节上
	ㄇ	无名指与手掌交界的凹纹上		ㄙ	无名指第三节上
唇齿音	ㄈ	小指与手掌交界的凹纹上	单独韵母	一	食指顶端
	万	中指与无名指下面的手掌上		ㄨ	中指顶端
舌尖音	ㄉ	食指第一节上		ㄩ	无名指顶端
	ㄊ	中指第一节上		ㄚ	食指指甲上
	ㄋ	无名指第一节上		ㄛ	中指指甲上
	ㄌ	小指第一节上		ㄜ	无名指指甲上
舌后音	ㄍ	食指第一第二分节的凹纹上		ㄝ	小指指甲上
	ㄎ	中指第一第二分节的凹纹上	复合韵母	ㄞ	食指第三节背面的正中部
	ㄫ	无名指第一第二分节的凹纹上		ㄟ	中指第三节背面的正中部
	ㄏ	小指第一第二分节的凹纹上		ㄠ	无名指第三节背面的正中部
舌前音	ㄐ	食指第二节上		ㄡ	小指第三节背面的正中部
	ㄑ	中指第二节上	附声韵母	ㄢ	食指第三节节骨上
	广	无名指第二节上		ㄣ	中指第三节节骨上
	ㄒ	小指第二节上		ㄤ	无名指第三节节骨上
舌叶音	ㄓ	食指第二第三分节的凹纹上		ㄥ	小指第三节节骨上
	ㄔ	中指第二第三分节的凹纹上		ㄦ	小指的顶端
	ㄕ	无名指第二第三分节的凹纹上			
	ㄖ	小指第二第三分节的凹纹上			

---

① 陆衣言.国音字母单手语的一种.国语月刊,1922(1):1-2;陆衣言.国音字母单手语的一种(续一).国语月刊,1922(2):1-2;陆衣言.国音字母单手语的一种(续二).国语月刊,1922(3):1-2.

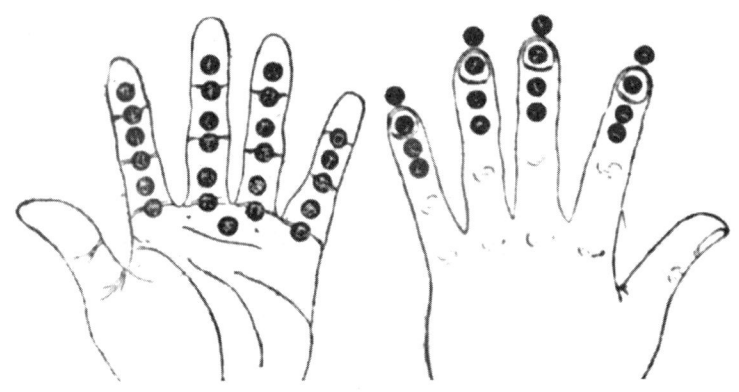

图 14-18　国音字母单手语的字母部位

上述的字母部位对左手和右手都适用,使用时以一手的大拇指指点另一手手掌或手背部位表示相应的注音字母。手掌或手背应朝向沟通对象,以便对方"观看检别",指点动作的快慢应以对方"能检别清楚为标准"。不过,由于注音字母的分布位置较为紧凑,容易出现手指字母的误拼、误读,也难以实现远距离的有效交际,掌握国音字母单手语的人数有限。

此外,作者预告《国语月刊》1922 年的第四期中将刊发使用国音字母单手语时的标准姿势图,以及若干特殊符号的拼打方法,遗憾的是,该刊后来再未刊载上述内容,作者和编辑对此也未做说明,这在一定程度上投射出国音字母单手语在推广过程中的艰难境遇。

《东方杂志》曾介绍过一种由美国威廉·德里博士发明的"聋瞽者所用之触字手袋","此手袋系纯白色,印以颜色鲜明之手母,他人欲与交谈,但以手触其字母如打字,然则御此手袋者即能了解。"国音字母单手语的原理与其极为相似,其研制过程中或许从中受到了一定的启发。(图 14-19)

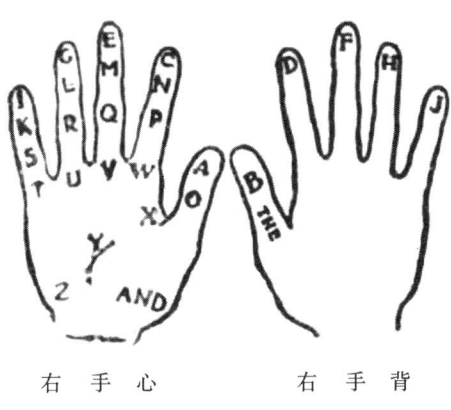

右 手 心　　　右 手 背

图 14-19　德理博士触字手袋

1922年7月,江苏泰县的徐克明、胡协寅、韩受禄参考聋人教育中的手指语方法和注音字母的形象,创造出一套相对形象的手指语,编成一本《手语法》小册子,由商务印书馆出版,主要作为一种手指游戏辅助公众学习国语,其中包含一套由双手及其他身体动作构成的"手语法"和一套仅有单手拼打的"手语简法",习惯上被称为"国语注音符号手势法"。与以往的手指字母不同的是,这本书中介绍了使用身体动作表示字母音调的方法,具有创新性。作者希望将这套方法推广到聋人教育领域,认为"那哑子的学校里,学了手语法,那不格外有价值吗?哑子本不会说话,现在不用嘴,拿手去说话,你说便当不便当呢?"对于普通学校来说,手语法的应用也有助于学生练习数学、锻炼身体。(图14-20)

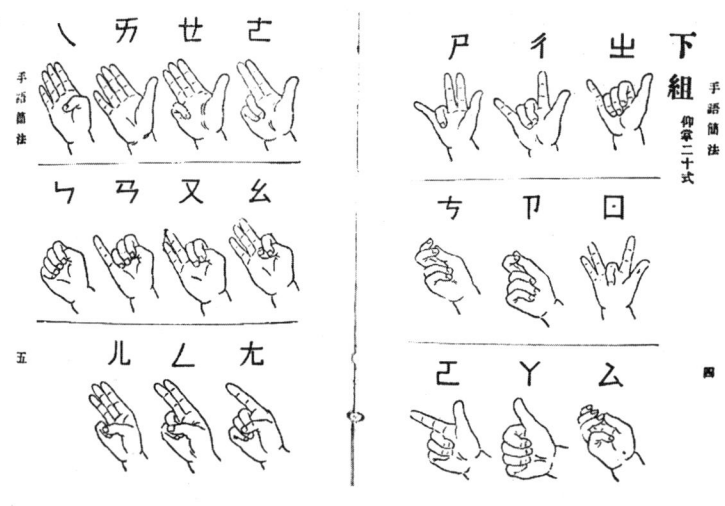

图14-20 手语简法

这本《手语法》在当时的语言学界引起了相当深远的影响。民国三十五年(1946年)出版的《日用百科全书》第十一编"语文学"中,将"国语注音符号手势法"列在"字母发音类"进行了详细介绍,是中国最早将手语列入其中的语言学书籍,表现了其对手语语言学地位的尊重。

1936年江苏无锡的画家、语言学者王云轩(1877—1960)编撰了一本《雀巢通俗字形音义环查字典》,这本书是2012年顾定倩老师在北京辅仁大学图书馆里发现并介绍给我的。按照作者发明的检字方法在书中检字,检形可以转查音、义,检音可转查形、义,检义可转查音、形,回环互查,因此称为"字环"。据此作者在书的末尾一节衍生出一种新字母:"三合新字"或称"三合字母"。作者以象形为原则,为31个原形字母各创编了一个手指字母,加上4个表示读音的手势,形成"三合手语"。(图14-21、图14-22)

第四部分 聋人手语的历史发展

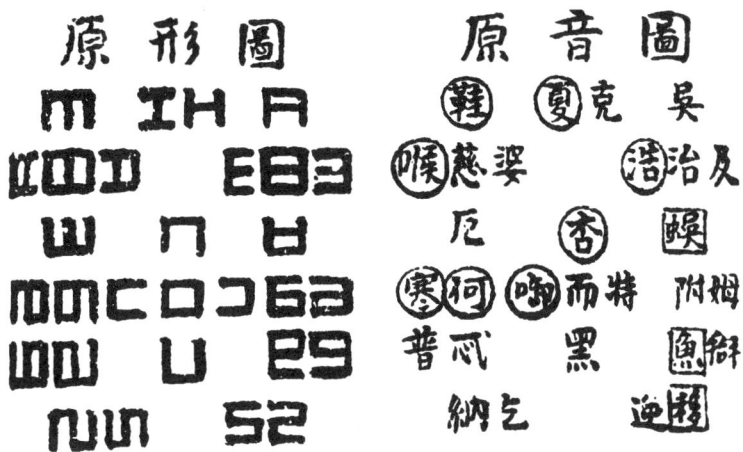

图 14-21 三合字母原音、原形图

图 14-22 三合手语图

警务人员设计手指语

警务工作者也是推动手指语发展的重要力量。1929年警务工作者赵志嘉将"法国聋哑字母"与注音字母"国语注音符号手势法"相结合，创造的手指字母，刊印在《侦探学研究》这本书中①。（图14-23）

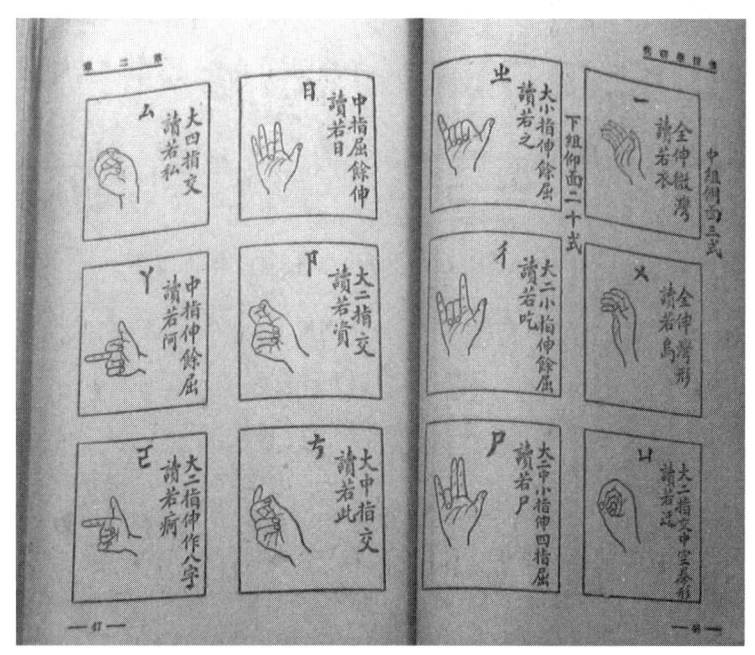

图14-23 《侦探学研究》中的手指语

1937年，江苏省保安队第十四大队第二中队中队长刘达君先生根据国语注音符号发明了一套"国音象形手语"，合计46个指式，其中声母24个、韵母13个、介母3个、标点符号6个，手势图全部刊发在《常识画报：中级儿童》期刊第46、47期上。这套手指字母被江苏省警官学校作为手语教材，健全人可用于"彼此站的远远的用手语讲话"，也为聋人提供了一种手指字母的新选择②。

国音象形手语的每个字母对应一个单手指式，与以往的各套手指字母不同，它创新地运用了形象性的设计原则，指式完全模拟字母形状。值得注意的是，这套手指字母的部分指式与现行中国手语中的部分手势存在相似性，如：字母ㄨ的指式（与现行"+"号手势）、字母ㄖ的指式（与现行"日"字手势）、字母ㄚ的指式（与现行"Y"指式）、句号指式

---

① 赵志嘉.侦探学研究.上海：世界书局，1929.

② 刘达君.注音符号手语（一）.常识画报：中级儿童，1937（46）：11-12；刘达君.注音符号手语（二）.常识画报：中级儿童，1937（47）：11-12.

等。(图 14-24)

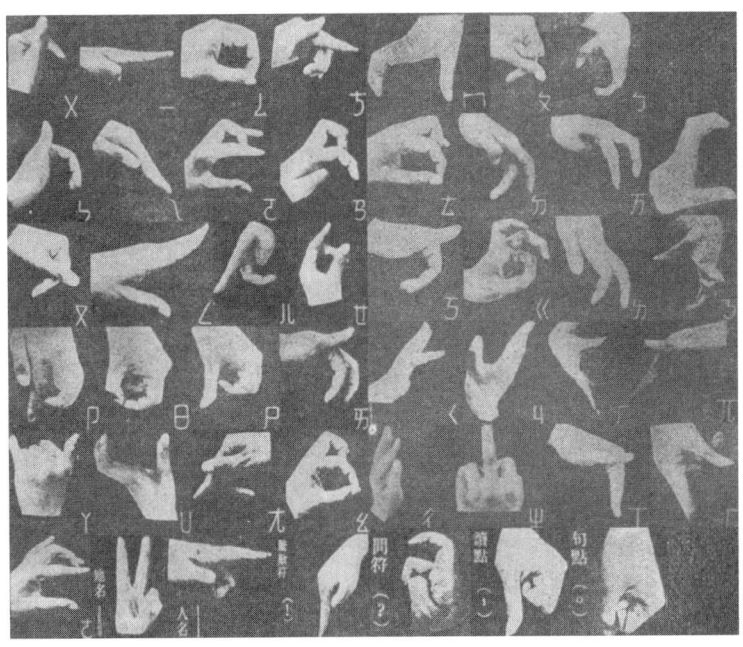

图 14-24 国音象形手语

虽然国音象形手语具有形象性强的优势,但指式的动作较为复杂、个别指式很难打出,难以实现快速拼打、不符合聋人的使用习惯,在聋教育界的传播情况并不理想。作为中国人创新手指字母的一次珍贵尝试,国音象形手语对后来的手指字母发展仍有不可替代的借鉴价值。

各地手语不统一现象

近现代以来,聋人学校教育和聋人社会活动的勃兴推动了中国手势语发展,除了成立较早的启暗学馆、上海天主堂圣母会聋哑学校等教会聋人学校外,从 1914 年周耀先在杭州创办聋人学校算起至 1949 年,中国先后私立或公办了 50 余所聋人学校。聋人学校是当时聋人相对集中的场所,据一些从事聋教育的老前辈介绍,当时聋校新入学的学生年龄普遍较大,他们最初使用的都是一些"五花八门"的家庭手势,聋校中使用的手势语和手指语有地方的,也有国外的,还有学生"不断地创造新的手势词汇","这时的手势语还只处于萌芽状态,能表达的汉语字、词却不多"[1]。

在校接受一段时间学习之后,学生的家庭手势中不尽合理的打法被聋人丢弃、有的词汇打法被修改变了样,逐渐融入地方手势,这些手势相对稳定,大多数沿用至今、变化

---

[1] 戴目.中国手语浅谈.内部资料,2002:18-19.

不大,根据赵锡安在《中国手语研究》中的介绍,"昨天""今天""房子""猪""牛""羊"等手势词语基本上没有改变,从国外手语中借鉴的用"WC"代表"厕所"的手语打法也沿用至今,这一现象印证了苏联研究者格伊曼发现的"100年前的手势语和现在的75%一样"的观点①。

但是由于地域语言文化、西方殖民活动、教会文化传播等因素造成的差异,中国手势语经历了一个长期的"各地不统一"阶段。1947年,中华民国教育部在《令本部特设盲哑学校》提出"哑生手势应予改进、统一,并增手势之种类使无意不能表达"的设想,但是未落实在实践中。

后来,手指语的发展完善为中国手语规范化提供了基础,是中国手势语规范化的基本工具②。随着规范的汉语手指字母逐渐被全国聋人所接受和欢迎,最近几年手势语规范化问题开始日益受到关注,而由于各地语言文化存在差异,推进这一工作存在相当大的阻力和困难③。汉语手指语的演进历史对当前的手势语规范化工作有启发意义:它也经历过一段长期的不统一、不规范的艰难历程,但通过不断传承、创新、比较和选练之后,烦琐、难记的手指语被摒弃,形象、清晰、便捷、通俗的手指语被保留下来,形成全国聋人所接受的汉语手指语。因此,中国的手势语在未来也必将经历一段收集和比较语料,选择形象、清晰、便捷、通俗的手势来制定通用手语标准的时期,在传承和创新中逐步完成手势语规范化的历史任务,帮助手语使用者更高效地表达和理解。

---

① [苏]格伊里曼.聋人手指语和手势语(续).聋哑人工作通讯,1959(4):25.
② 洪雪立、沈家英、胡裕生、毛梦云.要有一套手指字母.文字改革,1958(7):22-25.
③ 刘艳虹、顾定倩、程黎、魏丹.我国手语使用状况的调查研究.语言文字应用,2013(2):35-41.

第十五章 通用手语工具书的发展历程

手指字母定型

新中国成立后,为了继续推动文字改革工作,发展一套"正音的工具"、实现汉字语音标准化,于1954年组织成立了"中国文字改革委员会",从此汉语文字改革工作结束了近代以来的民间探索阶段,成为国家事务的一部分①。经过"中国文字改革委员会"下设的"拼音方案委员会"认真讨论,在26个拉丁字母的基础上拟定《汉语拼音方案(草案)》,于1956年2月发布。

1958年2月,修订的《汉语拼音方案》由第一届全国人大第五次会议正式批准实施,聋教育工作者即着手以《汉语拼音方案》中确定的音素字母为基础、比较各国手指语的优缺点,制定汉语手指语的30个单手指式和拼打规则。1959年2月24日,《聋人汉语手指字母方案(草案)》由内务部和教育部发布并开始在全国试行,其中确定:汉语手指字母以"经济、形象、通俗、符合国际化"为设计原则,"用指式代表字母,按照汉语拼音方案拼成普通话,作为聋哑人手语之一种",在聋人教育过程中"作为发音教学的辅助手段和识字拐棍"。

随后,各地聋人围绕汉语手指字母展开了很多讨论、提出了一些修改建议。1963年12月,《汉语手指字母方案》由中华人民共和国内务部、教育部、中国文字改革委员会公布实施,从此中国聋人拥有了一套字母数量少、简单清晰、符合语言习惯的标准手指语体系。(图15-1)

图15-1 《聋人汉语手指字母方案(草案)》和《汉语手指字母方案》书影

---

① 黎锦熙.汉语规范化的基本工具——从注音字母到拼音字母.南京:江苏人民出版社,1957:1-3.

《汉语手指字母方案》的出台并没有停止聋教育者进一步完善中国手指语的探索工作。1974 年,周有光和沈家英在《汉语手指字母方案》的基础上增补了 20 个指式,创造出右手拼打声母、左手拼打韵母,实现快速拼打语句的手指语新方案《汉语手指音节》,是完善中国手指语体系的一次重要尝试①。

《聋人手语草图》

赵锡安在其 1999 年出版的《中国手语研究》一书中,将中国通用手势语的发展阶段划分为"各地使用不统一的手语阶段(1958 年前)""聋哑人通用手语草图阶段(1959—1978 年)""聋哑人通用手语图阶段(1979—1987 年)"和"中国手语阶段(1988 年后)"。考虑到最近几年中国通用手势语有一些新的发展趋向,我以 2010 年国家手语和盲文研究中心的成立为分界点,在以上四个阶段之后增加了一个"国家通用手语方案(2010 年后)"阶段,并将"中国手语阶段"的时间点改为"1988—2009"。在上述四个阶段中,"聋哑人通用手语图阶段(1979—1987 年)"具有特别重要的历史意义。

新中国成立后,聋人事业受到党和政府的高度关注,聋教育被纳入国民教育体系、中国聋哑人福利会等社团也陆续成立,成为中国手势语发展完善的新动力,从此,中国通用手势语的研究工作逐渐开展起来。为了"改革聋哑人手势语,使之成为一套完整的通用手语",1958 年 7 月 29 日,中国盲人聋哑人协会从各地邀请语言学家、文字学家、心理学家、聋人教育工作者和手语研究人士组成一个 19 人的"中国聋人手语改革委员会",其中聋人占多数,并以洪雪立(聋人)、顾朴(聋人)、周有光、陆志伟、李掬五人为核心,组长由聋人担任、副组长由聋人和听人共同担任。

中国聋人手语改革委员会基于"手语与现实生活相一致,手势与手指字母相结合,手语与口头语、书面语相一致或接近,保持形象化和清晰易辨"的原则,在调查、收集、分析、整理、试点、修订的基础上,于 1959 年、1961 年和 1962 年陆续绘制了两辑《聋人手语草图》、两辑《聋哑人通用手语草图》,16 开本,得到内务部、教育部、中国文字改革委员会批准后由地方聋校和聋人协会在各地翻印,并在聋人福利工作干部训练班、聋人业余学校、扫盲班(组)及聋人生产单位试行。发行量比较大的版本包括"中国盲人聋哑人协会官方版""山东省聋人协会筹备委员会翻印版""辽宁省旅大市聋人协会翻印版""福建省盲人聋哑人协会翻印版"等。规范化了的手势语,成为全国聋人共同的交际工具之一和现行通用手语的基础,在当时扫除聋人文盲、培训聋校教师的过程中发挥了重要贡献,被誉为"中国手语规范化的开端"。(图 15-2)

---

① 张茂聪等.中国聋人手语与语言基础.济南:山东教育出版社,1998:50-51.

图15-2 第一套中国通用手语工具书

前两册收录的词汇是按照名词、数量词、形容词、动词、代词的顺序安排的,共有词汇1017个,按照含义对这些词汇进行分类来看,属于政治一般用语的有364个、生产方面的有115个,财经方面的有12个、文教卫生方面的有136个、自然类73个、其他类84个。第三册收录的词汇480个,按照含义和应用的场合分为"气象""粮食""经济作物""瓜果""蔬菜""农具""畜牧、饲料""渔业""肥料""农业机械""水利""增产措施""病虫害""副业""基层单位""食堂""称呼""服装""建筑、建筑材料""交通邮电""土地计数名称"21个大类,呈现出"碎片化"的特点。第四册收词511个,在前三册的基础上,对词类进行了更清晰的划分,补充了农业用词、工业用词、文教卫生用词、虚词和专有名词、一般常用词五个大类。由此看来,在1960年前后,我国聋人通用手势词汇的发展表现出"以政治类、生产类、生活类为主,在其他领域逐渐丰富"的特点。

《聋哑人通用手语草图》中手绘的手势图非常形象,人物的面部表情和手势动作很生动,人物衣着和词汇含义联系密切,甚至比现在使用的《中国手语》中那两个单调的人物形象还好得多,体现出绘图者高超的绘画功底,各地聋协负责翻印的工作人员的绘图水平当然不如中央,各地翻印版本中的手势图就显得有些粗犷了。(图15-3)

图15-3 山东省聋人协会筹备委员会翻印版插图

20世纪70年代的手语教学运动

之所以称之为"运动",是因为其规模之大。谈到20世纪60—70年代的中国聋人教学,多数人印象深刻的大约就是"针灸""铁树开花""口语教学"这类名词,20世纪60—70年前后,全国各地掀起一场"针灸治疗聋哑"的风潮,主张用"毛泽东思想打开聋哑禁区",医疗队纷纷进驻聋人学校开展医疗康复工作,让聋人开口说话。加上政治运动的影响,这一阶段的通用手语研究工作被暂时搁置了。无疑,这也算是一场口语教学的"运动",因为当时有关这项"运动"的文献资料数量巨大、影响甚广,以至于我们容易误认为"口语教学"就是那个时期中国聋人教育的主流和唯一目标。

随着越来越多的资料被发现,我们才得以更全面地了解当时的情形:的确,20世纪60年代全国各地开展了大量的"针灸治疗聋哑",让聋人学生"铁树开花"的口语教学尝试,这种尝试或许在极个别的学生身上显出了成效,但是,当时的聋人教育者还是留有一分清醒的,他们很快认识到口语教学的限制。"目前学生的听力和语言还没有完全恢复的情况下,为了向学生进行政治思想、路线教育和传授各种知识,交流思想感情,手势语还是起着一定的作用。"

最早的一部手语书是在1959—1962年印制出来的,本来印量就不大,很多地方需要自己翻印才能满足使用需要,又历经了20世纪60年代的动荡岁月,至70年代时大约已经存量不多了。

为了尽快打通聋人之间手语交流的障碍,多所聋人学校及聋人工厂的革命委员会决定"自力更生",在20世纪70年代掀起了一场翻印手语工具书的热潮,目前所知的就有:黑龙江鹤岗市聋哑学校革命委员会(1972)、武汉市革命委员会民政卫生局(1972)、泉州聋哑厂(1972)、武进县聋哑学校(1978)、泰安聋哑学校(1979)。(图15-4、图15-5)

图15-4 鹤岗市聋哑学校翻印的《聋哑人通用手语草图》一册全

图15-5 武进县聋哑学校翻印的《聋人手语图》五册全

为了赶时间、追进度,有的单位甚至仅用12天时间就能再版一套手语工具书,还专门为手语书制作过纯手绘的封面,其精美程度甚至超越了今天的印刷本,表现出当时的人民群众对于聋人手语教学的特殊激情。

进入20世纪80年代,新版《聋哑人通用手语图》出版发行,中国手语进入了新的时代。通过这些证据我们有理由相信:即使在最激进的年代,中国聋人的通用手语教学也从未中断过。

《聋哑人通用手语图》

1979年,中国盲人聋哑人协会恢复了中断多年的手语规范化工作,由于已出版的四辑《聋哑人通用手语草图》在绘画、印刷方面比较粗糙,且部分书籍已经散失或被销毁,又考虑到聋人在新时期的工作、生活、学习中遇到了不少词汇没有适当的手势表达,中国盲人聋哑人协会经过一段时间的征求意见、研究和整理后,将原先的四辑《聋哑人通用手语草图》合编为两册,定名为《聋哑人通用手语图》,于1979年3月发行,以解决聋人手语使用方面的迫切需求。书的封面设计融入了汉语拼音手指字母图的元素,印张仍使用16开本。内容编排上,除"毛主席""毛泽东""周恩来""朱德""中共中央""国务院"六个词汇置于开篇外,其他词汇都按照拼音首字母A-Z的顺序排列,书后还设计了词义分类索引,为查阅和检索手语词汇提供了方便,此外,书中手势的绘图清晰度和印刷纸张质量都明显优于原先的《聋哑人通用手语图》。

1979年8月3日—13日,北京召开了"第一次全国手语工作会议",参会的有盲人聋哑人协会的领导、语言学研究者、各地手语翻译和聋校教师。中国盲人聋哑人协会副主席李正出席了会议并做《手语改革的几个问题》的讲话,中国文字改革委员会副研究员杜松寿作了《试谈汉语手语及其改进问题》的讲话。与会人员在前两辑《聋哑人通用手语图》的基础上,又讨论、制定了430个政治学习中常用新词汇的手语打法,于当年9月17日经民政部、教育部、中国文字改革委员会批准在全国发行,书名为《聋哑人通用手语图(第三辑·试行本)》。与以往的手语工具书明显不同的是,这本书采用32开,在绘图和编排方面,参考了国外制作手语工具书的经验,除了个别不易看懂的手语打法略加文字说明外,其余不再使用文字说明,而是添加了"动作符号"。

中国盲人聋哑人第三届全国代表会议以后,根据不少聋人群众和聋人工作者对1979年出版的《聋哑人通用手语草图》第一辑和第二辑"开本太大,携带和使用均感不便"的反映,中国盲人聋哑人协会于1981年5月将这两本书合编为《聋哑人通用手语图(第一、二辑合订本)》,内容与排版基本上与原书相同,开篇增加了"汉语手指字母方案",大小改为和《聋哑人通用手语图(第三辑·试行本)》一致的32开本,因此现在我们在旧书市场上常常会看到两种不同大小的《聋哑人通用手语图》。(图15-6)

1982年10月18日—26日,第二次全国手语工作会议在北京举行,来自全国各地的30多位手语专家和研究人员、聋校教师、手语翻译等参加了会议。中国盲人聋哑人协会副主席李石涵主持会议并作《当前手语改革的主要任务》讲话。此次会议中,又讨论、修改、制订了部分常用词汇和540个科技词汇的手语新词,又从世界聋人联合会出版的《国际聋人手语》中引用了一些国名手语,合计 640 个,会后编成《聋哑人通用手语图(第四辑·试行本)》,经民政部、教育部、中国文字改革委员会批准在全国发行,与前三辑相比,第四辑的发行量相对小一些。

图 15-6　全套《聋哑人通用手语图》

从此,四辑《聋哑人通用手语图》全部编制完成,至《中国手语》出版以前,《聋哑人通用手语图》经过多次加印,前两辑单行本辑合订本共计印刷 121000 册,第三辑印刷 48000 册,第四辑印刷 45000 册,在社会上产生了空前广泛的影响。

1980 年以来的手语规范化工作

20 世纪 80 年代,在改革开放的大好形势下,中国的聋人教育进入发展快车道,聋校数量不断增加、在校生人数不断增加,手语的应用范围明显扩大,为通用手语的发展提出了新的要求,四辑《聋哑人通用手语图》中的一些词汇已经不能适应时代的需要,迫切需要修订和增补一些手语词汇。1985 年前后,中国盲人聋哑人协会委托上海市盲人聋哑人协会组成修订小组,主要成员包括:组长富志伟(聋人),副组长戴目(聋人)和郭日月,组员谢放(聋人)、王瑞兴(聋人)、李云霞、梅次开等。

修订小组在《聋哑人通用手语图》和征求各地聋人意见的基础上,形成了新版手语书的初稿,由中国盲人聋哑人协会于 1987 年 1 月发给全国各地盲人聋哑人协会征求意见。1987 年 5 月 22 日—26 日,第三次全国手语工作会议在山东省泰安市召开,国家教委基教司周德茂、国家语言文字工作委员会史定国、山东省民政厅厅长谭德福、泰安市市长崔建文等领导和来自全国各地的 40 多名代表参加了这次会议,中国盲人聋哑人协会秘书长张安发主持会议并讲话。会议讨论了修订小组整理、修改的 3000 多个常用词汇,并决定将计划出版的新手语工具书更名为《中国手语》。1988 年,中国盲人聋哑人协会和中国残疾人福利基金会合并成立了中国残疾人联合会,并根据中国残疾人联合会《章程》同时成立了中国聋人协会。因此《中国手语》的编者署名不再是"中国盲人聋哑人协会",改为"中国聋人协会"了。

《中国手语》于 1990 年 5 月由华夏出版社出版,同时发行有软皮的"简装本"和硬皮的"精装本"。从内容上看,书中收录词汇3330个,其中四分之三是来自《聋哑人通用手语图》的。编订过程遵循"统一基本词的手势""保留手势的形象化""同字异义动作有区别""适量使用手指字母""增加索引提高检索力"的原则,书籍封面题字、封面设计、手语绘图、封面制版等工作主要是聋人完成的。编订小组也提出"限于篇幅,本版《中国手语》收入的新词数量不多,且不够全面,有待今后修订时补充",为《中国手语》的后续修订埋下了伏笔。

为了扩大《中国手语》的词汇量、丰富其表现力,基本满足聋人生活、学习和工作的需要,1992年起,中国聋人协会组成新的编纂小组收集和研究新的手语词汇,组长仍由富志伟(聋人)担任,但吸收了北京师范大学的朴永馨、顾定倩等听人手语研究专家参与进来,新编书籍定名为《中国手语(续集)》,新增词目2266个,1994年由华夏出版社出版,同样分为简装和精装两种。

2001年中国残疾人联合会教育就业部、中国聋人协会对已出版的两集《中国手语》进行全面修订,这项工作交由北京师范大学顾定倩老师全面主持,主要成员包括富志伟(聋人)、闻大敏(聋人)、孙联群(聋人)、宋晓华、于缘缘、周国芳等,修正了"词目重复、绘图及文字说明不清或错误、有的词目手势动作不够文雅、词目重复过时"等问题,增加了手语《国歌》,于2003年4月发行《中国手语(修订版)》,收录词目5586个,成为近十余年聋人和聋教育工作者的一本常用工具书。(图15-7)

图15-7 两个版本的《中国手语》

为进一步扩大中国手语词汇量和应用领域,中国残疾人联合会教育就业部、中国聋人协会于2005年、2010年、2011年、2013年分别委托天津理工大学聋人工学院、天津体育学院、上海市教委教研室、长春大学特殊教育学院陆续出版了《计算机专业手语》《体育专业手语》《理科专业手语》和《美术专业手语》,四册合计收录词目4613个。再加上2006年出版的《中国手语日常会话》,既有词汇打法、又有句子打法的"中国手语系列工具书"基本形成。2009年,《中华人民共和国国家标准(GB/T 24435-2009):中国手语基本手势》出版,标志着词目丰富、手势规范的中国手势语体系初步建立。国家以这些工具书的出版为契机,在全国范围内先后开展了多次中国手语培训活动,推动了中国手语在各地的推广、普及。

2010年7月16日,教育部、国家语委、中国残联共建的"国家手语和盲文研究中心"在北京师范大学成立,该机构组织各地手语研究者采集了大量聋人手语样本,于2016年又印制了《国家通用手语方案(试行)》一套三册内部发行,于2017年出版了《计算机常用词通用手语》《美术常用词通用手语》,于2018年出版了《体育和律动常用词通用手语》和《国家通用手语常用词表》。

通用手语电子词典的发展

随着科技水平的发展,信息化日益成为时代主题。2011年发布的《中国残疾人事业"十二五"发展纲要》在政策文件中首次提出要"提高手语的信息化水平"。作为一个相对新生的概念,目前还没有研究者对"手语信息化"的含义做过专门的界定,参考"信息化"的概念,"手语信息化"可以理解为:以现代通信、网络、数据库技术为基础,将手语的静态、动态影像等多种相关要素汇总至数据库,供聋人及有关人群生活、工作、学习、辅助决策等,与聋人及有关人群息息相关的各种行为相结合的一种技术,使用该技术后,可以极大地提高各种行为的效率,为推动聋人文化和社会进步提供极大的技术支持。

很多朋友疑问:手语信息化的说法看起来挺好,但它在哪里,是不是政策文件中的一个虚构的概念?

中国通用手语的电子词典就是手语信息化的一个方面。2010年iPhone4上市,这种先进的智能设备吸引了无数人的目光。我就是在这个时候开始了解iPhone和为它提供强大应用软件支持的iTunes的。当时还在上大学,没有足够多的钱去买iPhone4,但又想体验一下苹果海量的应用软件资源,于是退而求其次,买了一个相对廉价,只是不能打电话的iPod touch4。在这个设备上,我下载到许多新奇的APP,令我感触最深的是国外的电子手语词典软件,有英国的、美国的、韩国的、日本的、西班牙的,甚至还有一些阿拉伯国家的,这些软件使用起来非常方便,能学手语也能查手语,当时我就想,中国什么时候才能有自己的手语词典软件?

近几年,中国基本普及了聋人教育,越来越多的聋人家长、志愿者表达出学习手语的迫切需求,聋人和聋教育工作者也希望能随时随地查询手语打法,而传统的纸质手语书相对厚重,检索起来也较为费时。检索快捷、便于存储和携带的电子手语词典应运而生了。

出现较早的一套是2000年前后由"天边网"发布的电子书《手语》,作者并未留下真名,仅标注了网名"希儿"和"柔情玫瑰"。这是一个大小为9.88MB的Web电子书应用程序,将20世纪80年代出版的《聋哑人通用手语图》电子化,具备基本的目录检索功能。该程序公益无偿发行,在国内广泛传播,相当长的时间内,它成为聋教育工作者和手语爱好者的常用工具。(图15-8)

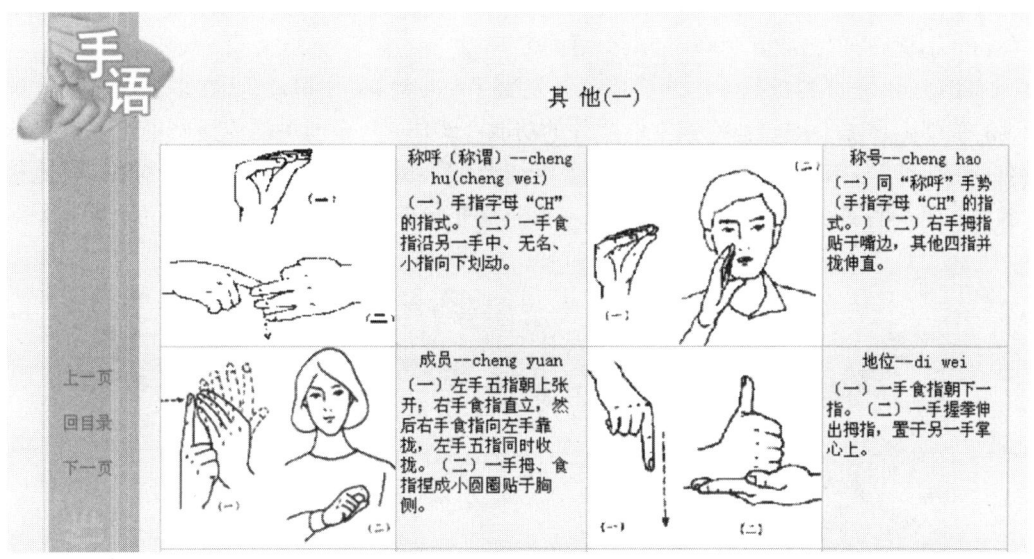

图15-8 《手语》电子书使用界面

2007年"我爱手语网"(http://www.52shouyu.com/)发布了一套免费的在线网页版"手语翻译系统"。它也基于20世纪80年代出版的《聋哑人通用手语图》,与上一套电子手语词典不同的是,"我爱手语网手语翻译系统"不仅具有手语词汇的查询功能,还能通过呈现多个手语图片的方式翻译用户输入的句子,与此同时,网站创建了"论坛"版块,供手语学习者交流讨论,还免费提供手语在线翻译HTML代码,用户可以免费将这套系统植入自己的网页中。

2010年以后,智能手机的时代来临了。第一个中国手语词典的手机APP是由星空软件公司开发的《星空手语词典》。它同样基于20世纪80年代出版的《聋哑人通用手语图》,兼有查词和查句的功能,既可以免费下载安装包,在安卓手机或平板电脑上使用,也可以进入网站(http://www.xkrjy.com/)在线查询,截至2018年2月,该网站仍可正常登录。模仿《星空手语词典》开发的手机APP还有《爱手语》《手语词典》等,但它们的操作性欠佳。

当前应用最广的一套电子手语词典是《中国手语大全》,或称《中国手语图文教学》,也是一款基于安卓平台的APP应用软件。与前三套电子手语词典不同的是,这套手语词典采用新《中国手语》的图片,和时代步伐贴合得更紧密。有趣的是,该APP的图标使用的竟是早期《手语》电子书的图片,这或许仅仅是巧合,或许显示了十几年来中国电子手语词典从最早的《手语》电子书到最新的《中国手语大全》具有某种传承关系。

除了传统图文形式的电子手语词典外,制作手语视频词典成为近几年国际聋人圈的发展趋势。《香港手语初探》APP 既可以安装在安卓平台,也可以安装在苹果 IOS 系统的设备上,旨在促进公众了解手语和聋人,内容包括香港手语简介、香港手语词典、香港手语语法等,采用视频录像的形式,而不再是静止的手语图片。2014 年内地第一个在线网页版手语视频字典发布,它是由无锡的公益组织"普济公益网"开发制作的,每个词语都有一个小视频,现已收录 1000 余个手语词汇。

2015 年,江苏科技大学的研究团队开发出 Touch Voice 手机软件,在以往电子手语词典的基础上增加了用语音检索手语图片的功能。2018 年,多国手语传播网推出欧洲手语中心制作的"多国手语通"中文版在线手语词典和手机 APP,只要输入一个词汇,就能检索到其在不同国家手语中的视频动作,对于各国手语的比较很有帮助。(图 15-9)

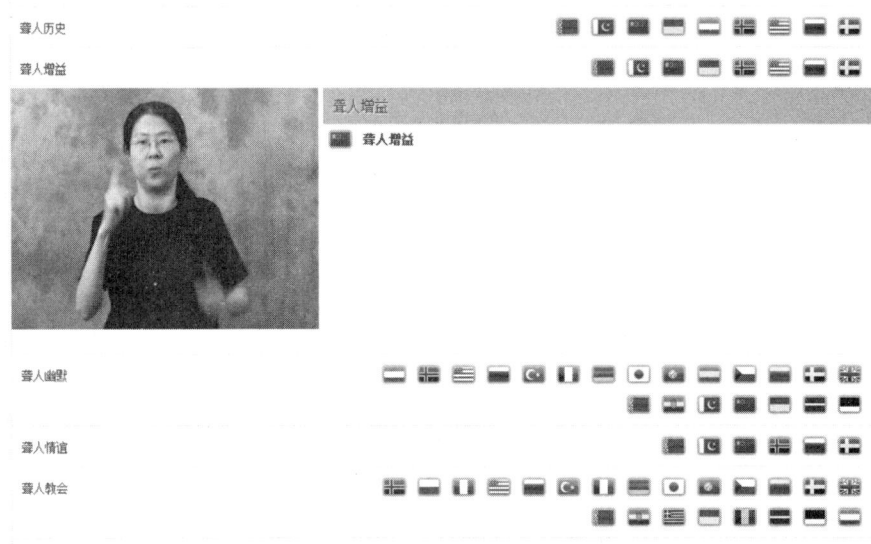

图 15-9　多国手语通使用界面①

少数民族手语词典的研制

根据新疆维吾尔自治区乌鲁木齐市聋人学校的老校长回忆,乌鲁木齐市聋人学校是新疆最早的聋校,1960 年前后招收了第一届聋生班,学生主要是 50 岁以上的老人。他们使用的手语并不一致,都是自己在生活中随机创造的,聋人之间难以相互沟通。因此,在乌鲁木齐市聋人学校建校前还没有严格意义上的维吾尔手语。

乌鲁木齐市聋人学校最早有两位老师,他们在北京学习过聋人教育,其中手语课学

---

① https://www.spreadthesign.com/cn/.

习的是1959年出版的《聋哑人通用手语草图》。此后，乌鲁木齐市聋人学校使用的主要是中国手语，并通过教育教学活动以及对喀什、阿克苏、昌吉等全疆其他新疆特殊教育学校的工作指导，逐步将中国手语推广到天山南北。

手语是一种语言，具有民族认同，显示主权的重要意义。为了保护中华民族的语言文字主权、方便维吾尔族聋教育工作者掌握中国手语，新疆的聋教育者以当时通行的《聋哑人通用手语图》为基础，重新绘图，融入少数民族元素，将已经在维吾尔聋人中流传的中国手语翻译成维吾尔文。据《新疆通志·民政志》载，1982年新疆维吾尔自治区和乌鲁木齐市盲聋哑人协会牵头，由古丽波斯坦·吾甫尔编译的《维吾尔文聋哑人手语图手册》（上下两册）经自治区民政厅、教育厅和民族语言文字工作委员会审定通过，自11月推广试行。①《维吾尔文聋哑人手语图手册》是中国历史上首部少数民族手语书。（图15-10）

图15-10 《维吾尔文聋哑人手语图手册》封面及1986年7月11日《光明日报》的报道

古丽波斯坦·吾甫尔曾在新疆维吾尔自治区盲聋哑学校担任教师及乌鲁木齐市盲聋哑协会主任一职，后因工作需要调至自治区妇联儿童部担任部长。凭借学校和协会的多年工作经验和研究，她借用了25个汉语手指字母，又针对维吾尔语独有的7个音标，即A、E、O、V、J、G，创造了相对应的7个手指字母，从而形成了有32个手指字母的维吾尔语手指字母方案并呈现在《维吾尔文聋哑人手语图手册》中。（图15-11）

---

① 新疆维吾尔自治区地方志编纂委员会.新疆通志：第二十四卷 民政志.乌鲁木齐：新疆人民出版社，1992：230.

图15-11　书中的第一个词汇"毛主席"

1992—1994年,她受自治区残联的委托编写了维吾尔语版的学前聋童语言康复用书,名为《看图说话》,共4册,由新疆青少年出版社出版。(图15-12)

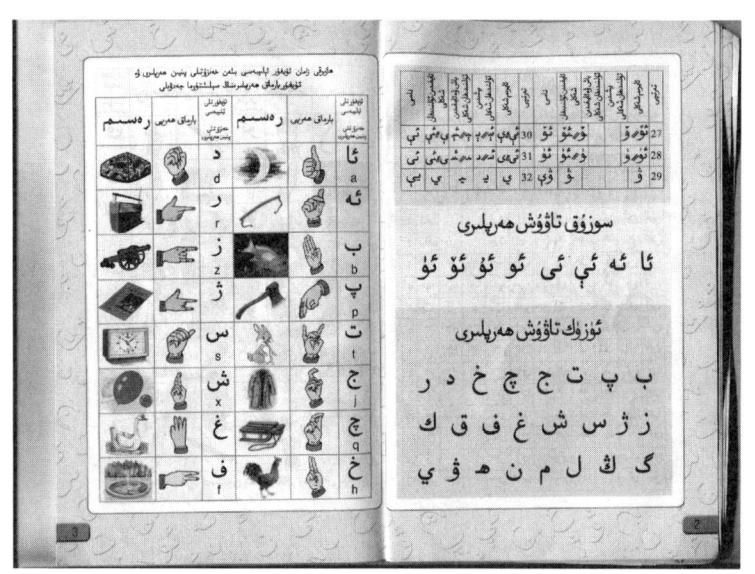

图15-12　《看图说话》维吾尔语版

在此基础上,2000年新疆维吾尔自治区教育厅组织翻译维吾尔语版《中国手语》,主编吾斯曼·努尔,编辑阿瓦古丽·木沙和齐曼古丽·木扎帕尔,翻译者是古丽波斯坦·吾甫尔,2003年10月由新疆教育出版社出版。这部书有上下两册,对《中国手语》部分词汇的手指语打法做了改编,其他手势基本一致,共收录词汇3330个。

西藏自治区的第一所特殊教育学校——拉萨市特殊教育学校——是1999年底开始创建的,在此之前,当地没有聋人教育机构,聋人接受教育的情况极不理想,他们主要使用的是家庭手语,同一个词语常常出现多种不同的手语表达方式,这给当地的聋人交流、沟通和融入社会带来了很大的不便。拉萨市特殊教育学校成立以后,为了让广大聋人识字学知、逐步脱盲、方便沟通,规范藏语词汇的手语打法显得尤为重要。

2007年,新华社对藏语手语的研制情况进行了报道,在《藏语手语开发顺利,已收集1000多个手语词汇》的消息中称:"据西藏自治区残疾人联合会副理事长旺青格列介绍,藏语手语研发项目是2001年9月由国际助残组织与西藏残疾人联合会正式启动的。项目经费全部来自国际助残组织。"①

国际助残组织(Handicap International)是一家独立的、非政府及非营利的国际组织,总部在欧洲,旨在在世界多地推动残障权益,为维护残疾人权益而奋斗,关注残障倡导、自助、康复、社会发展和社会融合。西藏手语项目的目标是促进聋人融入社会。项目组建立了聋人俱乐部,每周日举行一次活动,由四个聋人组成的核心工作人员负责收集、研讨、统一、规范聋人在日常生活、工作中使用的自然手语。然后,由一位画家将收集来的手语记录成图像并用藏语解释使用说明。最后,经过聋人的试用后才正式确定下来,完成一个统一的、在西藏自治区内使用的藏族聋人手语。

除了大部分动词和极少部分名词外,藏语手语大部分与中国内地手语是十分相似的。2002年和2003年,西藏自治区残疾人联合会与国际助残组织合作整理出版了两册《聋哑手语藏语辞典》,由西藏人民出版社出版,合计收录词汇700余个。以此为基础,为了更好地推广藏语手语,西藏自治区残疾人联合会与国际助残组织又于2004年编印了一套三册《藏语手语教材》和几册手语故事书,用于儿童的手语教学(图15-13)。2011年,拉姆次仁、吾坚卓嘎主编,仰国维、周晓宁制图的《常用藏族手语词典》由西藏人民出版社出版,藏语手语的工具书体系进一步完善了。

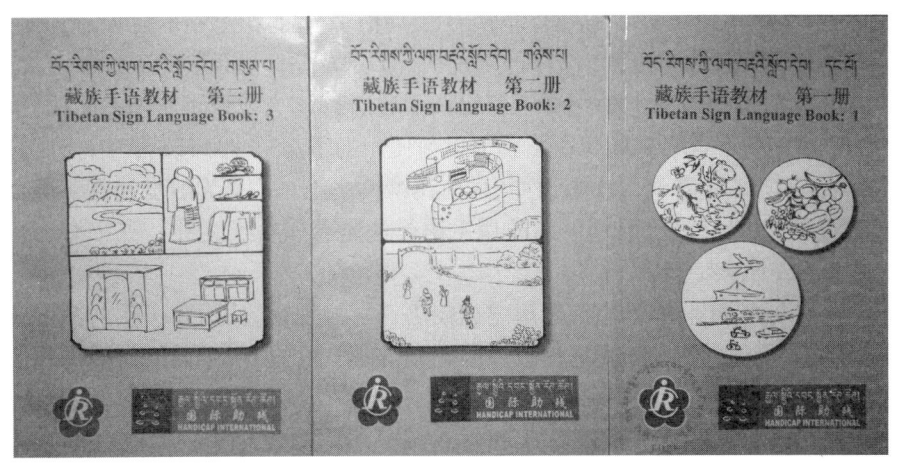

图15-13 《藏族手语教材》三册

---

① http://www.gov.cn/jrzg/2007-05/20/content_620431.htm.

第十六章　通用手语构词方式的演变规律

背景与方法

中国通用手语(以下简称"通用手语")是指供中国各地聋人通用的一种手语(林崇德等,1994)。通用手语在历史上的发展、变化情况历来是我国手语研究者关注的一个课题,多位研究者先后梳理了中国手势语、手指语的发展历程,分析了通用手语的发展趋势和特点,为通用手语的研究奠定了必要的理论基础。

新中国成立以来,中国聋人协会联合手语研究专家先后出版发行了以《聋哑人通用手语草图》(以下简称《草图》)、《聋人通用手语图》(以下简称《图》)、《中国手语》(以下简称《中国》)、《中国手语(修订版)》(以下简称《修订》)为核心的一系列手语工具书,2016年国家手语和盲文研究中心又印制了《国家通用手语方案(试行)》(以下简称《试行》),对全国各地聋人的手语使用产生了广泛影响,逐步推动通用手语词汇由贫乏到丰富、手语打法从各地分化到趋于标准化,为通用手语的普及提供了主要参考依据。

在通用手语工具书的研究方面,丁志清(2014)和赵晓驰(2015)阐述了国内外纸质手语工具书、在线手语工具书的特点;还有一些研究者把通用手语工具书作为语料库,抽取其中部分类别的手语词汇开展研究,例如倪兰(2015)从《中国》筛选出1405个动词并对其进行了语素分析,不过类似的研究大多仅基于某一部手语工具书,对同一词汇在不同时期、不同版本手语工具书中打法的发展演变情况的比较仅见祝娜(2008)对《图》《中国》《修订》三个版本通用手语工具书中1684个词汇手语打法变化特征的分析。

其实早在《草图》发布以前,就有研究者在《聋哑人工作通讯》(1959)中全文翻译了苏联手语研究者格伊里曼的文章《聋人指语和手势语》,该文体现了早期的手语比较研究思想,指出"目前在手势语中还保存了聋人以前使用的手势""从1835年……列举的七十个手势中,有75.0%手势符号没有改变,目前还继续使用……毫无改变地保存至今"。那么,《草图》发布以来一些汉语词汇的通用手语打法是否发生了变化?如果有变化,其中是否存在某种规律和特点?

为了解答上述疑问,本研究采用历史比较语言学的视角,从历史关系的角度,研究比较不同时期的中国通用手语,根据比较性的调查,探索中国通用手语的发展历程,从而进一步认识手语发展的一般过程和规律。

研究者收集了《草图》一至四辑(1959—1961)、《图》一至四辑(1979—1983)、《中国》(1990)及其续集(1994)、《修订》上下册(2003)、《试行》一至三册(2016),合计五个版本的通用手语工具书,从《草图》中每隔6页随机抽取1页,如果该页词汇在后续的工具书中均被删减,则抽取下一页,以这些页面上的手语词汇为基准,收集其在后四部工具书中的打法,剔除"人民公社""朱德"等陆续被删减的词汇,合计收集到在五部工具书中都有收录、发展线索清楚的词汇274个。

以 274 个词汇作为研究对象,由精通手语的研究者对其通用手语打法变化情况、手指语的使用情况、非手控特征、配图的人物性别等维度进行编码,使用 SPSS21.0 软件录入和分析数据。

手语发生变化的词汇比例

对五部工具书中的 274 个词汇比较发现,手语打法从未发生过变化的有 102 个（37.2%）,172 个（62.8%）词汇分别发生过一次（94 个,34.3%）、两次（58 个,21.2%）和三次变化（18 个,6.6%）,甚至还有 2 个（0.7%）词汇的手语打法变化过四次、在每部工具书中都不一样。根据《现代汉语词典》中的词类划分,将 274 个词汇分为"名词""动词""其他"三类,若某个词语同时属于两个或两个以上词类,则将其分别计入不同词类进行重复统计,结果显示:仅 30.2% 的名词手语打法从未变化,并且上述发生四次变化的 2 个词汇均属于这一类型;相对而言,动词手语打法发生变化的比例最低,至今还完全保持《草图》中打法的有 54.7%;经独立样本 t 检验,三类词汇之间,名词手语打法发生变化的频率显著高于动词（t=2.963、df=234、P=0.003）。这一现象可能由于动词本身就不同程度地与手部或躯体的动作有关,手语表达最直接、最自然,因而相对其他词类更能承受时间的涤荡,甚至根据与古汉字结构的比较推测,诸如"采""看""丢"等动词的手语打法还保持着它们在 2000 多年以前的模样（高宇翔,2016）。（表 16-1）

表 16-1　不同类别词汇发生变化的比例

	从未	一次	两次	三次	四次	合计
名词	52（30.2%）	68（39.5%）	38（22.1%）	12（7.0%）	2（1.2%）	172（100.0%）
动词	35（54.7%）	17（26.6%）	9（14.1%）	3（4.7%）	0（0.0%）	64（100.0%）
其他	25（46.3%）	13（24.1%）	12（22.2%）	4（7.4%）	0（0.0%）	54（100.0%）

与此同时,随着 21 世纪以来聋人教育事业的快速发展、中国手语词汇趋于丰富,以及聋人之间、聋人与听人之间的广泛交流,近几年手语打法发生变化的词汇比例呈现扩大趋向:与《草图》相比,《图》有 20 个（7.3%）词汇的手语打法发生了变化;与前一部通用手语工具书相比,《中国》《修订》和《试行》的这一数据分别为 87 个（31.8%）、60 个（21.9%）和 107 个（39.1%）,显示出通用手语已经进入快速发展的新时期。

指拼词汇去除手指字母现象

本研究所指的指拼词汇是完全使用手指语拼打,或者同时使用手指语、手势语拼打的词汇。《草图》中指拼词汇有 33 个,占总样本的 12.0%,其中的 28 个（87.5%）词汇呈现出"去手指语"的变化倾向,即从包含"两个或更多手指语",向使用"一个融入手指语的手势语"以及完全去除手指语的方向发展。《试行》中指拼词汇缩减到 23 个,占总样本的 8.4%,配对样本 t 检验发现,该数量显著少于《草图》（t=2.895、df=13、P=0.013,表 16-2）

表 16-2 指拼词汇的数量变化

工具书	无指语	一个融入指语的手势语	一个指语	一个指语+一个融入指语的手势语	两个或更多指语	合计
草图	241(88.0%)	5(1.8%)	9(3.3%)	0(0.0%)	19(6.9%)	274(100.0%)
图	240(87.6%)	5(1.8%)	10(3.6%)	0(0.0%)	19(6.9%)	274(100.0%)
中国	241(88.0%)	6(2.2%)	20(7.3%)	0(0.0%)	7(2.6%)	274(100.0%)
修订	239(87.2%)	9(3.3%)	21(7.7%)	1(0.4%)	4(1.5%)	274(100.0%)
试行	251(91.6%)	7(2.6%)	13(4.7%)	0(0.0%)	3(1.1%)	274(100.0%)

例如:五个版本的"婶婶"打法逐渐将两个单独手指语减少到一个融入"SH"的手势语,由于"SH"在脸侧划动两下,该词汇是"手字对应"的;"西藏(自治区)"在早期的两部工具书中分别使用《汉语手指字母方案(草案)》中的"X+Z"和《汉语手指字母方案》中的"X+Z",在《中国》里其打法第一次出现了质的变化,即去除了手指语"手字对应"而使用手势语"手字对应"的"西+储藏",《修订》中将"储藏"的手势进行了修正,《试行》则改用约定俗成的自然手势进行表达了;"如果"一词先后经历了从手指语"手字对应"、手势语"手字对应"到自然手语的发展过程(表 16-3)。

表 16-3 指拼词汇发展变化的例子

	《草图》	《图》	《中国》	《修订》	《试行》
西藏					
婶婶					
如果					

比较《草图》中的指拼词汇、手势词汇在后续的发展情况发现,前者发生变化的频率显著高于后者($t=4.896$、$df=272$、$P=0.000$,表16-4)。

表16-4 指拼词汇和手势词汇的变化情况

词汇	不变	一次	两次	三次	四次	合计
指拼词汇	5(15.2%)	9(27.3%)	11(33.3%)	6(18.2%)	2(6.1%)	33(100.0%)
手势词汇	97(40.2%)	85(35.3%)	47(19.5%)	12(5.0%)	0(0.0%)	241(100.0%)

还有6个(2.2%)手势词汇在"手字对应"的发展过程中尝试借用手指语。不过,这些手指语在《试行》中又重新被手势语取代(表16-5)。

表16-5 借用手指语的手势词汇

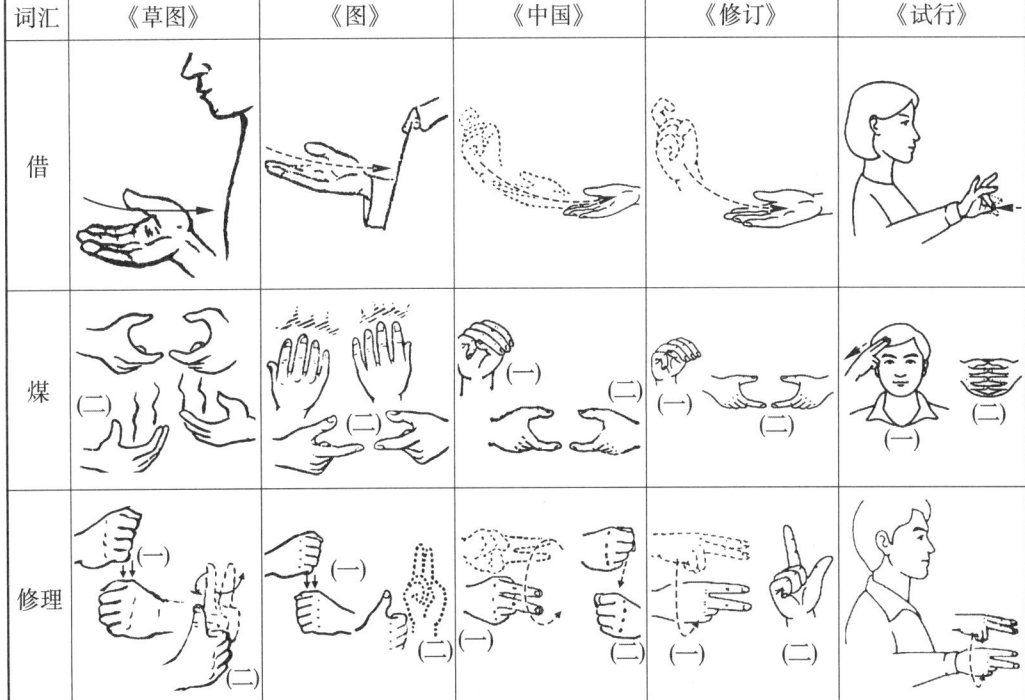

手势词汇"手字对应"现象

本研究所指的手势词汇是不使用手指语、完全使用手势语表达的词汇。《草图》收录有241个(88.0%)手势词汇,它们采用模拟事物形象和特征、指点动作等构词方式,手势词素与汉语口语词素不完全对应。其中32个词汇在后来的发展过程中出现了"手字对应"现象,即:使用与汉语词素一一对应的手势来替代那些与汉语词素无法对应的手势,如果某个词汇的手势词素与汉语口语、书面语词素数量不一致,则会增加或删减一两个手势词素以实现"手字对应",这是一种手语受到汉语影响而出现的特征。

例如:"作家"最初的打法是"著名+写"、和汉语词素不对应,在《中国》里演变成"写+家"、显示出部分"手字对应"的倾向,在《修订》中又进一步变为完全"手字对应"的"作+家"并固定下来;"标点""床单"原先都仅有一个手势词素,和汉语词素数量不一致,后来逐渐被拆解成"标"和"点"、"床"和"单",实现了"手字对应"(表16-6)。

表16-6 "手字对应"的几个例子

词汇	《草图》	《图》	《中国》	《修订》	《试行》
作家					
标点					
床单					

非手控特征的变化特点

非手控特征(non-manual features)也是手语的重要构成要素,包括头部动作、面部表情、身体姿势等(杨军辉等,2015)。本研究对274个词汇的配图进行编码,每个词汇的人物口部动作、眼部动作、眉部动作、头颈动作、身体姿势、特定装束分别赋值为"1",统计发现:通用手语工具书中绘有非手控特征的词汇并不多见,仅占10.9%～17.9%,其中《草图》中有42个、平均赋值1.667,从《手语》到《试行》,绘有非手控特征的词汇逐步减少至30个,不过每个词汇的平均赋值却上升至1.800(表16-7)。经配对样本t检验,与《草图》相比,《试行》中有非手控特征的词汇数量显著减少($t=-2.135$、$df=273$、$P=0.034$),有非手控特征词汇的平均赋值无变化($t=-0.188$、$df=19$、$P=0.853$)。(表16-7)

表 16-7　五部手语工具书中的非手控特征

工具书	N	极小值	极大值	均值
《草图》	42	1.0	4.0	1.667
《图》	49	1.0	4.0	1.735
《中国》	37	1.0	3.0	1.595
《修订》	32	1.0	4.0	1.688
《试行》	30	1.0	5.0	1.800

例如:"冰"在《图》中除了手部动作外,还包含眼帘低垂、眉头紧锁、嘴唇向下的面部表情和手臂颤抖的身体姿势,发展到《修订》和《试行》时仅保留了手部动作;相对而言,"痛苦"的非手控特征则趋于丰富,《试行》在以往的基础上形象地表现出了张口、垂头、皱眉、眯眼等多种表情特征(表 16-8)。

表 16-8　通用手语工具书中的非手控特征

分析和讨论

手势词汇和指拼词汇是通用手语的两个基本组成部分。88.0%的(241 个)词汇最初是以手势语的形式吸收进通用手语的,近 60 年来,这些手势词汇打法没有发生过丝毫改变的占 35.4%(97 个)。总样本 12.0%(33 个)的词汇可能由于在编纂通用手语工具书时还没有形成合适的手势语,则借用手指语表示该词汇中的汉字拼音首字母,成为指拼词汇,其中打法从未发生变化的仅有 15.2%(5 个)。由此可见,通用手语中的指拼词

汇更难为手语使用者长期认同、打法保持不变的比例不到手势词汇的二分之一。（表16-1）

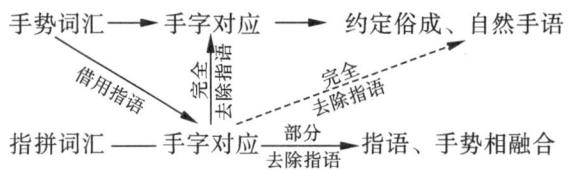

图16-1 汉语词汇通用手语的一条发展线索

　　指拼词汇使用了与词汇中全部或部分汉字对应的手指语，它们大多是"手字对应"的，13.3%（32个）的手势词汇则在发展过程中通过增加或删减手势词素实现了"手字对应"。根据"西藏"等个别词汇提供的证据，使用手势语"手字对应"是使用手指语"手字对应"相对高级的发展阶段，大多数指拼词汇一般都将使用手势语逐步替代手指语。"手字对应"现象反映了通用手语和汉语发生的深层次交融，但是它在一定程度上牺牲了手语的形象性，例如"麻雀"原先的手势（一）为"五指弯屈、在胸前点几下"，这个动作在《试行》中被调整为"手字对应"的基本词"麻（辣）"。因此，有2.5%（6个）的手势词汇在借用指语实现了"手字对应"之后，又通过使用约定俗成的手势语或自然手语去除了手指语和"手字对应"，据此推测，使用约定俗成的手势语或自然手语是"手字对应"的下一个发展阶段。

　　在条件成熟的情况下，还有一部分"手字对应"的指拼词汇会把手指语和手势语深度融合起来，表意、表音相结合以提高表达的准确性，例如：为了表示与"坐"的区分，有聋人使用"Z"或"Z+大拇指"手型表示"在"；"场"和"园"的手势原先均为食指画圆形，为了表示区分，在表达"市场""广场"时，有聋人使用（CH）手型画圆。出现相似特征的手势词汇还有"青""聊天"等，它们大多被作为地方手势使用，但不排除未来向通用手语过渡的可能性。

　　在手语打法发生过变化的172个词汇中，38.4%（66个）词汇的手语打法都遵循上述变化路径。因此可以认为，这一路径是汉语词汇通用手语打法变化与发展的主要线索之一，表现出通用手语在受到汉语影响之后，在一定程度上重新回归聋人文化的趋向。

　　在手部动作之外，中国通用手语非手控特征的变化也值得关注。五个版本通用手语工具书并未对大多数词汇的非手控特征提出要求，近几年来，虽然一些词汇的配图精细程度有大幅度提高，非手控特征趋于丰富，但可能由于非手控特征增加了绘图难度，从总体上看，配图中表现有非手控特征的词汇却从42个（15.3%）显著缩减至30个（10.9%）。"省略手语的非手控特征是否影响词义表达和理解""哪些词汇的非手控特征是必不可缺的""非手控特征是否需要在通用手语中进行规范"等问题目前还没有在专门的研究里探讨过，值得作为中国通用手语未来的研究方向。

　　语言的变化史反映了人的思想观念变化史（王福祥、吴汉樱，2008），这种认识在通用手语工具书的配图里也有所反映。《草图》里可辨人物性别的配图主要呈现的是男性形象(89.6%),女性形象(10.4%)的配图比例明显偏低,不仅如此,男性形象大多表情"生动丰富",女性形象却"千人一面"。通过粗略分析,《草图》除个别人称代词外仅有"女人""生命""律动""镜子""打扮""裙子""缝"和"抹布"8个词语使用了女性配图,该现象也许缘于该书的绘制者主要为男性,抑或他们无意识地流露出"梳妆打扮和家务劳动是女性聋人的专利"这样一种传统的性别偏见。从《中国》到《试行》,手语配图性别不均衡的现象才得以改观。这一发现也印证了高宇翔、刘晗煦(2016)对1948—2015年《人民日报》中聋人相关新闻报道的研究结果,即新中国成立初期社会对女性聋人的关注很少,随着社会的发展,女性聋人才逐渐走上了历史的前台。

结论

通过对五个版本通用手语工具书的比较,发现总样本62.8%的词汇手语打法发生了变化。

名词、动词和其他词汇相比较,动词发生变化的频率最低;指拼词汇与手势词汇相比较,手势词汇发生变化的频率更低。

从手语词素和汉语词素不完全对应,到手指语的"手字对应"、手势语的"手字对应",再形成指语和手势语相融合的打法,或者采用约定俗称的手势语和自然手势,是通用手语发展变化的一条常见路径,表现出通用手语受到汉语的深远影响之后,在一定程度上重新回归聋人文化的趋向。

从《草图》到《试行》,绘有非手控特征的词汇数量显著减少。

第十七章　地方手语构词方式的基本规律

背景与方法

近几年,我国在聋人手语研究中取得了诸多突破,越来越多的自然手语被编入"国家通用手语方案"中,使自然手语的地位得到尊重;《浙江自然手语研究》《自然手语365》等著作得以出版,得到海内外聋人的积极响应,极大地促进了聋人参与自然手语研究的信心。不过,由于文献资料的缺乏,自然手语的研究领域还缺乏对历史研究方法的应用,一些自然手语词汇的理据是什么、它们是何时出现并如何演变等问题尚不清楚。

地名包含了一个地区主权归属、历史沿革、民族文化等丰富的信息,是语言学、历史学、民族学研究中常常关注的重要领域。地名手语是使用手语拼打的地名,也称手语地名,是最典型的地方手语之一,其收集和整理工作长期受到我国手语研究者的关注,从1959年第一部《聋哑人通用手语草图》起,各个版本的通用手语工具书中都安排了有关地名手语的专门章节。

我国地名手语研究的数量和深度还相对有限,现有研究主要侧重于语料库建设和构词方式的分析。《中国与世界各国地名手语大全》构建了当前我国最全面的一部地名手语语料库,共收录内地31个省市区和港、澳、台主要城市、区域及旅游景点,世界200多个国家、首都和主要城市的1200多个地名手语。有关构词方式的三项研究分别探讨了通用手语工具书收录的地名手语、上海地名手语、台湾地名手语的构词方式,将其归纳为以地形或位置命名、以自然景观或建筑命名、以历史传说命名等"未受汉语影响的地名手语",以及借音、借义、借形等"受汉语影响的地名手语",以此为基础分析了地方手语扩充词汇的方式,并提出"加大地名手语的语源研究""关注少数民族语地名转译问题"等建议。

新疆维吾尔自治区(以下简称新疆)地处祖国边陲,是一个多民族聚居的省区年。根据2013年新疆总人口数和全国残疾人抽样调查数据推算,新疆约有21.91万名聋人,他们使用手语作为常用的沟通工具。新疆各地聋人使用的手语具有明显的地域差异,研究新疆不同民族、不同地区的地方手语对于丰富民族语言学、手语规范化等方面有重要意义;有研究将新疆地方手语的构词方式初步归纳为"使用汉语手指字母""使用标准通用手势语""使用简化通用手势语"等,并提出"建立语料库、分析地方手语的语言文化特征"的设想。

地名手语与聋人生活息息相关。《中国手语》收录了新疆、乌鲁木齐、吐鲁番、塔里木4个新疆地名手语,《中国与世界各国地名手语大全》收录了乌鲁木齐、昌吉、石河子等17个新疆地名手语,上述工具书收录地名手语的数量有限,且以地级市行政区划为主,缺少对县级行政区划的关注,也未开展地名手语构词方式的分析。

本研究旨在通过广泛收集新疆地名手语、建立语料库,分析地名手语的构词方式及相关因素,了解新疆地名手语演变发展的基本规律,为各地聋人的语言交往创造便利、为手语语言学研究提供资料。

2015年3—5月期间,以新疆各个地级市、县级市和县行政区划的手语名称作为语料采样范围,以乌鲁木齐市聋人学校在校和毕业的全疆聋人学生为主要的采样对象。

为了方便与聋人沟通,研究全程由熟悉通用手语和新疆地方手语的研究者实施。采集语料时,要求聋人打出家庭所在地的地名手语,研究者使用摄像机记录。之后将录像整理、制作成为小视频,汇总为新疆地名手语语料库。(见图17-1)为了保障语料的准确性,研究者将语料库发布在微信公众平台"超越无声"上,邀请数百名来自新疆各地、不同年龄段的聋人审阅,未收到手语准确性的质疑。

图17-1 新疆地名手语语料库视频二维码

语料采集过程中发现,部分聋人采用"仅使用汉字首字母的手指语"的构词方式拼打泽普(Z+P)、额敏(E+M)、布尔津(B+E+J)等地名手语,由于缺乏更多熟悉当地地名手语的聋人提供确证,本研究未将此类尚不成熟的地名手语纳入语料库中。经统计,本研究共访问46名聋人,收集34个地名手语语料,其中:地级市11个、县级市9个、县14个。

向聋人和聋校教师收集语料库中地名手语的语源资料,根据地名手语的拼打方法和语源,将地名手语的构词方式分为"使用手指语+手势语"和"使用手势语"两个大类,每个大类又各细分为三个小类。

为了分析新疆地名手语构词方式的相关因素,研究者按照地名手语的变异程度和融入地方特色的程度,将语料进一步分为使用手指语或手势语直接将地名译成手语拼打的"基本式",和高度简化和整合的、体现地方特色的"特殊式"。"基本式"是地名手语发展的初级阶段,涵盖地级市5个、县级市5个、县11个,共21个;"特殊式"是地名手语发展的较高级阶段,涵盖地级市6个、县级市4个、县3个,共13个。(表17-1)

表17-1 新疆地名手语的"基本式"和"特殊式"

	涵盖类型	涵盖地名
基本式	1.汉语手指语+中国通用手势语 2.汉语手指语+地方手势语 3.借用近义、近音字的手势语	地级市:阿勒泰、哈密、伊犁、和田、昌吉 县级市:乌苏、伊宁、图木舒克、阿图什、五家渠 县:富蕴、巴楚、阿瓦提、沙雅、精河、沙湾、叶城、莎车、尼勒克、温宿、乌什
特殊式	1.简化的"手指语+手势语" 2.描述地方特色手势语 3.简化的手势语	地级市:乌鲁木齐、吐鲁番、喀什、阿克苏、塔城、克拉玛依 县级市:库尔勒、博乐、石河子、奎屯 县:玛纳斯、库车、呼图壁

对各地区行政级别、所在区域(南/北疆)、辖区内2012年度GDP和人口数、2005年

前是否设有聋人学校的情况进行编码,录入 SPSS 17.0 统计软件,差异显著性使用独立样本 t 检验。

使用手指语+手势语的构词方式

一是汉语手指语+通用手势语。该类型的地名手语在拼打过程中,组合使用了汉字首字母的手指语和近义词汇的通用手势语,由于手指语的表意范围比较广,且通用手势语中包含的地方文化信息有限,这种地名手语容易出现歧义,准确理解需要结合特定的语境。本研究收集了七个该类型的地名手语,其中包括一个地级市哈密(啊+M)、两个县级市图木舒克(图画+树木+S+K)和阿图什(啊+T+SH),五个县即:富蕴(富+Y)、巴楚(B+清楚)、阿瓦提(A+W+提高)、沙雅(沙土+Y)、精河(J+河流)。(图17-2)

图17-2 "手指语+通用手势语"拼打新疆地名的例子

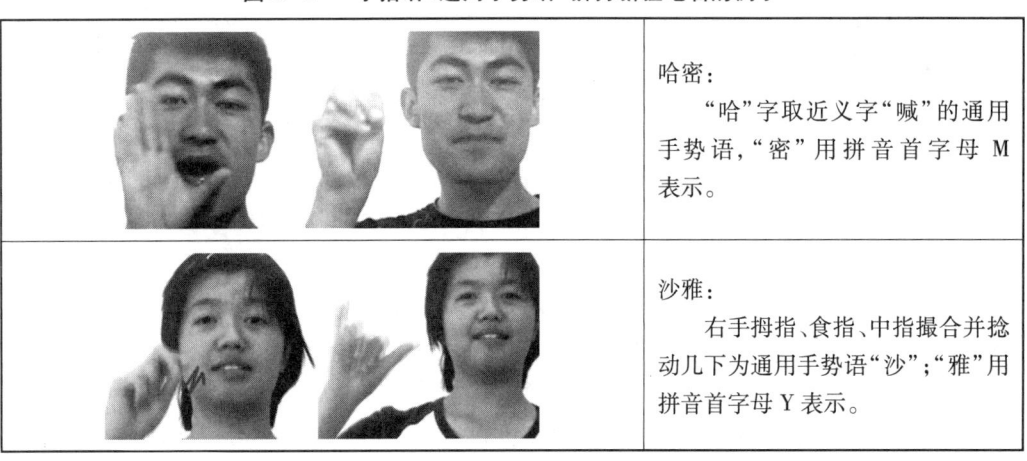

哈密:
"哈"字取近义字"喊"的通用手势语,"密"用拼音首字母 M 表示。

沙雅:
右手拇指、食指、中指撮合并捻动几下为通用手势语"沙";"雅"用拼音首字母 Y 表示。

二是汉语手指语+地方手势语。汉语手指语和地方手势语的组合使用,提高了地名手语对手语使用者的可读性。本研究收集到四个该类地名手语,包括一个地级市阿勒泰(啊+勒+T),两个县级市乌苏(W+苏)和伊宁(伊+N),两个县:尼勒克(N+勒+K)和乌什(乌+SH)。(图17-3)

图17-3 "手指语+地方手势语"拼打新疆地名的例子

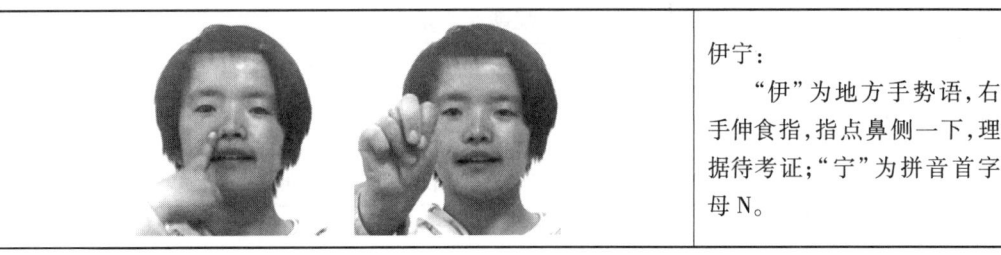

伊宁:
"伊"为地方手势语,右手伸食指,指点鼻侧一下,理据待考证;"宁"为拼音首字母 N。

第四部分　聋人手语的历史发展

三是简化的"手指语+手势语"。为了增进拼打手指语和手势语的流畅性、提高表达速度,聋人在日常交往的过程中逐渐对手指语和手势语组合拼打的地名进行了一定程度的"抽象化"整合,使原本需要两个或两个以上手语动作的地名简化为一个手语动作。研究发现,经过简化的地名手语包括四个地级市喀什、阿克苏、塔城和克拉玛依,三个县温宿、库车和呼图壁。(图17-4)

图17-4　简化的"手指语+手势语"拼打新疆地名的例子

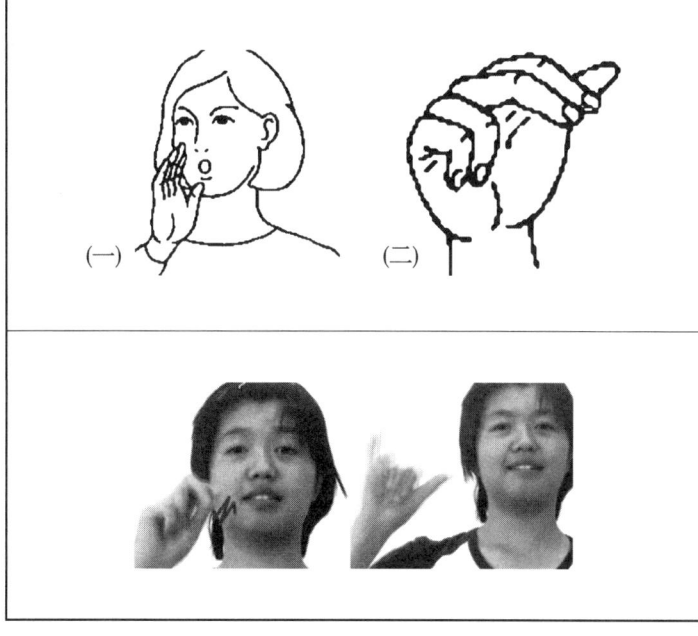

喀什:

　　原打法为"喀"字取新疆方言hǎ同音字"哈"手势(如哈密),后在胸前打手指语SH代表"什"(上)。

　　简化式将"哈"与SH整合起来,右手食指与中指并拢,拇指抵在脸侧,代表"哈",随即将食指、中指逆时针旋转约90度代表SH(下)。

仅使用手势语的构词方式

一是借用近义、近音字的手势语。本研究建立的语料库中,使用同义或近义词的通用手语、地方手语直接表述的地名有四个,其中包括:一个地级市和田(和+田),一个县级市五家渠(五+家+河流),两个县沙湾(沙土+河流)、叶城(叶子+城)。

对于地名中涉及的一些不常见、手势语不常用的字词,聋人有使用近音字的手势语替代的习惯。按照这种方式表述的地名包括:两个地级市伊犁(伊+力)和昌吉(唱+鸡),一个县莎车(沙土+车)。

二是使用描述地方特色的手势语。在通用手势语中,"新疆"的打法为"双手上举,五指微曲,拇指和中指互捻,同时手腕灵活转动"。"吐鲁番"手势的第一个动作为"左手拇、食、中指相捏如提物状,右手拇食指捏成小圆,在左手下虚点几下"。(图17-5)

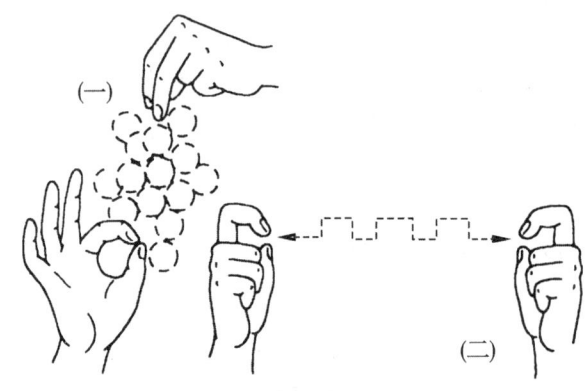

图 17-5　2003 年《中国手语》中的"吐鲁番"手语

上述两个手势描述了新疆地方舞蹈的特色吐鲁番的葡萄特产,本研究收集到的用地方特色构词的地名还有两个县级市库尔勒(以盛产"库尔勒香梨"而闻名全国,因此也称"梨城")、博乐(以"双湖"著称,区划范围内有赛里木湖和艾比湖两个较大的湖泊),和一个县玛纳斯(曾以棉花种植作为当地农业的"一枝独秀")。(图 17-6)

图 17-6　使用"描述地方特色的手势语"拼打新疆地名的例子

	库尔勒:一手伸食指,轻点头顶或头侧,代表新疆地方手语中的"梨",此后左臂平伸置于胸前,右手伸食指,从左臂下穿向前方。
	玛纳斯:使用"棉花"的地方手语,左手伸食指,右手五指撮合,掐住左手食指指尖并转动几下。
	博乐:左臂弯曲,右手拇、食指相捏,在左臂的大臂、小臂上各点一下。表现该地区海拔一高一低的两个湖泊。

第四部分 聋人手语的历史发展

三是使用简化的手势语。两个地级市乌鲁木齐和吐鲁番,两个县级市石河子和奎屯的地名手语由多个手势语动作在长期的连贯拼打过程中逐渐整合、简化形成,具有较高的抽象特征。这种构词方式能够明显提高地名手语的拼打速度。(见表17-2)

表17-2 使用简化的手势拼打新疆地名的例子

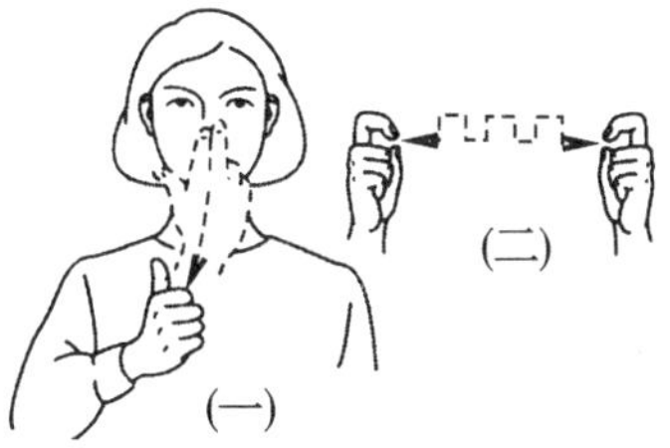

乌鲁木齐:

通用手语为"美丽+城"(上)。

聋人认为,缩回食、中指拼打"美丽"后再伸出食指拼打"城",较为烦琐和不便,"美丽"的第二个动作即被删减,保留"一手伸拇、食、中指,食、中指并拢置于鼻部"+"城"。后来"城"字手势被删减,手势简化为:一手伸拇、食、中指,食、中指并拢置于鼻部(中),该动作也用作新疆地方手语"乌"。

在使用过程中,经过进一步变异,"伸拇指"也不再出现,"乌鲁木齐"形成了现行的地名手语:食、中指相叠置于鼻部并转动两下。(下)

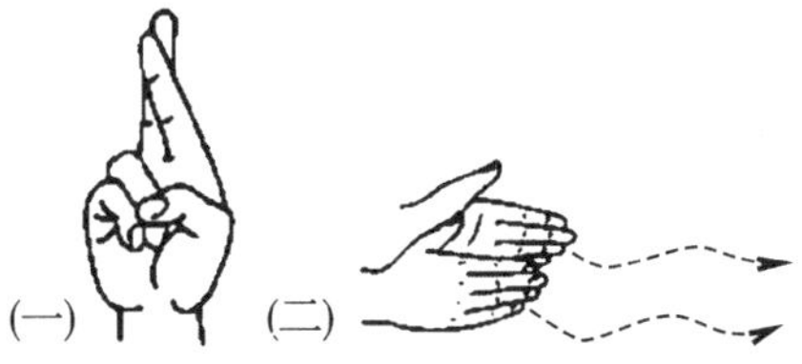

石河子:

原手势为"石"的同音字"十"+"河流"(上)。

聋人逐渐将其整合为单手手势,一手食、中指相叠,指尖向前,边转动手腕边向前移动。(下)

选择构词方式的相关因素分析

统计发现,地名手语的类型特征与该地人口数、所在区域无关,与行政级别、GDP、聋人学校的设置情况关系显著(P 值均<0.050),具体表现为:行政区划级别越高、GDP 越高、十年前设有聋人学校的地区,地名手语越有可能使用简化、整合的手势语动作,并表现出地方特色。(表 17-3)

表 17-3　地名手语构词方式的相关因素

因素及编码方式	类型	M	t	df	P
GDP（亿元）	基本式	180.25	-2.052	32	0.048
	特殊式	467.26			
行政级别（1 地级市、2 县级市、3 县）	基本式	2.38	2.127	32	0.041
	特殊式	1.77			
是否设有聋校（1 有、2 无）	基本式	1.90	2.316	32	0.033
	特殊式	1.54			
人口数（万）	基本式	66.14	-1.003	32	0.323
	特殊式	105.30			
南/北疆（1 北、2 南）	基本式	1.52	-0.081	32	0.936
	特殊式	1.54			

分析和讨论

地名手语和汉语文化有深厚关联。目前收集到的 34 个地名手语均没有使用少数民族或其他国家的手指语拼打。除相对"原始"的"仅使用汉字首字母的手指语"构词外,其构词方式较多采用"汉语手指语+中国通用手势语""汉语手指语+地方手势语"和"近义、近音字的手势语",体现出与汉语言文字、中国聋人文化的深厚联系。虽然部分地名手语——如乌鲁木齐、喀什、石河子等——构词方式不外显,但通过语源分析发现,它们都是经过聋人长期使用过程中将汉语手指语和中国通用手势语逐渐简化、抽象、变异而形成的地方手势。还有个别未受汉语影响的地名以模拟地方特产或地形的方式构词,如博乐、玛纳斯和库尔勒,"新疆"手语则模仿了少数民族的经典舞蹈动作。

手语的发展是聋人集体智慧的结晶,新疆地名手语和汉语文化的关联是在 50 余年的发展过程中逐步积淀的。新中国成立前,新疆没有聋人学校,由于缺少聋人相互交流的环境,手语在新疆的发展相对滞后。1949 年后,聋人的生活水平得到明显提高,1959 年乌鲁木齐市聋人学校成立,据该校老教师介绍,他们职前培训和职后教学中使用《汉语手指字母方案(草案)》和《聋哑人通用手语草图》,并在帮扶喀什、阿克苏、石河子、昌吉等地聋校新建和发展的过程中,将汉语手指语和中国通用手势语传播到全疆各地。2003年,自治区出版维吾尔语版的《中国手语》,进一步促进了中国通用手语在少数民族聋人中的普及。

新疆地名手语融汉语文化和少数民族文化,受到各民族聋人的广泛认同和喜爱,成为中国通用手语中不可缺少的组成部分。

聋人是地名手语的主要使用者,社会经济文化水平是地名手语变异、发展的条件。以往发现,由于社会经济、文化进步的影响,不同年龄段聋人拼打的地名手语可能在手形、手位、手动等方面出现变异。在不同时间、空间中,地名手语构词方式的选择存在差异,统计结果显示,影响新疆地名手语的构词方式、变异深度的因素并不是某一地区的人口总数,而是该地区的行政级别、GDP和聋人学校的设置情况。

正如在新疆地方手语的发展初期,《聋哑人通用手语草图》收录的"新疆"打法为"X+J",这种"部分或完全使用汉语手指语"是地名手语的"原始"构词方式。聋人大多在拼打一些不常见、不熟悉的县城名称时,选择使用"汉语手指语+中国通用手势语""汉语手指语+地方手势语",甚至"仅使用汉语手指语"拼打地名的拼音首字母。随着使用程度的加深,地名手语将因变异而逐渐脱离对汉语手指语的依赖。(图17-7)

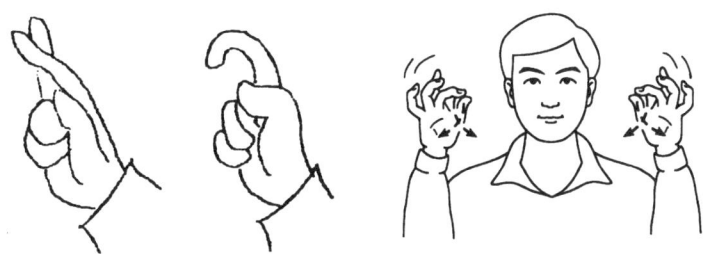

图17-7 "新疆"1959年(左)和2003年(右)的手语打法

大城市的名称为更多聋人所熟知、大城市的生活也是聋人常常谈论的话题。在大城市和较好的社会经济环境中,聋人更有机会获得职业、能够更多地参与社会生活,这为聋人之间频繁的相互接触以及使用手语交流创造了条件。聋人学校被视为"聋人文化的中心",2005年以前,新疆仅有的8所聋人学校设置在乌鲁木齐、昌吉、喀什、阿克苏、石河子等经济和文化发展水平较高的地级市或县级市,聋人学生在这里密集而深入的手语使用有助于促进地方手语的发展、加深当地地名手语的变异程度。

此外,与"拉萨"(描述寺庙屋檐)、"延安"(描述宝塔)、"北京"(描述旗袍开襟)等反映人文环境、历史文化的其他省市、地名手语相比,通用手势语中的"吐鲁番",以及本次收集到的"玛纳斯""库尔勒""博乐"三个描述地方特色的地名手语均表现当地的农业特色产品或自然地理环境,反映出新疆特殊的经济文化发展现状。

受到诸多条件的制约,本研究收集到的新疆地名手语语料数量有限,且均为城市名称。在新疆各地的聋人群体中开展更深入的田野调查,进一步采集城市名称以及主要村镇、旅游景点、自然景观、交通干道、地标建筑等地名手语,完善新疆地名手语语料库,并继续分析地名手语的构词方式,应是后续研究的努力方向。

结论

地名手语之中,除相对"原始"的"仅使用汉字首字母的手指语"构词外,其构词方式较多采用"汉语手指语+中国通用手势语""汉语手指语+地方手势语"和"近义、近音字的手势语",体现出与汉语言文字、中国聋人文化的深厚联系地区的行政级别、GDP和聋人学校的设置情况是地名手语变异、发展的重要条件。

中国聋人史学术研究的主要历程

1929年,施殿清从烟台启喑师范班毕业后出版小册子《予之聋哑教育观》,简要介绍了"聋哑教育史略"。

1936年,李万育编著《特殊学校》,书中介绍了欧美聋人教育的发展历程,梳理了我国18所聋人学校的创建时间、负责人和校址。

1938年,聋人何玉麟在《瘖铎》上发表了一篇文章——《我国聋哑教育发展的传说》;同年,安妮塔·卡特编写《梅师母略转》(英文版)在山东烟台仁德书馆出版,记录了烟台启喑学馆的发展历程。

1966年,金汝逊撰写《我国聋哑教育之点滴》一文,将我国聋人教育的发展分为四个阶段。

1986年,《强者的路——纪念中国聋教育100周年》出版,其中选编了60余位古今残疾名人的事迹。

1986年,聋人傅逸亭、听人梅次开合著《聋人手语概论》,梳理了手语在中国的发展历史。

1989年,国家教育委员会初等教育司编《特殊教育文件、经验选编》出版。

1991年,聋人刘振兴开始收集和研究中国聋人史料,被誉为"聋人司马迁"。

1992年,裴文学出版《中外残疾名人传略》。

1996年,陆德阳、稻森信昭著《中国残疾人史》出版,涉及古代社会以来聋人生活、教育、职业的许多内容。

1999年,聋人戴目、宋鹏程出版《梦圆忆当年》。

2000年10月,聋人宋鹏程著《聋人世界寻旧踪》,内部发行。

2000年11月,张福娟、马红英、杜晓新编写的《特殊教育史》出版,是我国第一部特殊教育史著作,其中有涉及聋人教育史的许多内容。

2003年,聋人戴目、闻大敏编著《百年沧桑话聋人》出版,介绍了教育、文艺、社会方面的著名聋人和历史故事;同年,聋人杨军辉编写《中国聋教育大事记》《中国手语大事记》发布在网络上。

2006年,王克南主编《北京市第二聋人学校史料选编》出版。

2007年,孙桂华、刘秋芳编译《中国第一所聋校——烟台启喑》出版,介绍了该校创建与发展的历史过程。

2009年,肖非、王秀琴、李晓娟编著《共享阳光——共和国特殊教育报告》出版。

2010年9月,顾定倩、朴永馨、刘艳虹主编《中国特殊教育史资料选》三卷出版,收录了大量聋人史料。

2010年9月,由聋人策划的郑州八古堂华夏手语博物馆开馆。

2011年,朱宗顺主编《特殊教育史》出版。

2012年4月,丁冬、章江红著《耳蜗》出版,记录了中国聋人植入人工耳蜗的历史过程。

2012年6月,郭卫东著《中国近代特殊教育史研究》出版。

2012年11月,位于南京特殊教育师范学院内的中国特殊教育博物馆对外开放。

2014年,聋人林白羽在收集聋人史料的基础上,发布《中国聋人历史年表》,他被称为"聋人怪才"。

2015年2月,任海滨主编《聋人教育史》出版。

2015年4月,马建强著《中国特殊教育史话》出版,以人物史为线索,介绍了聋人历史上的一些大事。

2015年8月,黄培森著《中国特殊教育史略》出版。

2017年5月,《特殊教育和我:朴永馨特殊教育口述史》出版。

2018年1月,北京师范大学肖非教授主持的国家社会科学基金重大项目
"特殊教育通史"开题。

2018年3月3日爱耳日当天,"笔小仙"在微信公众号"壹周医画"上发表了其根据网络资料绘制的《中国聋人史诗——五千年的荣辱兴衰》连环画。

2018年6月,高宇翔在微信公众号"超越无声"上开设"在线聋人历史博物馆"栏目。

部分已出版的中国聋人史相关著作

主要参考书目

[1] 陈少毅. 从聋到龙:聋人生活必读. 北京:华夏出版社,2009.
[2] 戴目,宋鹏程. 梦圆忆当年,上海:上海教育出版社,1999.
[3] 戴目. 中国手语浅谈. 内部资料,2002.
[4] 戴目,闻大敏. 百年沧桑话聋人. 上海:上海教育出版社,2003.
[5] 傅逸亭,梅次开. 聋人手语概论. 上海:学林出版社,1986.
[6] 顾定倩,朴永馨,刘艳虹. 中国特殊教育史资料选. 北京:北京师范大学出版社,2010.
[7] 郭卫东. 中国近代特殊教育史研究. 北京:高等教育出版社,2012.
[8] 黄加尼,沈家英. 战胜双重残疾:补偿盲聋缺陷的途径. 北京:华夏出版社,1996.
[9] 黄培森. 中国特殊教育史略,成都:西南交通大学出版社,2015.
[10] 黎锦熙. 汉语规范化的基本工具:从注音字母到拼音字母. 南京:江苏人民出版社,1957.
[11] 陆德阳,稻森信昭. 中国残疾人史. 上海:学林出版社,1996.
[12] 马建强. 中国特殊教育史话. 北京:新华出版社,2015.
[13] 梅次开. 梅次开聋教育文集. 上海:学林出版社,2000.
[14] 倪兰. 中国手语动词研究. 上海:上海大学出版社,2015.
[15] 潘一,汪飞雪. 手语教学. 北京:华夏出版社,2007.
[16] 朴永馨. 特殊教育辞典. 北京:华夏出版社,2006:216..
[17] 曲清荣. 边缘艺术知识百科(上册). 成都:四川文艺出版社,1989.
[18] 曲彦斌. 副语言习俗·手势、情态、口哨等语言现象. 沈阳:辽宁大学出版社,1988.
[19] 邵康立. 气功与耳聋复聪. 北京:新世界出版社,1992.
[20] 宋鹏程. 聋人世界寻旧踪. 内部发行,2000.
[21] 孙桂华,刘秋芳. 中国第一所聋校:山东启喑. 济南:山东电子音像出版社,2007.
[22] 田战省. 科学家的故事:贝尔. 西安:陕西科学技术出版社,2005.
[23] 王福祥,吴汉樱. 语言学历史理论与方法. 北京:外语教学与研究出版社,2008.
[24] 王雁. 中国特殊教育教师培训研究. 北京:北京师范大学出版社,2011.
[25] 王云轩. 崔巢通俗字形音义环查字典. 上海:求古斋书局,1936.
[26] 肖非,王秀琴,李晓娟. 共享阳光:共和国特殊教育报告. 长沙:湖南教育出版社,2009.
[27] 徐凤建. 为生命喝彩. 上海:上海三联书店,2007.
[28] 杨军辉,吴安安. 中国手语入门:看我们的语言. 郑州:郑州大学出版社,2014.
[29] 杨云棠. 泛舟湄南河. 上海:上海人民出版社,2004.
[30] 仰国维. 中国与世界各国地名手语大全. 郑州:河南科学技术出版社,2010.
[31] 游顺钊. 手势创造与语言起源:离群聋人自创手语调查研究. 北京:语文出版

社,2013.
[32]张帆,芦苇.无声的绽放:走近聋人文化.杭州:浙江大学出版社,2017.
[33]张福娟.特殊教育史.上海:华东师范大学出版社,2000.
[34]张茂聪.中国聋人手语与语言基础.济南:山东教育出版社,1998.
[35]张宁生.手语翻译概论.郑州:郑州大学出版社,2009.
[36]张宁生.聋人文化概论.郑州:郑州大学出版社,2010.
[37]赵锡安.聋人双语双文化教学研究.北京:华夏出版社,2004.
[38]赵锡安.中国手语研究.北京:华夏出版社,1999.
[39]赵志嘉.侦探学研究.上海:世界书局,1929.
[40]朱宗顺.特殊教育史.北京:北京大学出版社,2011.
[41]中国残疾人联合会教育就业部,中国聋人协会.中国手语.北京:华夏出版社,2003.
[42]中国聋人协会.中国手语.北京:华夏出版社,1990.
[43]中国聋人协会.中国手语(续集).北京:华夏出版社,1994.
[44]中国盲人聋哑人协会.聋哑人通用手语草图(第一至四辑).内部资料,1959-1961.
[45]中国盲人聋哑人协会.聋哑人通用手语图(第一至四辑).内部资料,1979-1983.